Kolonialreiche bis 1830

...der USA

...ien der USA

MEXIKO Unabhängige Staaten in Amerika

1821 (Jahreszahl = Jahr der Unabhängigkeit)

Großmächte und Staaten mit Kolonien in Flächenfarben.

Unerschlossene und in lockerer Abhängigkeit befindliche Gebiete in hellerem Farbton der Kolonialmächte.

FREIHEIT, GLEICHHEIT, BRÜDERLICHKEIT

SEIN HUNGER WIRD DIE ERDE VERZEHREN

Inhaltsverzeichnis

GLEICHER LOHN FÜR GLEICHE ARBEIT

HEIL DIR IM SIEGERKRANZ

Inhaltsverzeichnis

ARME WELT – REICHE WELT

ERSTER WELTKRIEG

Arbeiten mit Entdecken und Verstehen

Liebe Schülerinnen und Schüler!

Vor euch liegt der zweite Band von Entdecken und Verstehen, mit dem ihr in den Klassen 7 und 8 im Fach Geschichte/Politik arbeiten werdet. In diesem Band könnt ihr etwas über die Geschichte der Menschheit vom Zeitalter der Entdeckungen bis zum Ersten Weltkrieg erfahren und über die Beziehungen der Menschen in der Arbeitswelt sowie über das Verhältnis zwischen armen und reichen Ländern unserer Erde.

Wenn ihr in den vergangenen Schuljahren noch nicht mit dem ersten Band von Entdecken und Verstehen gearbeitet habt, hier eine kleine Erinnerung:

Jedes Kapitel beginnt mit einem „Schauplatz“. Auf einer Reihe von Doppelseiten, die mit einem blauen Streifen markiert sind, könnt ihr in ein Thema einsteigen. Karten und Zeittafeln helfen euch festzustellen, wo und wann die Ereignisse stattgefunden haben. Und ihr sollt weitere Fragen stellen: Wie ist es dazu gekommen, wie ist es weitergegangen? Welche Probleme stellen sich bis in unsere Gegenwart? Dem könnt ihr auf den anschließenden Seiten der Kapitel nachgehen.

Wie ihr mit den Materialien auf den Arbeitsseiten umgehen, wie ihr euch zusätzliche Informationen beschaffen und wie ihr eure Arbeit organisieren könnt, das lernt ihr anhand einfacher Arbeitsschritte auf den Arbeitstechnik-Seiten.

Immer wieder findet ihr im Buch blaue Kästen. Sie enthalten kleine Tests und Rätsel, mit denen ihr euer Wissen überprüfen könnt. Im Anhang findet ihr dazu die passenden Lösungen (Seite 227). Dort gibt es auch eine Zusammenfassung des Grundwissens, sortiert nach Kapiteln (Seite 224). Und ihr findet einen Überblick über die verschiedenen Arbeitstechniken, die euch bei der Arbeit mit dem Buch nützlich sein können.

Und jetzt:

Viel Spaß beim Lesen und Lernen mit Entdecken und Verstehen!

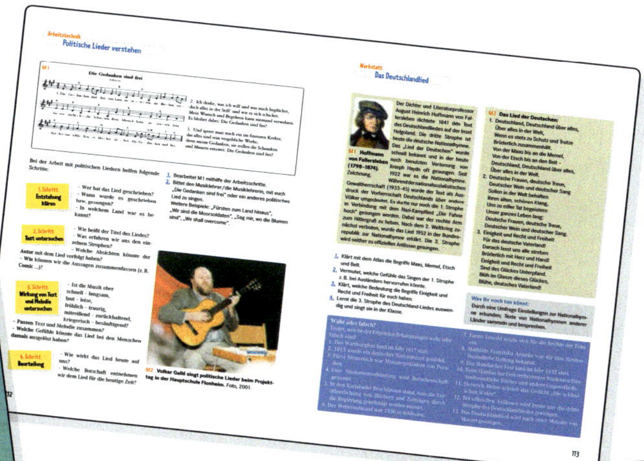

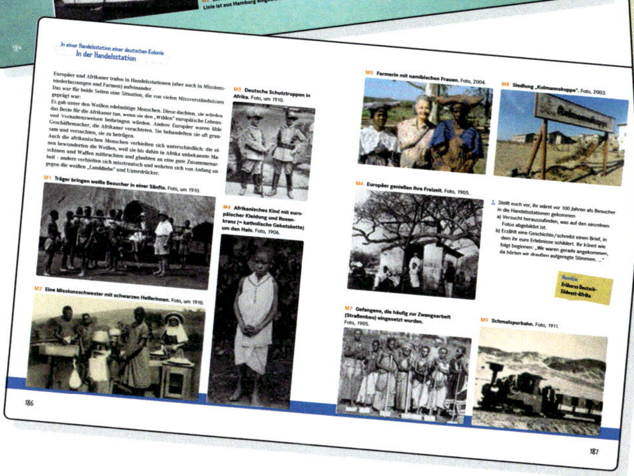

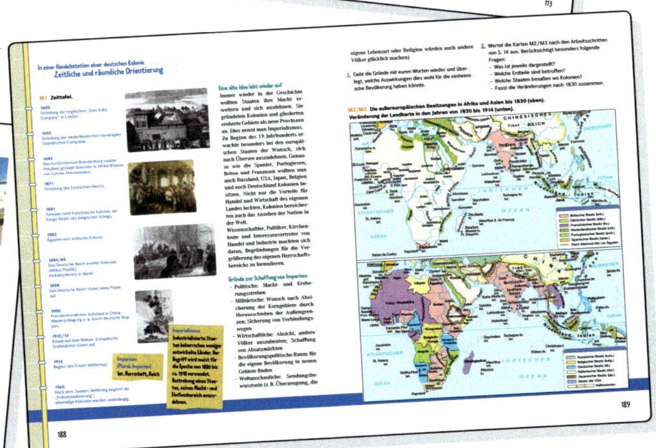

DER WEG NACH INDIEN

Aufbruch ins Unbekannte

1. Betrachtet die Abbildung: Was wird hier verladen? Wer ist im Hafen anwesend?
2. Notiert die Gründe der Reisenden, an dieser Entdeckungsfahrt teilzunehmen, in einer Tabelle.

Die Erde ist eine Kugel. Ich bin der Erste, der Richtung Westen segelt, um nach Indien zu gelangen. Ich werde berühmt und reich zu Ehren des spanischen Königspaars.
Die Karavelle ist klein, aber seetüchtig. Wir haben alles an Bord. Wenn der Alte Recht hat, werden wir reich zurückkehren. Trotzdem habe ich Angst vor der Reise.
Ich bin der Vertreter der katholischen Kirche. Ich werde die Heiden taufen und zu Christen machen. Das wird Gott gefallen und Spanien mächtig machen. Amen.
Auszug aus der Ladeliste:
Schifffahrtsinstrumente
Seekarten
in Salz eingelegtes Fleisch
getrocknetes Fleisch
getrockneter Fisch
Mehl, Zwieback, Olivenöl
Wasser, Wein

Schifffahrtsinstrumente von der Vergangenheit bis zur Gegenwart

Erstmals erwähnt	Zeitalter der Entdeckungen durch Europäer	
Das Lot 200 v. Chr. in Griechenland	**Das Lot** diente zum Messen der Wassertiefe. So konnte man feststellen, ob eine Gefahr für das Schiff bestand.  	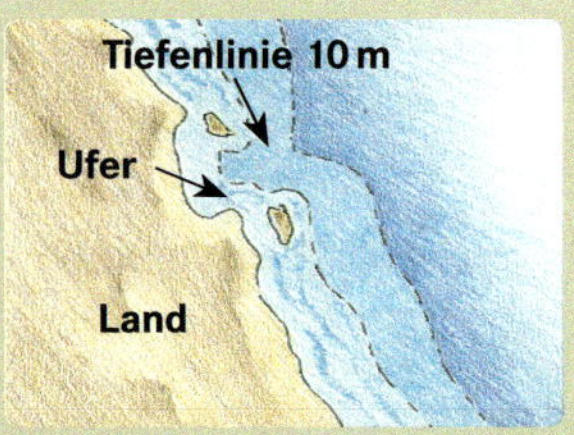 Die mit dem **Lot** gemessene Tiefe wird in Karten eingetragen. Stellen mit gleicher Wassertiefe werden durch Linien verbunden. So kann man erkennen, wie viel Wasser unter dem Kiel ist ...
Seekarten ca. 500 v. Chr. in Griechenland	 Eine **Weltkarte** zur Zeit von Kolumbus. Es fehlen Nord- und Südamerika. Die Entfernungen und Länderformen sind sehr ungenau, weil sie nicht auf Messungen beruhen.	 Die Erde als Kugel. Martin Behaim stellte die Erde als Kugel (**Globus**) dar. Die Einteilung in Längen- und Breitengrade ermöglichte die Vermessung der Erde – ebenso wie die Bestimmung des Ortes, wo man sich befand.
Astrolabium 500 v. Chr., Griechenland **Jakobsstab** 15. Jahrhundert, Europa **Quadrant** 13. Jahrhundert, Arabien	 Das **Astrolabium** misst die Höhe eines Sternes über dem Horizont = Breitengrad. Der **Jakobsstab** misst das Gleiche, ist aber besser abzulesen und zu halten.	 **Der englische Quadrant** Mit diesem Sonnenwinkelmesser konnte man um 12 Uhr mittags den Breitengrad errechnen, ohne dass man direkt in die Sonne schauen musste.
Log mit Knoten 15. Jahrhundert	 Die Geschwindigkeit eines Schiffes wurde gemessen, indem man ein Schwimmholz ins Wasser warf und die Zeit feststellte, die beim Passieren einer Messstrecke verging.	 Auch das Knoten-Log wurde ins Wasser geworfen. Man ermittelte die Zeit, die beim Abwickeln des Seils verging, an dem festgelegte Strecken mit Knoten markiert waren.
Kompass 10. Jahrhundert, China 11. Jahrhundert, Arabien 12. Jahrhundert, Europa	 **Der Kompass** Die Chinesen ließen eine magnetische Nadel im Wasser schwimmen. Später wurde diese Nadel auf einer Stahlspitze befestigt, wo sie sich frei drehen konnte. Sie richtet sich an jedem beliebigen Ort am natürlichen Magnetfeld der Erde aus.	 Der **Schiffskompass** war eines der wichtigsten Instrumente der Seefahrer in den Zeiten der Entdecker; mit ihm bestimmte und hielt man den Kurs.
Sanduhr 12. Jahrhundert, Europa	 Wie spät ist es? Auf den meisten Schiffen gab es eine **Sanduhr** mit einer halben Stunde Laufzeit. Bei jedem Umwenden wurde die Schiffsglocke geschlagen. Es gab auch Sanduhren mit kurzer Laufzeit, um damit in Kombination mit dem Log die Geschwindigkeit zu messen.	 **Die Sonnenuhren** hatten einen Kompass. Wenn der Schatten des Zeigers mit der Kompassnadel parallel stand, war es 12.00 Uhr Ortszeit.

1. Bildet sechs Gruppen und erklärt, wie die verschiedenen Instrumente funktionierten und wie die Problemlösungen im Laufe der Zeit fortentwickelt wurden.

	Heutiger Stand der Entwicklung	... und in Zukunft
 **Das Echolot** misst die Tiefe durch Schallsignale. Es kann aber auch Fischschwärme erkennen.	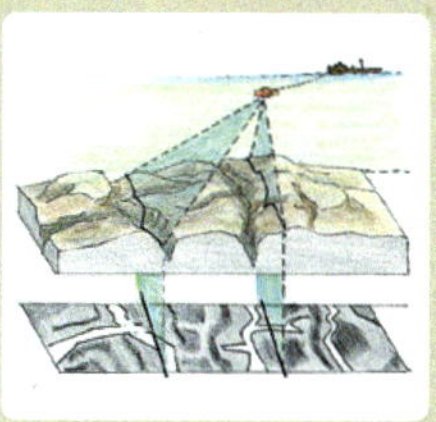 Das Sonar **Gloria** ist das genaueste Vermessungssonar. Das zwei Tonnen schwere Gerät wird in 40 Meter Tiefe durchs Wasser geschleppt. Geländemerkmale auf dem Meeresgrund erscheinen auf einem Sonarbild als helle und dunkle Stellen.	Die Erforschung und Nutzung der Unterwasserwelt lässt die Bedeutung solcher Geräte noch steigen.
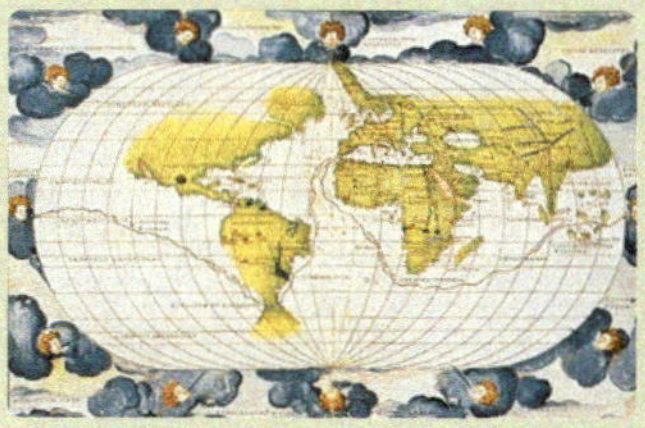 **See- und Weltkarten** Seit dem 16. Jahrhundert wird die Erde immer genauer vermessen und es werden Karten davon hergestellt.	 **Satellitenvermessung** Ein Spot-Satellit tastet die Erdoberfläche aus 830 Kilometer Höhe ab. Auf den Aufnahmen sind noch Objekte mit Ausmaßen von 10 Metern zu erkennen.	Die Vermessung der Welt ist nicht beendet, es wird weiter daran gearbeitet.
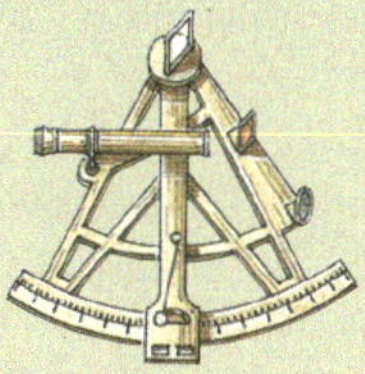 **Der Sextant** Mit dem Sextanten maß man den Sonnenstand zur Mittagszeit. Mit diesem Instrument ließ sich nicht nur die geographische Breite bestimmen. Zusammen mit der genauen Uhrzeit konnte man auch die Längengrade berechnen.	 **Das Navigationshandy** Mit dieser Technik ist im Zusammenspiel mit einem weltumspannenden Satellitennetz heute das Problem der Ortsbestimmung gelöst. Die Anwendungsbereiche sind noch in der Entwicklung. Ein Handy kann heute schon metergenau angeben: Wo bin ich?	Stürmische Entwicklung neuer Anwendungsbereiche, viele zukünftige, auch für den Alltag nutzbare Produkte.
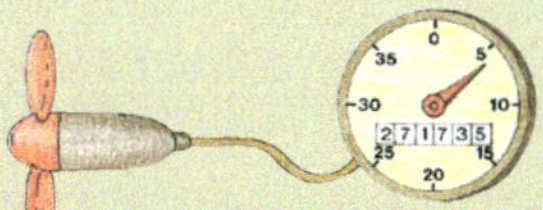 Beim **Patent- oder Sumlog** überträgt ein Propeller die Zahl der Umdrehungen auf die Anzeigeskala. Die Geschwindigkeit wird immer noch in „Knoten" angegeben.	 Heute können sowohl **Echolot** als auch **Navigationshandy** die Geschwindigkeit anzeigen.	Die vorhandene Technik ermöglicht viele Spezialgeräte. Weit reichende Zukunftsentwicklungen sind denkbar ...
 **Das Kompasshaus** Große Schiffe hatten zwei Kompasse, die in einem eigenen Haus geschützt waren. Nachts wurden sie beleuchtet.	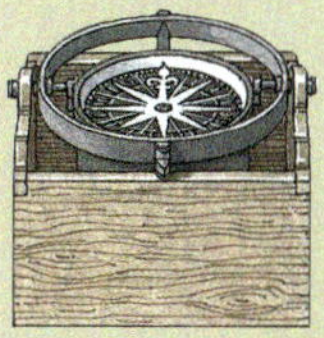 Auch heute hat jedes Schiff noch einen **Kompass**. Er wird auf der Brücke, dem Steuerstand, abgelesen. Der Steuermann hält mit dem Kompass den Kurs.	Der Kompass wird weiterhin ein wichtiges Instrument auf jedem Schiff sein, weil er vollkommen unabhängig von anderen technischen Einrichtungen funktioniert.
 Der erste **Chronometer** war ein aufwendiges feinmechanisches Meisterwerk. Er ermöglichte durch seine genaue Zeitangabe in Kombination mit dem Sextanten die Berechnung der Längengrade auf 50 Kilometer genau.	 Billige **Quarz-** oder **Funkuhren** geben heute die genaue Zeit an. In den Seefahrtsschulen lernen die Schüler noch mit Winkelmesser (Sextant) und Zeit zu navigieren, das heißt Kurs und Standort des Schiffes zu bestimmen.	Bei der Navigation hat die Uhr nur scheinbar an Bedeutung verloren. In den modernen elektronischen Geräten sind nämlich zumeist auch Zeitmessungselemente eingebaut (Sonar, Navigationshandy ...).

Wo liegt der Mittelpunkt der Welt?

Ein neues Denken bricht an

In Europa waren die Menschen des Mittelalters fest in den christlichen Glauben eingebunden. Zur Grundanschauung gehörte, dass alle Ereignisse dieser Welt von Gott gelenkt würden, dass die Menschen mit all ihrer Klugheit nichts dagegen ausrichten könnten und dass die Kirche im Auftrag Gottes tätig sei. Gegen diese Vorstellung wandten sich in der Mitte des 15. Jahrhunderts verschiedene Gelehrte.

M1 So schrieb 1451 der italienische Gelehrte Gianozzo Manetti, der schon neuzeitliche Gedanken vertrat:

Die Welt ist wohl von Gott geschaffen, aber der Mensch hat sie verwandelt und verbessert. Denn alles, was uns umgibt, ist unser eigenes Werk, das Werk der Menschen, alle Wohnstätten, alle Schlösser, alle Gebäude, ... Von uns kommt der Handel, die Wissenschaften ... alle Erfindungen ...

Nach: Hale, Fürsten, Künstler, Humanisten, Rowohlt-Life 35, Reinbek 1973, S. 26.

1. Gebt mit euren eigenen Worten den Inhalt von M1 wieder und erläutert ihn.
2. Erklärt, was sich für die Kirche verändert, wenn sich Manettis Meinung durchsetzt.
3. Überlegt, welche Konsequenzen sich für die Menschen ergaben.

M3 Die folgenden Worte schrieb der niederländische Gelehrte Agricola an einen Freund. So wie Agricola dachten viele Menschen am Ende des 15. Jahrhunderts:

Lass dir verdächtig sein, was du bisher gelernt hast. Verurteile alles und verwirf das, für das du keine stichhaltigen Beweise findest. Auf dem Glauben beruht die Frömmigkeit, die wissenschaftliche Bildung aber sucht stets nach Beweisen.

Nach: Der Mensch und seine Welt, Bd. 2, Dümmler, Bann 1974, S. 10.

4. Formuliert die Aufforderung des Agricola mit eigenen Worten.
5. Überlegt, worin das Neue dieser Forderung liegt.

M2 Bewegung der Planeten nach der mittelalterlichen Vorstellung.

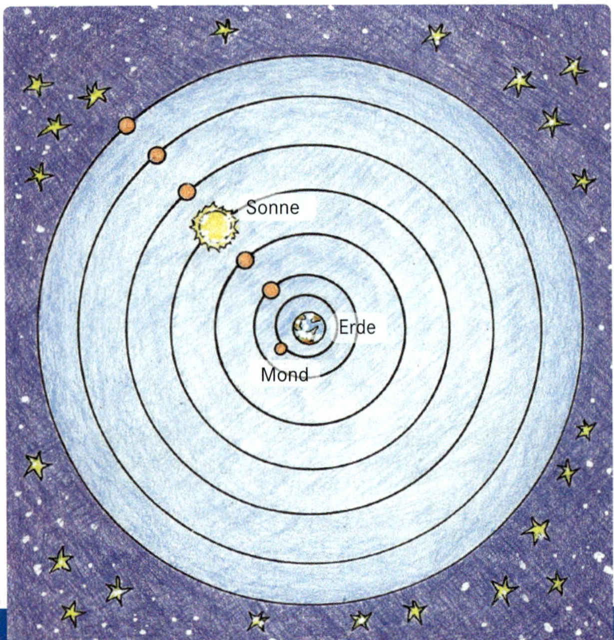

M4 Bewegung der Planeten nach der Berechnung des Kopernikus.

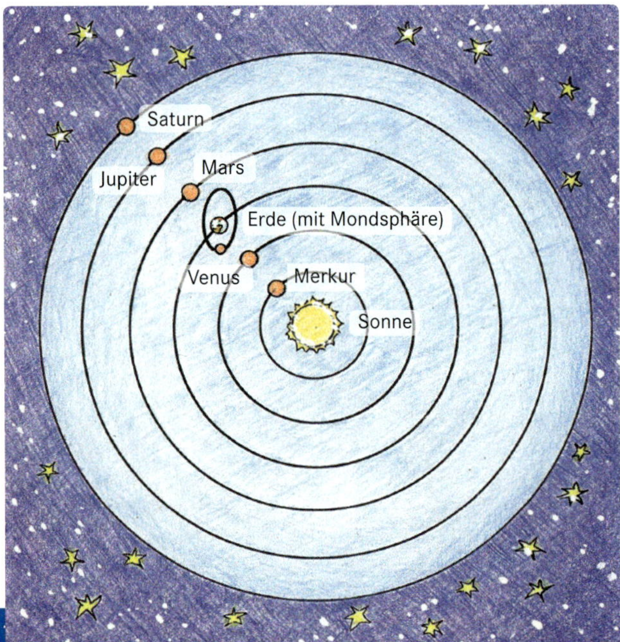

Im Mittelpunkt der Mensch!

M1 Leonardo da Vinci (1452 bis 1519). Selbstbildnis, um 1512–15.

M2 Mona Lisa. Gemälde von Leonardo da Vinci, entstanden ca. 1503–06.

M4 Proportionsstudie zur menschlichen Gestalt. Zeichnung von Leonardo da Vinci, um 1490.

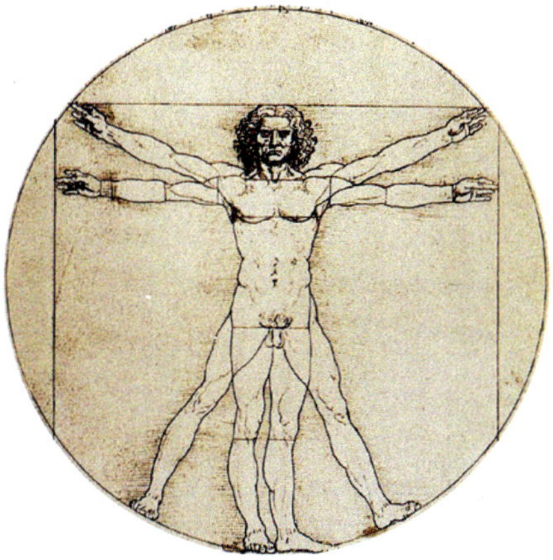

1. Betrachtet M2 und vermutet, warum das Bild zu den berühmtesten Gemälden der Welt gerechnet wird.

Künstler und Forscher

Einer der berühmtesten Künstler und Forscher der Zeit um 1500 war Leonardo da Vinci. Leonardo (M1) wurde am 15. April 1452 in einem Bauernhaus bei Vinci, 30 Kilometer von Florenz entfernt, geboren. Seine Mutter war ein Bauernmädchen, sein Vater ein erfolgreicher Notar. Seine Eltern waren nicht miteinander verheiratet. Leonardo besuchte lediglich die wenigen Klassen der Dorfschule und erlernte nur mit Mühe Lesen, Schreiben und Rechnen.

Als 17-Jähriger zog er mit seinem Vater nach Florenz und trat in die Lehre eines bekannten Bildhauers und Malers. Hier lernte er Malen, Zeichnen, Mathematik, Grammatik und den Umgang mit den Werkstoffen. 1482 holte ihn der Herzog Ludovico Sforza als Militäringenieur an seinen Hof in Mailand. In dieser Zeit entstand auch das Bild der „Mona Lisa", der Frau mit dem geheimnisvollen Lächeln.

M3 Skizze für einen Flugapparat. Zeichnung, etwa 1480.

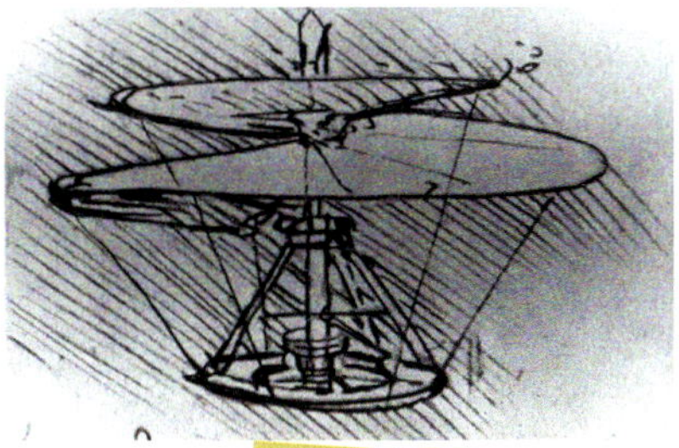

Neben seiner künstlerischen Arbeit beschäftigte sich Leonardo mit zahlreichen Forschungen in der Anatomie, Optik und Mechanik. Seine naturwissenschaftlichen Arbeiten beruhten nicht mehr auf den Überlieferungen der Bibel, sondern auf Erfahrung, Beobachtung und Berechnung. So soll er, trotz strenger Verbote durch die Kirche, Leichen seziert haben, um ihre Anatomie zu studieren. In Tausenden von Skizzen und Notizen erfand er Apparate und Maschinen, die seiner Zeit weit voraus waren, aber späteren Erfindungen den Weg ebneten. Leonardo da Vinci starb 1519 am Hof des französischen Königs.

2. Erstellt in Stichworten einen Lebenslauf Leonardos. Wieso nennt man ihn ein „Universalgenie"?
3. Beschreibt M3 und erklärt ihre Funktion.

Anatomie
Aufbau und Struktur des menschlichen Körpers

Optik
Wissenschaft vom Licht, seiner Ausbreitung und Entstehung

Mechanik
Wissenschaft vom Gleichgewicht und der Bewegung von Körpern, z. B. als Getriebe und Räderwerk

Arbeitstechnik

Geschichtskarten lesen

Bei der Arbeit mit Geschichtskarten helfen folgende Schritte:

1. Schritt
Thema und Zeitraum bestimmen

- Wie heißt die Überschrift der Karte?
- Um welchen Zeitraum geht es?

2. Schritt
Das dargestellte Gebiet bestimmen

- Welches Gebiet ist auf der Karte abgebildet (z. B. Europa, Asien, Weltkarte ...)?

3. Schritt
Farben und Zeichen erklären

- Welche Farben und Zeichen sind in der Zeichenerklärung (Legende) wiedergegeben und was bedeuten sie?

4. Schritt
Aussagen der Karte zusammenfassen

- Wie können die Aussagen der Karte zusammengefasst werden? (z. B. Stichworte, Geschichte, Tabelle ...)

5. Schritt
Offene Fragen notieren

- Welche weiteren Fragen ergeben sich aufgrund der Informationen, die ihr aus der Karte gewonnen habt?

1. Prüft im Atlas nach, wie die Inseln, auf denen Kolumbus landete, heute heißen.
2. Rechnet nach, wie lange Magellans Schiffsmannschaft bei ihrer ersten Weltumsegelung unterwegs war (M 1).
3. Stellt Vermutungen darüber an, welche Probleme sich daraus ergaben (Nahrung, Wasser, Krankheiten ...).

M 1 Die ersten Entdeckungsfahrten der Europäer 1000–1522.

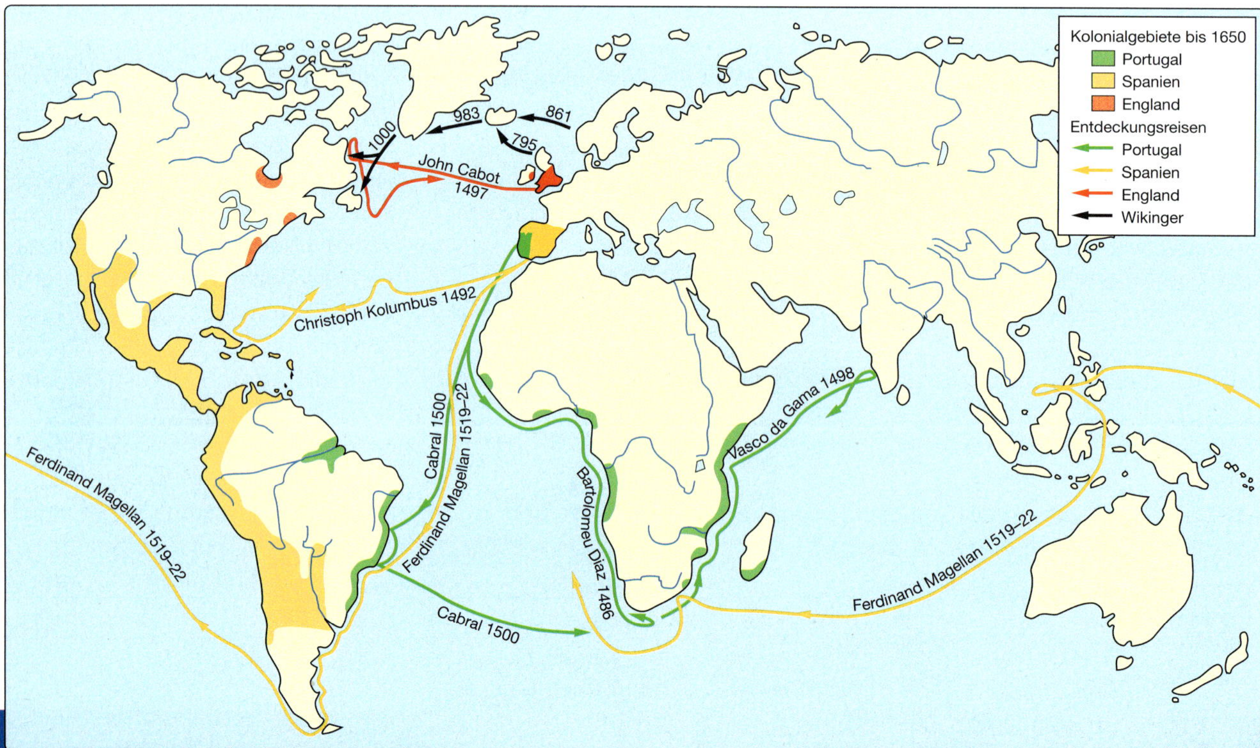

Zeitliche und räumliche Orientierung

M1 Zeittafel.

1350
Wiederentdeckung der Antike in Wissenschaft, Kunst und Architektur.

1418–1425
Die Portugiesen kolonisieren die Insel Madeira.

1425
Portugiesen beginnen unter Prinz Heinrich dem Seefahrer mit der Umsegelung Afrikas, um den Seeweg nach Indien zu finden.

1450
Erfindung des Buchdrucks mit beweglichen Lettern durch Johannes Gutenberg.

1453
Die Eroberung Konstantinopels durch die Osmanen stört den Handel mit asiatischen Luxuswaren.

1460
Tod Heinrichs des Seefahrers.

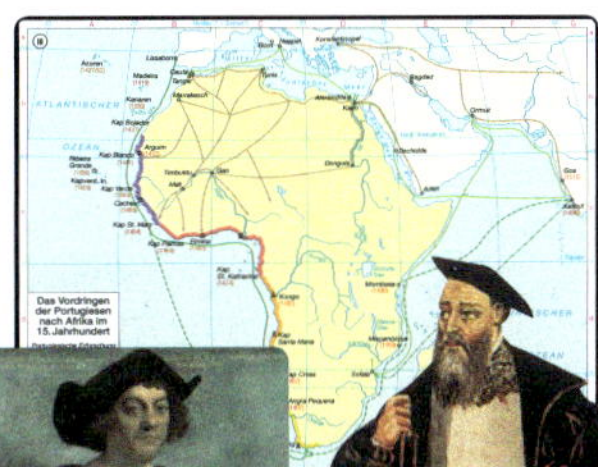

1487/88
Der Portugiese Bartolomeu Diaz umsegelt die Südspitze Afrikas, d. h. das Kap der Guten Hoffnung.

1492
Christoph Kolumbus überquert den Atlantischen Ozean nach Westen und entdeckt Amerika.

1498
Der Portugiese Vasco da Gama entdeckt den Seeweg nach Indien.

1510
Inbesitznahme der indischen Stadt Goa durch die Portugiesen.

1519–1522
Magellan führt im Namen der spanischen Könige die erste Weltumsegelung durch.

1519–1533
Die Spanier erobern die Reiche der Azteken, Maya und Inka; die grausame Herrschaft der europäischen Länder über den Rest der Welt beginnt.

Lückentext
Übertragt den Lückentext mitsamt der Überschrift ins Geschichtsheft. Füllt die Lücken mit den richtigen Lösungswörtern aus.

Schifffahrtsinstrumente und Seekarten ermöglichen die Entdeckungsfahrten der Europäer

Die Europäer machten ihre Entdeckungsfahrten mit einem ganz besonderen Schiffstyp, der ___. Auf den Schiffen gab es verschiedene Schifffahrtsinstrumente, mit denen die Seefahrer ihren ___ auf dem Meer bestimmten. Das wichtigste Instrument war ohne Zweifel der ___, der auch heute noch auf Schiffen in Gebrauch ist. Mit dem ___ wurde die Geschwindigkeit des Schiffes gemessen. Außerdem gab es noch einen Zeitmesser an Bord: die ___. Das ___ wurde gebraucht, um zu verhindern, dass das Schiff strandete, besonders nachts. Die ___ und die Aufzeichnungen der Kapitäne waren bestgehütete Geheimnisse. Erst alle Entwicklungen zusammen ermöglichten die ___ der ___. Die Suche nach dem Seeweg nach ___ begann!

Karavelle – Log mit Knoten – Sanduhr – Europäer – Entdeckungsfahrten – Indien – Standort – Kompass – Seekarten – Lot

Was ihr noch tun könnt:
Unternehmt einen Besuch in eurere Schul- oder Stadtbücherei:
- Jugendsachbücher zu den Themen Entdeckungsreisen, Handelswege und Indianer suchen.
- Referate über die verschiedenen Entdecker und Indianerstämme Amerikas schreiben.

Die Erfindung des Buchdrucks

M1 Schriftsetzer in Gutenbergs Werkstatt. Jugendbuchillustration.

M2 Druckerpresse in Gutenbergs Werkstatt. Jugendbuchillustration.

Eine Revolution aus Blei

Seit dem 12. Jahrhundert lernten immer mehr Menschen lesen. Dadurch wurde die Nachfrage nach Texten größer. Das Kopieren alter Schriften von Hand dauerte viel zu lange. Deshalb hatte man kurze Texte in Holzbretter geschnitzt und sie gedruckt. Das dauerte aber immer noch lange und war teuer.

Der Durchbruch kam, als der Mainzer Bürger Gensfleisch zur Laden, genannt Johannes Gutenberg, um 1450 den Buchdruck mit beweglichen Buchstaben aus Metall erfand. Jetzt konnten die einzelnen Buchstaben immer wieder anders zu Wörtern zusammengesetzt werden. Diese Kunst verbreitete sich schnell in ganz Europa. Bis 1500 gab es bereits mehr als 1000 Druckereien in 250 Städten.

1. Beschreibt die Bilder M1 bis M4. Welche einzelnen Arbeitsschritte könnt ihr erkennen? Sortiert sie in der richtigen Reihenfolge. M3 hilft euch dabei.

Was ihr noch tun könnt:
Schnitzt Buchstaben aus Kork oder Kartoffeln. Färbt sie, setzt sie zu Wörtern zusammen und druckt damit.

Das Buch beginnt seinen Siegeszug

Bücher waren auch früher schon ein gutes Geschäft. Die Mönche liehen sich sogar Bücher in ausländischen Klöstern, um sie abzuschreiben und sie dann anschließend gegen eine Gebühr an Studenten zu verleihen. Mit der Erfindung des Buchdrucks begann dann ein reger Handel. Zuerst verkauften die Drucker ihre Erzeugnisse selbst, später arbeiteten sie für Verleger, die sich um den Verkauf kümmerten.

Vor Gutenbergs Erfindung dauerte allein das Abschreiben einer Bibel zwei Jahre. An der ersten Gutenberg-Bibel haben wahrscheinlich sechs Setzer zwei Jahre lang gearbeitet. Davon wurden aber 180 Exemplare gedruckt. Eine von Hand geschriebene Bibel kostete um 1400 etwa so viel wie 30 Ochsen. Die erste gedruckte Bibel kostete „nur“ noch so viel wie drei Ochsen.

Zuerst wurden überwiegend Bibeln und religiöse Schriften gedruckt, doch bald folgten auch politische Flugschriften – oft mit Karikaturen versehen. Neue Ideen erreichten nun sehr viel schneller auch die einfachen Menschen. Preiswerte Bücher ermöglichten es, dass immer mehr Menschen lesen lernten. Wissen breitete sich aus.

2. Nehmt Stellung zu der Aussage: „Ohne Gutenbergs Erfindung hätten sich neue Ideen nicht so rasch ausbreiten können.“

M4 Verkäufer von Flugblättern und Büchern. Kolorierter Holzschnitt.

M3 Arbeitsschritte für den Buchdruck. Illustration.

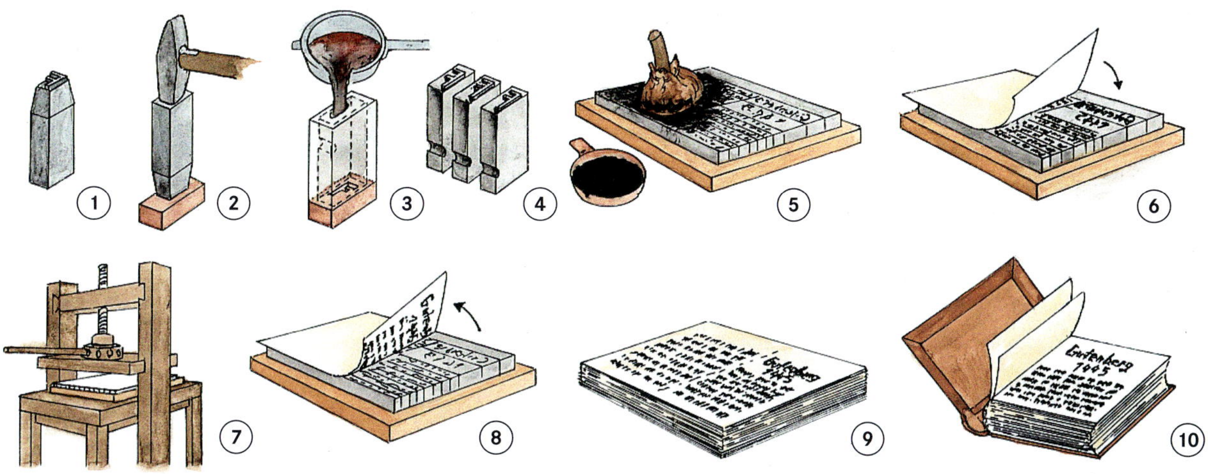

Test für aufmerksame Leser
Bringt die Stichpunkte mithilfe von M3 in die richtige Reihenfolge.

- Papierbogen auflegen.
- Flüssiges Blei in Matrize gießen.
- Papier und Druckform zusammenpressen.
- Lettern zusammensetzen und färben.
- Musterletter formen.
- Bleilettern werden zu Wörtern zusammengesetzt.
- Bogen ist fertig.
- Musterletter in weiches Kupfer schlagen (Form).

Was ihr noch tun könnt:
Informiert euch über Gutenberg und seine Zeit:
- bei einem Besuch im Gutenberg Museum in Mainz,
- im Internet unter: http://www.gutenberg.de

und berichtet davon euren Mitschülern.

Aufbruch ins Ungewisse

1. Bearbeitet M1 mithilfe der Arbeitsschritte von S. 14.
2. Notiert anhand von M1 die Namen der um 1490 bekannten Kontinente, die Namen der damaligen Fernhandelszentren und die heutigen Namen der Länder, in denen sie liegen.
3. Wählt zwei Handelswaren aus M1 aus und verfolgt ihren Weg von Asien nach Venedig.

M1 Fernhandelswege um 1490.

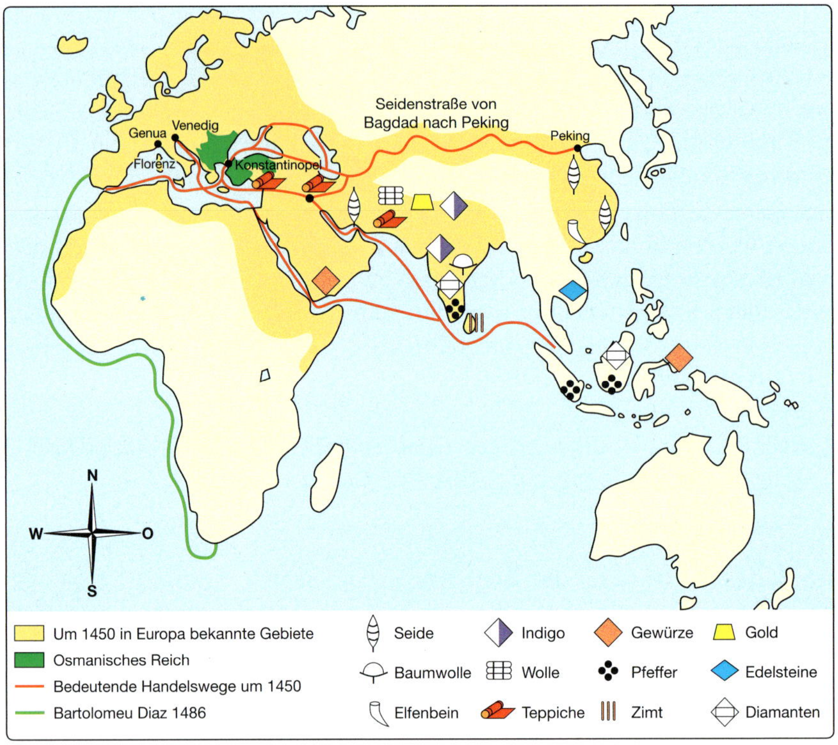

M2 Gespräch unter Kaufleuten, um 1490.

4. Macht Vorschläge, die das Problem der beiden Kaufleute lösen könnten.

Die Idee des Kolumbus

Der Seefahrer Christoph Kolumbus war davon überzeugt, dass er Indien entdecken würde, wenn er den Atlantischen Ozean westwärts überquerte. Am 3. August 1492 verließ er mit drei Schiffen, zwei königlichen Beamten und 100 Mann Besatzung den Hafen von Palos in Spanien. Nachdem seine Schiffe die Kanarischen Inseln hinter sich gelassen hatten, begann eine wochenlange Fahrt ins Unbekannte. Die Matrosen wurden unruhig.

M3 Im Tagebuch des Kolumbus heißt es:

26. September 1492: Die Lage wird immer bedrohlicher ... Die Bedenken der Mannschaft: Die Vorräte würden bald zu Ende gehen, die Schiffe seien zu schwach ... Das Land, das wir suchten, gäbe es gar nicht.

28. September 1492: Das ist offene Meuterei! Ein Matrose forderte den königlichen Beamten auf, mich abzusetzen und den Befehl zur Rückkehr zu geben. [Der Beamte] kam völlig verzweifelt zu mir und fragte, was er tun sollte. In seinen Augen stand nackte Angst. Ich befahl, den Matrosen in Fußeisen zu legen, doch niemand führte meine Befehle aus ... Auf Schritt und Tritt folgen mir die Matrosen. In ihren Augen steht der Hass, und die Messer [sitzen] schon locker.

Christoph Kolumbus, Das Bordbuch 1492, hrsg. v. Robert Grün, Tübingen/Basel (Horst Erdmann Verlag) 1978, S. 86 f.

5. Spielt die Szene in einem kleinen Rollenspiel nach.

Im Wasser treibende Pflanzen und vorbeifliegende Vögel ließen auf Land hoffen. Die Situation beruhigte sich.

Aus dem Tagebuch des Kolumbus

1. Betrachtet M2. Beschreibt die Personen, die darauf abgebildet sind (Kleidung, Haltung). Was erkennt ihr im Hintergrund?
2. Überlegt, was es bedeutet, dass die Abbildung mehr als 100 Jahre nach der Landung des Kolumbus entstand.
3. Lest die Texte M1 und M3. Stellt die Aussagen von Kolumbus und des Häuptlings der Ureinwohner gegenüber. (Beachtet dabei, dass der Text M3 ein nach den Tatsachen erfundener Bericht ist.)

Was ihr noch tun könnt:
Schreibt ein Tagebuch aus der Sicht eines Indianers oder einer Indianerin, die Kolumbus auf seiner Rückfahrt nach Spanien begleitete.

M2 Die Landung des Kolumbus auf der Insel San Salvador am 12. Oktober 1492. Kolorierter Kupferstich von Theodor de Bry, 1594.

M1 Aus dem Tagebuch des Kolumbus:
... Ich kniete nieder ... und dankte Gott, indem ich die Erde küsste. Dann entfaltete ich das königliche Banner, rief die beiden Beamten des Königs als Zeugen, dass ich im Namen des Königs und der Königin von Spanien von der Insel Besitz ergriff ...
... mir schien es, als seien [die Ureinwohner] arme Leute. Sie gehen allesamt nackt herum ... Sie tragen keine Waffen und kennen sie auch nicht, denn ich zeigte ihnen Schwerter, und sie fassten sie an der Schneide und schnitten sich aus Unwissenheit. Sie haben überhaupt kein Eisen ... Sie sind gewiss hervorragende Diener. Sie haben einen aufgeweckten Verstand, denn ich sehe, dass sie sehr schnell nachsagen können, was man ihnen vorspricht. Außerdem glaube ich, dass man sie sehr schnell zum Christentum bekehren könnte. Ich werde bei meiner Abfahrt sechs Leute von ihnen mitnehmen, damit sie Spanisch sprechen lernen.

Eberhard Schmidt, Dokumente zur Geschichte der europäischen Expansion, Bd. 2, Die großen Entdeckungen, München (Beck) 1984, S. 113.

M3 So hätte ein Häuptling der Ureinwohner der Insel San Salvador über die Spanier berichten können:

Diese Weißen kommen hier an und tun so, als ob diese Insel ihnen gehört, seitdem sie hier gelandet sind. Dabei haben uns die Götter zusammen mit unserer Insel erschaffen. Diese Weißen stinken, weil sie ihre Körper mit dichten Hüllen umgeben und weil sie sich nicht waschen. Ihre Waffen sind sehr gefährlich – viel gefährlicher als unsere Speere und Messer aus Knochen und Stein. Viel schlimmer ist aber, wie sie uns behandeln: Wir sind in ihren Augen keine vollwertigen Menschen. Dabei lernen wir ihre Sprache. Sie selbst sind allerdings zu dumm, um unsere Sprache zu verstehen. Ihr Häuptling, dieser Kolumbus, hat befohlen, dass ich und fünf weitere Stammesmitglieder mit auf ihr Schiff müssen. Ihr Land liegt weit weg von hier. Wir wollen nicht mitreisen, aber sie bedrohen uns mit ihren Waffen. Ich habe Angst. Ob ich wohl jemals wieder hierher zurückkommen werde?

Tenochtitlan – das Zentrum aztekischer Macht

M 1 Tenochtitlan. Gemälde des mexikanischen Künstlers Diego Rivera aus dem Jahr 1945. Als Vorlage für sein Bild dienten ihm zeitgenössische spanische Berichte.

1. Beschreibt mithilfe von M 1 die Stadt Tenochtitlan.

Cortez landet im Aztekenreich

Im Jahr 1519 landete Hernando Cortez im Auftrag des spanischen Königs an der Atlantikküste des Aztekenreiches, dem heutigen Mexiko. Er hatte vom sagenhaften Reichtum der Hauptstadt Tenochtitlan gehört. Was er dort alles sah und was er dort vorfand, war erstaunlich.

M2 Auszüge aus dem Bericht des Hernando Cortez vom 30. Oktober 1520:

Die Hauptstadt Tenochtitlan liegt in einem salzigen See. Sie hat vier Eingänge, die alle über Steindämme führen ... Sie sind etwa zwei Lanzen breit. An einem der Dämme laufen zwei Röhren entlang ... Durch die eine Röhre kommt ein Strom süßen Wassers bis in die Mitte der Stadt. Alle Menschen nehmen davon und trinken es. ... Die Stadt hat viele öffentliche Plätze, auf denen ständig Markt gehalten wird. Dann hat sie noch einen anderen Platz ..., der rundum mit Säulenhallen umgeben ist, wo sich täglich mehr als 60 000 Einwohner treffen: Käufer und Verkäufer von Lebensmitteln, Kleinodien aus Gold, Silber, Blech, Messing, Knochen, Muscheln, Hummerschalen und Federn. Außerdem verkauft man Steine, Bauholz, Kalk und Ziegelsteine ...
Es gibt Apotheken, ... es gibt Häuser, wo man für Geld essen kann.
Es gibt in dieser Stadt sehr gute und sehr große Häuser, weil alle großen Herren des Landes ... ihre Häuser in der Stadt haben. Sie wohnen dort eine gewisse Zeit des Jahres. Aber auch sonst gibt es viele reiche Bürger, die gleichfalls sehr schöne Häuser besitzen. Sie alle haben außer sehr schönen großen Gemächern auch sehr hübsche Blumengärten ...

Hernando Cortez, Die Eroberung Mexikos, Tübingen/Basel (Erdmann) 1975, S. 911 ff.

2. Begründet, warum Cortez so begeistert ist.

Evas und Kristinas Silbenrätsel

1. Hauptstadt des Aztekenreiches
2. Nachname des spanischen Eroberers
3. Röhre, durch die Wasser fließt
4. Zwei Metallarten, die die Azteken kannten
5. Öffentlicher Platz, auf dem Handel getrieben wird
6. Dort kauft man Arzneimittel

WAS – NOCH – MARKT – BER – COR – LEI – LAN – MES – APO – SIL – TIT – SING – SER – THE – TUNG – TE – TEZ – PLATZ – KE

Was ihr auf den Seiten 21–24 tun könnt:
Die folgenden Seiten zur Hochkultur der Azteken (Herrschaft, Schrift und Gesetze, Religion, Kunst) könnt ihr am besten in vier Gruppen bearbeiten. Stellt dann die Ergebnisse der Klasse vor.

Der Staat der Azteken

1. Informiert euch anhand der Bilder und Texte dieser Seite über die Herrschaft Moctezumas und den Aufbau der aztekischen Gesellschaft.
2. Berichtet euren Mitschülern und Mitschülerinnen davon.

Moctezuma

Moctezuma war der mächtigste Mann im Staat der Azteken: Oberbefehlshaber der Armeen, oberster Priester und oberster Herrscher des gesamten Reiches. Moctezuma lebte im königlichen Palast in Tenochtitlan. Er wechselte täglich die Kleidung und warf sie nach einmaligem Tragen weg.

Die seltenen Auftritte des Königs in der Öffentlichkeit waren immer ein Ereignis. Dabei wurde Moctezuma auf einer Sänfte von hohen Adligen durch die Straßen getragen. Die Vornehmen des Reiches gingen ihm voraus.

Die aztekische Gesellschaft

Moctezuma stand als Herrscher an der Spitze der aztekischen Gesellschaft. Gleich nach ihm kamen die Adligen, die Reichtum und Macht von ihren Familien geerbt hatten. Sie lebten in schönen, zweistöckigen Häusern. Ihre Kleidung war aus Baumwolle gewebt und sie trugen wertvolle Umhänge und Schmuckstücke. Die Adligen halfen dem König bei seinen Regierungsgeschäften. Gruppen für sich bildeten die Priester und Krieger. Die hoch gestellten Priester waren alle Adlige, die niedrigeren Priesterstellen standen dem Volk offen. Alle Jungen besuchten nämlich Schulen, in denen sie entweder zu Priestern oder Kriegern ausgebildet wurden.

Nur die Besten konnten diese Berufe ausüben. Die Priester konnten lesen und schreiben. Die Krieger wurden ständig im Kampf trainiert und schützten das Reich vor Angriffen. Wer besonders tapfer war und Gefangene machte, gewann Ansehen und bekam eine bessere Ausrüstung.

Die Bürger bildeten eine weitere Gesellschaftsschicht. Sie lebten in einfachen Häusern und waren z. B. Kaufleute, Goldschmiede, Töpfer, Federwerker (Handwerker, die Federkleidung herstellten), Edelsteinschleifer oder Bauern. Ihre Kleidung war recht einfach und wurde aus Agavefasern hergestellt.

Am untersten Ende der Gesellschaftspyramide befanden sich die Sklaven. Sklave wurde derjenige, der Diebstähle beging, in Armut geriet oder ein Kriegsgefangener war.

M1 Die aztekische Gesellschaft.

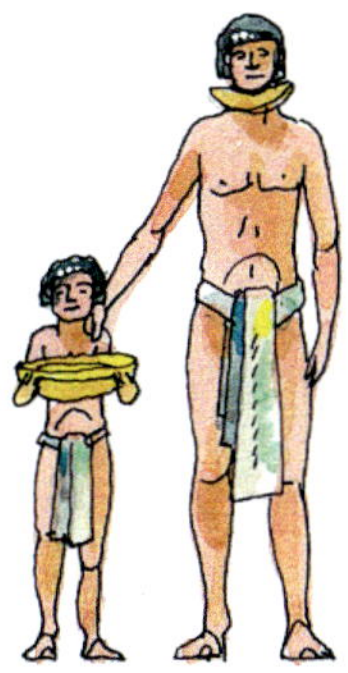
Sklaven

Priester

Adlige

Bürger

Krieger

Moctezuma

3. Beschreibt die Kleidung der verschiedenen Bevölkerungsgruppen.
4. Entwerft ein Schaubild, das die Rangordnung im Aztekenreich wiedergibt.

Schrift und Gesetze

1. Informiert euch anhand der Bilder und Texte dieser Seite über Schrift und Gesetze bei den Azteken.
2. Berichtet euren Mitschülerinnen und Mitschülern davon.

Rechnen und Schreiben

Die Rechenkunst war bei den Azteken gut entwickelt. Sie hatten ein auf der Zahl 20 beruhendes Zahlensystem. Die Schrift der Azteken war eine Bilderschrift, die aus vielen Schriftzeichen bestand. Die Leser mussten sich die Reihenfolge der Schriftzeichen selbst erschließen. Die Schriften wurden in Büchern gesammelt, die geschichtliche und religiöse Texte, aber auch Steuerlisten enthielten.

M1 Das Zahlensystem der Azteken.

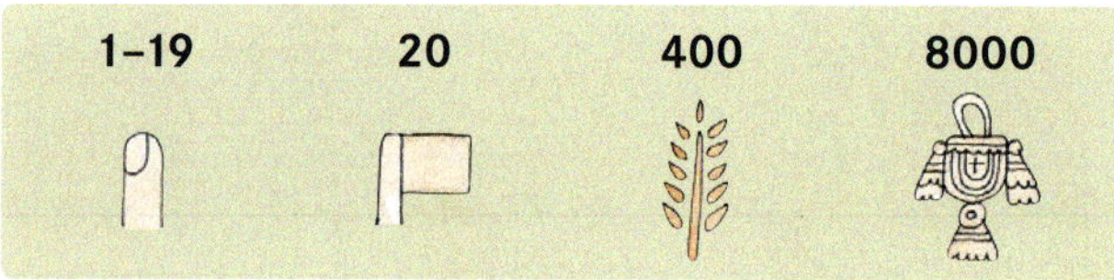

M2 Aztekische Tributsliste (Steuerliste).

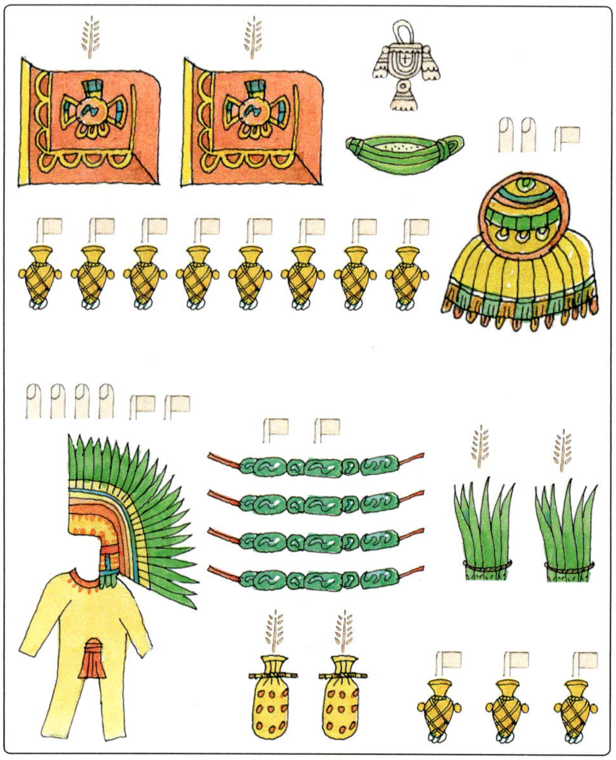

M3 Zeichenerklärung.

1. Hölzerne Schilde, geschmückt mit kostbaren Federn
2. Getrocknete Koschenille-Schildläuse für roten Farbstoff
3. Fein gewebte Decken
4. Kampfanzug aus wattierter Baumwolle mit reichem Federkopfputz
5. Weihrauchharzbündel
6. Halsbänder aus verzierter Jade
7. Bündel mit Quetzalfedern
8. Töpfe mit Honig

3. Entschlüsselt mithilfe von M1 und M3 die Steuerliste in M2. Notiert zunächst die Waren in eurem Heft. Rechnet dann mithilfe von M1 aus, wie viel von der jeweiligen Ware geliefert werden musste.
Ein Tipp: Die Zahlenangaben sind über den Waren abgebildet.

Die Gesetze

Mord
Wer einen Mord begeht, wird mit dem Tode bestraft.

Diebstahl
Wer auf dem Markt einen Diebstahl begeht, kann ebenfalls mit dem Tode bestraft werden.

Trunkenheit
Wer sich in der Öffentlichkeit betrunken zeigt, wird ebenfalls mit dem Tode bestraft.

Körperverletzung
Wer während eines Streites einen anderen verletzt, trägt die Behandlungskosten für einen Arzt.

Kleiderordnung
Nur Adlige dürfen Baumwollkleidung tragen; gewöhnlichen Bürgern ist dies strengstens verboten.

4. Stellt den Taten die angedrohten Strafen gegenüber.

Taten	Strafen
...	...

5. Nehmt Stellung zu den Gesetzen und Strafen. Welche findet ihr sinnvoll, welche nicht?
6. Nennt Länder, in denen es heute noch die Todesstrafe gibt.

Die Religion der Azteken

1. Informiert euch anhand der Bilder und der Texte über die Religion der Azteken.
2. Berichtet euren Mitschülerinnen und Mitschülern davon.

Die Religion bestimmte das Leben aller Menschen im Aztekenreich. Der große Tempel von Tenochtitlan bildete das Zentrum des religiösen Lebens. Hier wurden auch Menschenopfer dargebracht. Diese Menschenopfer hatten ihren Ursprung in einer Sage: Zu Beginn der Welt mussten sich die Götter opfern, damit die Menschen überleben konnten. Aus Dankbarkeit darüber ehrten die Azteken ihre Götter mit Gebeten und Menschenopfern. Nach ihrem Tod, so die Sage, wurden die geopferten Menschen zu Begleitern des Sonnengottes Huitzilopochtli. Es galt als eine große Ehre, für die Götter zu sterben.

M1 Der große Tempel von Tenochtitlan.

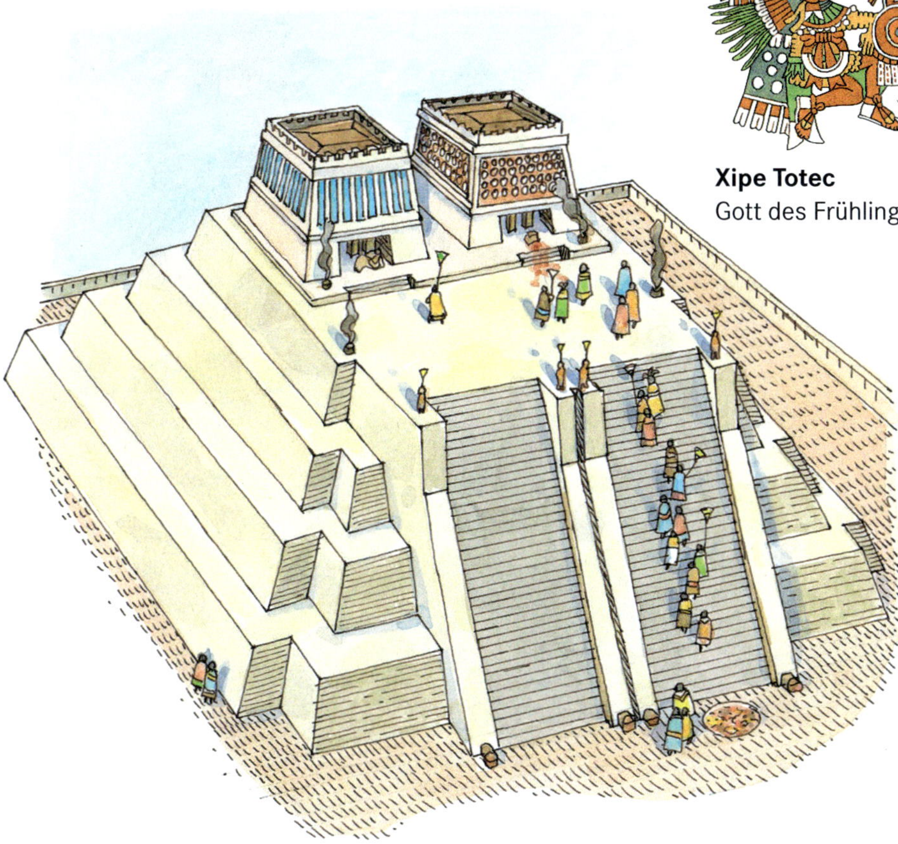

M2 Die wichtigsten aztekischen Götter.

Quetzalcoatl
Gott der Weisheit und der Schöpfung.

Huitzilopochtli
Gott des Krieges, der Sonne und des Volkes.

Xipe Totec
Gott des Frühlings.

Tlaloc
Gott des Regens.

Ausspracheregeln für die Götternamen:

Quetzalcoatl	kwetz-al-ko-atl
Huitzilopochtli	hui-tsil-o-potsch-tli
Xipe Totec	schipee-to-tek
Tlaloc	tla-lok

In vielen Tempeln wurden Kammern mit Opfergaben entdeckt. Darin waren meist kleine Steinfiguren, Masken, Menschenschädel, Tierskelette und Meeresmuscheln enthalten.

3. Beschreibt den Tempel.

Kunst und Kunsthandwerk

1. Informiert euch anhand der Bilder und der Texte dieser Seite über die Kunst der Azteken.
2. Berichtet euren Mitschülern und Mitschülerinnen davon.

Die Azteken waren sehr gute Kunsthandwerker. Die Edelsteinschleifer, Töpfer, Goldschmiede, Federwerker und Weber bildeten ihre eigenen Zünfte. Ihre Werkstätten befanden sich am Rand der Stadt.

Die Edelsteinschleifer

Türkise galten bei den Azteken als sehr wertvoll und waren deshalb sehr beliebt. Sie wurden für Schmuck, aber auch Gefäße, Schatullen und Masken verarbeitet.

M1 **Maske des Gottes Quetzalcoatl aus Holz mit Türkismosaik.** Foto.

Die Töpfer

Ein weiteres Beispiel für den hohen Entwicklungsstand im Bereich des Kunsthandwerks ist die Töpferei. Auf ihre handgeformten Gefäße ritzten oder stempelten die Azteken Muster und Bilder.

M2 **Aztekische Schale.**

Was ihr noch tun könnt:
Fertigt eine Schale aus Ton und ritzt ein Muster ein. Brennt sie im Brennofen der Schule.

Die Goldschmiede

Besonders hoch entwickelt war bei den Azteken die Goldschmiedekunst. Sie stellten Schmuck und Gegenstände aus Gold, Silber und Platin her. Leider haben die Eroberer in ihrer Goldgier fast alle Goldschmiedearbeiten eingeschmolzen.

M3 **Aztekische Goldfigur.** Foto.

Die Federwerker

Moctezuma hielt sich zwei große Vogelhäuser, in denen nahezu alle Vogelarten Süd- und Mittelamerikas vertreten waren. Ehe die Vögel in die Mauser kamen, wurden ihnen die Federn ausgerupft. Die Federwerker stellten dann kunstvolle Umhänge und Federkronen für Moctezuma, aber auch für die Adligen her.
Cortez sandte das Original aus Quetzalfedern und Goldscheiben als Teil seiner Beute nach Spanien. Leider ist die Federkrone nicht mehr erhalten.

M4 **Nachbildung von Moctezumas Federkrone.**

3. Entwerft eine Maske und malt sie in euer Geschichtsheft.

Die Spanier erobern das Aztekenreich

M1 **Aztekische Adler- und Jaguarkrieger in wattierten Baumwollanzügen mit Steinwaffen aus Obsidian kämpfen gegen die spanischen Eroberer.**
Jugendbuchillustration, 20. Jahrhundert.

1. Beschreibt die Kampfszene M1. Vergleicht die Ausrüstung der Kämpfenden und begründet, warum die Spanier bei einem Kampf wohl im Vorteil waren.
2. Lest den nachfolgenden Text und notiert in Stichworten Zahlen, Namen, wichtige Begriffe und Ereignisse in eurem Geschichtsheft.

Die Spanier besiegen die Azteken

Im Jahr 1519 wurde Cortez auf seinem Eroberungszug durch das Aztekenreich von 600 Soldaten und einigen katholischen Priestern begleitet. Zu seiner Ausrüstung gehörten 16 Pferde, 14 Kanonen und 13 Gewehre. Demgegenüber war Moctezuma der Oberbefehlshaber einer Streitmacht von einigen 100 000 Kriegern. Trotzdem besiegten die spanischen Eroberer die Azteken innerhalb von nur zwei Jahren. Wie war das möglich?
Die Azteken hatten ihr großes Reich durch viele Kriege gegen benachbarte Indianerstämme gesichert. Sie unterdrückten die besiegten Stämme hart und forderten hohe Steuerzahlungen (siehe M2, S. 22). Einige der besiegten Stämme verbündeten sich bereits im Jahr 1519 mit Cortez. So konnte er für sein Heer in kurzer Zeit Tausende von indianischen Kriegern als Verstärkung gewinnen.
Die Anwesenheit von Cortez und seinen Soldaten in Tenochtitlan führte sehr schnell zu kriegerischen Auseinandersetzungen. Moctezuma wurde von den spanischen Eroberern gefangen genommen, aztekische Tempel und Götterbilder zerstört. Die Azteken lehnten sich gegen die Spanier auf. Beim Versuch, zwischen seinem Volk und den Eroberern zu vermitteln, wurde Moctezuma getötet.
Moctezumas Nachfolger gelang es im Jahr 1520, die spanischen Eroberer aus Tenochtitlan zu vertreiben. Doch bereits im Jahr 1521 kehrten die Spanier, unterstützt von ihren indianischen Verbündeten, zurück. Nach einer 93-tägigen Belagerung Tenochtitlans ergaben sich die Azteken. Cortez ließ den letzten aztekischen König und viele Adlige hinrichten. Die Hauptstadt Tenochtitlan wurde dem Erdboden gleichgemacht. An ihrer Stelle errichtete er eine Stadt nach spanischem Vorbild: die heutige Hauptstadt Mexiko Stadt.

3. Nehmt Stellung zu der Aussage: Cortez bringt den Krieg nach Mittelamerika.
4. Beurteilt die Handlungsweise der Spanier.

Eroberer mit dem Kreuz

Alle Indianer müssen Christen werden

Nach der Eroberung des Aztekenreichs kamen auf Befehl des spanischen Königs viele Geistliche nach Mexiko. Sie führten in allen Gebieten den christlichen Glauben ein und bekämpften die Religion der Indianer als Götzendienst. Tausende von Indianern wurden zwangsweise getauft.

Die Zerstörung aztekischer Kultur

1. Beschreibt M1.
2. Begründet, weshalb die Spanier ihre Kirchen auf den Ruinen aztekischer Tempel bauen ließen.

Der erste Bischof von Mexiko ordnete an, dass aztekische Schriften verbrannt und die Tempel zerstört werden mussten. Er rühmte sich damit, dass er in nur fünf Jahren 500 Tempel und mehr als 20 000 „Götzenbilder“ zerstört hatte.

Missionierung:
Verbreitung der christlichen Glaubenslehre unter Nichtchristen (Heiden)

M2 Ein spanischer Mönch tauft einen Indianer.
Aztekische Zeichnung.

M1 Die Kirche Nuestra Señora de los Remedios auf der aztekischen Tempelpyramide von Cholula. Foto, 1992.

Ziele der Missionierung der Indianer

Wissenschaftler unterscheiden zwei wichtige Ziele, die die Spanier mit der Missionierung der Indianer verfolgten: erstens die Verbreitung des christlichen Glaubens unter den Indianern (christliches Sendungsbewusstsein) und zweitens die Erziehung der „wilden“ Indianer zu gehorsamen, an die spanische Lebensweise gewöhnte Untertanen.

Die Behandlung der Indianer durch die Kirche

Aber die Einstellung der spanischen Geistlichen gegenüber den Indianern war sehr unterschiedlich. Es gab Geistliche, die sich durch ihre Habgier in nichts von den spanischen Großgrund- und Bergwerksbesitzern unterschieden: Sie hielten die Indianer ihres Kirchenbezirks wie Sklaven. Diese arbeiteten dann für die Priester als Hirten, Baumwollarbeiter und Tagelöhner. Bei all diesen Beschäftigungen wurden die kirchlichen Aufgaben vernachlässigt.
Es gab aber auch Mönche, denen das Wohlergehen der Indianer am Herzen lag. Sie wollten sie nicht ausbeuten, um eigene Reichtümer anzuhäufen, sondern „gute Christen“ aus ihnen machen. Sie sorgten dafür, dass die Indianer in ihrem Kirchenbezirk nicht unterdrückt wurden. Sie erlernten die verschiedenen Indianersprachen, ja sogar die Bilderschrift der Azteken. Dadurch erhielten sie einen tiefen Einblick in die Lebenswelt der mexikanischen Indianer. Sie übersetzten die Bibel in die verschiedenen Indianersprachen und konnten so ihren Missionsauftrag wirksamer durchführen. Die Unterdrückung der Indianer und ihre Missionierung hingen also oft eng zusammen.

M3 Die Kolonisation oder: Cortez' Ankunft in Veracruz. Gemälde von Diego Rivera.

M4 Einige Geistliche schrieben ähnliche Briefe wie diesen an den König von Spanien:

Eure Majestät,

ich muss Euch von der unmenschlichen Behandlung der indianischen Sklaven durch unsere Landsleute berichten. Verheiratete Frauen und Männer werden getrennt. Sie erhalten von ihren Besitzern nichts zu essen. Weil die Mütter vor Anstrengungen und Hunger keine Nahrung für ihre Säuglinge mehr haben, starben bis jetzt 7000 Kinder im Laufe von drei Monaten. Seuchen wie Pocken, aber auch einfache Krankheiten wie Grippe, Mumps und Masern rafften Tausende von Indianern dahin. Diese Krankheiten waren hier, bis zu unserer Ankunft, unbekannt.

Eure Majestät, wir müssen dem schamlosen Verhalten unsrer Landsleute Einhalt gebieten. Die Indianer sind Menschen wie wir. Gott hat uns zu ihnen geschickt, damit wir sein Wort dort verkünden und ihre Seelen retten.

Euer ergebenster Diener

3. Beschreibt M3 und beantwortet die folgenden Fragen oder Arbeitsaufträge schriftlich:
   - Notiert fünf Tätigkeiten, die die Indianer verrichten müssen.
   - Beschreibt die Tätigkeiten der Spanier.
   - Findet heraus, wie die Indianer bestraft wurden.
   - Sucht die Situationen, in denen ein Kreuz abgebildet ist. Was bedeutet das Kreuz hier?
   - Welche offenen Fragen ergeben sich für euch aus M3?
4. Notiert die Gründe, die in M4 für die hohe Sterblichkeit unter der mexikanischen Bevölkerung angeführt werden.

Kolonisation:
Inbesitznahme überseeischer Gebiete durch europäische Staaten. Diese Gebiete waren keinesfalls unbewohnt und wiesen eine eigene Regierungsform auf.

Gold und Silber für Spanien

M1 Bevölkerungsentwicklung in Mexiko von 1519 bis 1580.

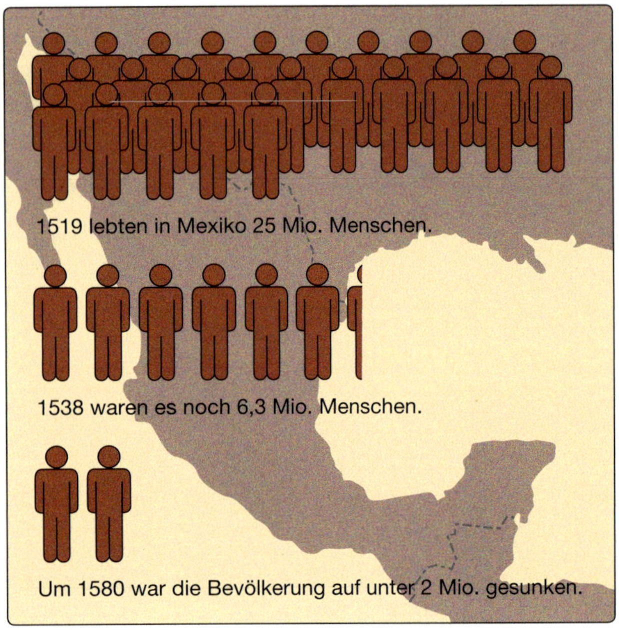

1. Beschreibt die Bevölkerungsentwicklung für den angegebenen Zeitraum. Welche Schlüsse zieht ihr daraus?

Die „Neuen Gesetze“

Verschiedene Mönche setzten sich für eine bessere Behandlung der indianischen Sklaven ein (vgl. S. 27). Einer von ihnen hieß Bartolomé de Las Casas. Ihm gelang es, den spanischen König davon zu überzeugen, Gesetze zum Schutz der Indianer zu erlassen.

M2 Aus den „Neuen Gesetzen“ von 1542:

Wir ordnen an und befehlen, dass künftig aus keinem Grund irgendein Indianer zum Sklaven gemacht werde. Wir wollen, dass sie als unsere Untertanen behandelt werden. Wir ordnen an, dass die, die als Sklaven gehalten werden, in Freiheit zu setzen sind. Wer dem zuwiderhandelt, soll hart und ohne Ansehen der Person bestraft werden.

Urs Bitterli (Hrsg.), Entdeckung und Eroberung, Dokumente und Berichte, Bd. 1., München (Beck) 1981, S. 59.

2. Gebt die Anordnung aus M2 mit eigenen Worten wieder.

Goldgier schafft neues Elend

Die Großgrund- und Bergwerksbesitzer in Mexiko waren auf keinen Fall bereit, auf die Sklavenarbeit der Indianer zu verzichten. Schließlich gab der spanische König dem Druck der Kolonisten nach und hob die „Neuen Gesetze“ auf. Er wollte ebenso wenig auf die wertvollen Edelmetalllieferungen aus Mexiko verzichten. Bartolomé de Las Casas machte daraufhin einen anderen Vorschlag: Schwarze Sklaven aus Afrika sollten die Indianer ersetzen. Zehntausende von Afrikanern wurden gefangen genommen und nach Amerika verschleppt.

3. Beurteilt den Vorschlag von Las Casas, Sklaven aus Afrika nach Amerika zu holen.

M3 Warenströme des Dreieckshandels.

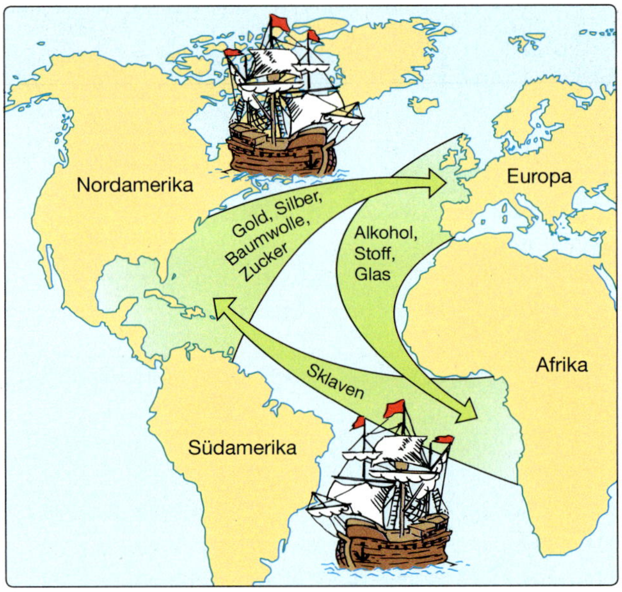

Reichtum für Spanien – aber kein Wohlstand!

Die Spanier schmolzen nahezu alle aztekischen Gold- und Silberkunstschätze ein. Hinzu kamen die in den Silber- und Goldbergwerken erbeuteten Barren. Alle Edelmetalle wurden mit Schiffen nach Spanien geschafft, wo man Münzen daraus prägte. Dennoch wurde Spanien durch diesen Reichtum kein wohlhabendes Land.

4. Arbeitet aus M3 heraus, welche Folgen der Reichtum für Spanien selbst, aber auch für Europa hatte.

Die Rechtfertigung der Herrschaft der Spanier

M1 Eine Wirtschafts-expertin erklärt:

1. Notiert in einer Tabelle, wie die Personen in M2 bis M5 die Herrschaft der Spanier rechtfertigen.
2. War die Lebensweise der Spanier wirklich so viel besser als die der Azteken? Begründet eure Antwort.

Person	Rechtfertigung
Papst	...
...	...

Was ihr noch tun könnt:
- Informiert euch in der Schul- oder Stadtbücherei über die Hochkulturen der Mayas und Inkas.
- Findet heraus, wo und wie die Indianer Nord- und Südamerikas heute leben.
- Plant einen Ausflug mit eurer Klasse in die Indianerabteilung des Deutschen Ledermuseums in Offenbach am Main, Frankfurter Straße 86, Tel. (0 69) 8 29 79 80; Öffnungszeiten tgl. 10–17 Uhr.

Europäer rechtfertigen ihre Kolonialherrschaft

M2 Papst Alexander VI.

M3 Kaiser Karl V.

M4 Ein spanischer Mönch.

M5 Ein spanischer Großgrundbesitzer aus Mexiko.

Mexiko heute

M1 Aztekische Ruinen unter moderner Bebauung in Mexiko-Stadt. Foto, 1990.

M2 Aztekische Nahrungsmittel.

1. Erstellt eine Tabelle und sortiert die abgebildeten Nahrungsmittel folgendermaßen:

Das habe ich schon gegessen	Das habe ich noch nie gegessen
...	...

M3 Ein Otomí-Mädchen. Foto, 1985.

Die Bevölkerung Mexikos heute

Nur wenige Indianerstämme Mexikos konnten ihr Leben nahezu unberührt von der Herrschaft der Spanier fortführen. Ein Beispiel hierfür sind die Otomí-Indianer, die nur 160 km von Mexiko-Stadt entfernt im Tal von Mezquital leben. Den Otomís gelang es, über Jahrhunderte hinweg ihre Kultur und ihre Sprache zu erhalten. Die von ihnen bewohnte Region gehört zu den ärmsten Gebieten Mexikos. Ihr Klima ist sehr trocken, sodass nur Mais, Bohnen und Chili angebaut werden können.
Indianer (Nachkommen indianischer Eltern) und Mestizen (Nachkommen eines weißen und eines indianischen Elternteils) machen jedoch mehr als 80 Prozent der mexikanischen Bevölkerung aus. Ihre Schulbildung und ihr Einkommen sind im Vergleich zu den Weißen viel geringer. Die Weißen stellen in Mexiko eine Minderheit dar. Sie besitzen große Ländereien und verfügen über eine sehr gute Bildung.

2. Erklärt, wie sich die Bevölkerung Mexikos zusammensetzt und wie Bildung und Einkommen zusammenhängen.

Wissen testen

Das Zeitalter der Entdeckungen
Das 15. Jahrhundert war eine Zeit zahlreicher Entdeckungen und ___. Weil man sich auf Werte der Antike zurückbesann, heißt die Epoche, die den ___ darstellt, ___. In den Mittelpunkt des Denkens rückte der Mensch. Diese geistige Grundhaltung bezeichnete man als ___. Eine der wichtigsten Erfindungen dieser Zeit war die des ___ durch Johannes Gutenberg. Erfunden wurden auch ein seetüchtiger Kompass, die mechanische Uhr, der Jakobsstab und hochseetaugliche Schiffe. Sie waren die Voraussetzungen für die ___ durch ___ im Jahr ___.
In Mittel- und Südamerika gab es einige ___, z. B. bei den ___ in Mexiko. Diese Hochkulturen wurden zu Beginn des 16. Jahrhunderts von den Spaniern auf ihrer Suche nach Gold und Reichtümern zerstört. Bemühungen, die ___ zu beseitigen, hatten zunächst nur geringen Erfolg. Zwischen 1550 und 1800 wurden vermutlich weit über 30 Millionen Menschen aus Afrika in die ___ nach Amerika verschleppt.
Dem Beispiel Spaniens und Portugals folgten bald noch weitere europäische Staaten wie Frankreich, die Niederlande und England. Der „___" brachte den europäischen Staaten hohe Gewinne. Schon bald hielt auch die europäische Lebensweise Einzug in die ___ – die „Neue Welt" wurde europäisch.

1. Schreibt den Text ab und setzt die folgenden Begriffe in die Lücken:
   - Unterdrückung und Ausbeutung der Indianer
   - Dreieckshandel
   - indianische Hochkulturen
   - Übergang vom Mittelalter zur Neuzeit
   - Christoph Kolumbus
   - Erfindungen
   - Sklaverei
   - Entdeckung Amerikas
   - Humanismus
   - Azteken
   - Renaissance
   - Kolonien
   - Buchdruckes
   - 1492

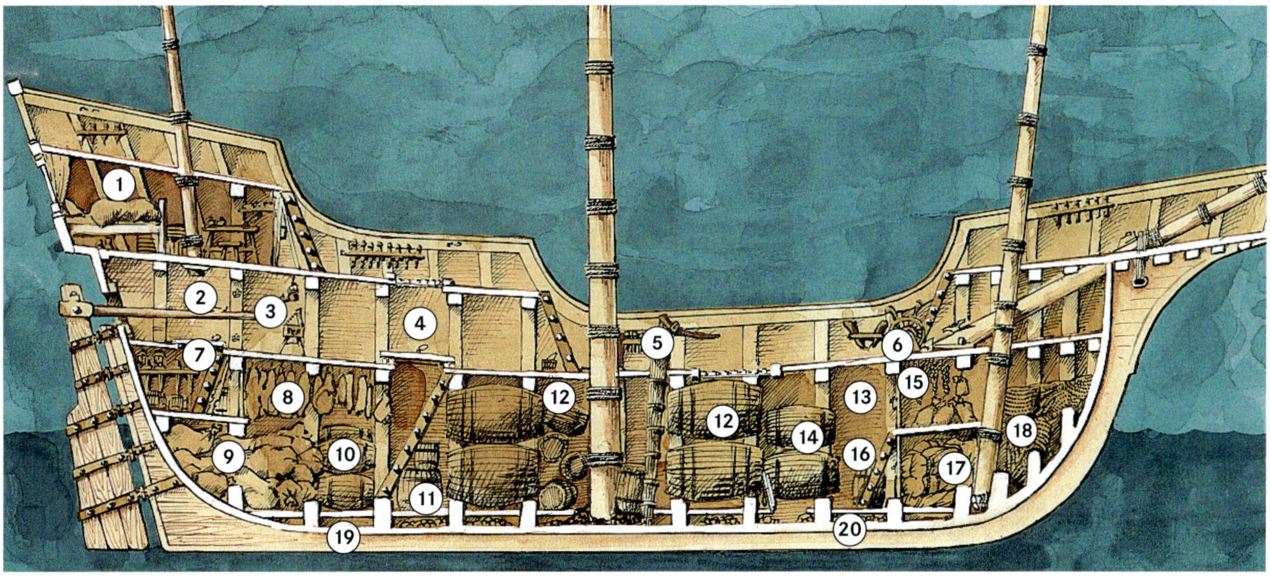

2. Malt den Schiffsquerschnitt in eure Hefte und sortiert zu den Nummern die folgenden Erklärungen: Schiffszwieback; Weinfässer; Entwässerungspumpe; Sammelraum für Kondenswasser; Luke zum Schiffsladeraum; Steuerruder; Ölvorrat; Hebevorrichtung für Anker und Segel; Schiffsladeraum; Abstellkammer für Segel; Kompass; Waffen- und Munitionskammer; Mehlfässer; Pökelfleisch in Fässern; Steine als Ballast; Wasservorrat; Admiralskajüte; getrocknete Hülsenfrüchte in Säcken, Zwiebeln und Knoblauch; Laderaum für Taue; geräucherte und getrocknete Fleischwaren.

ABSOLUTISMUS

Glanzvolles Leben am Fürstenhof

Zwischen 1661 und 1689 ließ sich der französische König Ludwig XIV. in Versailles bei Paris einen prächtigen Herrschaftssitz – eine Residenz – errichten. Sein Schloss und eine als Absolutismus bezeichnete Regierungsform wurden zum Vorbild für die Fürsten und Könige aus ganz Europa.

1. Beschreibt das Schloss Versailles und zeichnet einen vereinfachten Grundriss (Vogelperspektive). Tragt darin folgende Begriffe ein: Hauptflügel, Seitenflügel, Schlosshof, Mauer, Zaun (Mehrfacheintragungen möglich).
2. Beschreibt das kleine Bild und notiert Fragen, die sich für euch beim Betrachten des Bildes ergeben.

Alltag in barocken Residenzen

M1 **Das Austernfrühstück.** Gemälde von Jean-François Troy (1679–1752).

M2 **Barockfeuerwerk anlässlich der Hochzeit des sächsischen Kurprinzen 1719.** Kupferstich von Johann August Corvinus.

Versailles – Leben „bei Hofe"

Fast jeder König oder Fürst versuchte, aus seinem Regierungs- und Wohnsitz ein „kleines Versailles" zu machen. Das Leben am Hof der „kleinen Sonnenkönige" ahmte den französischen Stil nach.
Champagner und Austern zum Frühstück, Maskenbälle, Theater, Jagd und Feuerwerke, teure Möbel, Kutschen, Kleider und Frisuren: Wer konnte sich diesen Luxus leisten? Welche Macht hatte der König? Woher kam das Geld für eine solche Pracht? Wie lebten die einfachen Menschen in dieser Zeit?
Diese Fragen soll dieses Buchkapitel beantworten.

1. Beschreibt die Bilder M1–M6. Ihr könnt dazu in Gruppen arbeiten. Schreibt zu einzelnen Bildern einen Bericht im heutigen Zeitungsstil. Welches Bild passt nicht hierher? Begründet eure Meinung.
2. Vergleicht die Darstellungen mit Vergnügungen reicher Leute von heute. Was ist anders, was ähnlich? Sammelt Bilder aus Illustrierten und fertigt eine Wandzeitung.

Was ihr noch tun könnt:
Musik der Zeit anhören: Händel („Wasser- oder Feuerwerksmusik"), Bach („Brandenburgische Konzerte"), Vivaldi („Die vier Jahreszeiten") oder Mozart („Eine kleine Nachtmusik").

M3 Jagdvergnügen. Gemälde von François Rousseau, um 1755 (Ausschnitt).

M5 Johann Sebastian Bach musiziert vor König Friedrich II. Holzstich um 1870.

M4 Maskenball im Bonner Hoftheater. Gemälde von François Rousseau, 1754.

Residenz
Wohn- und Amtssitz eines Staatsoberhauptes

Barock
schmuck- und figurenreicher Kunststil (1600–1750)

Rokoko
Kunststil mit zierlichen, beschwingten Formen (1750–1770)

Absolutismus
Regierungsform, bei der der Monarch (König, Fürst) die alleinige Staatsgewalt besitzt.

M6 Statue einer Bettlerin (Elfenbein und Holz). Von Simon Troger, etwa 1750.

Arbeitstechnik

Bilder lesen

1701 erhielt der Maler Hyacinthe Rigaud den Auftrag, ein Porträt Ludwigs XIV. anzufertigen. Der König war damals 53 Jahre alt und hatte in Europa eine führende Stellung errungen. Das lebensgroße Bild (279×190 cm) sollte weniger die Persönlichkeit Ludwigs darstellen, sondern dient der Demonstration königlicher Macht. Das Bild hat zahlreiche Nachahmungen gefunden.

M1 König Ludwig XIV. Gemälde von Hyacinthe Rigaud, 1701.

Zeitliche Orientierung

Unser Wissen über die Vergangenheit gewinnen wir oft aus Bildern.
Die folgenden Fragen werden euch helfen, Bilder auszuwerten:

1. Schritt Bild betrachten

- Wie wirkt das Bild als Ganzes auf mich? Welche Einzelheiten sprechen mich besonders an, was finde ich interessant, schön, hässlich, abstoßend, lächerlich usw.?

2. Schritt Bild beschreiben

- Welche Daten des Bildes sind bekannt (Name des Künstlers, Bildtitel, Entstehungszeit)?
- Gibt es einen Mittelpunkt, einen Vorder- und Hintergrund?
- Was ist dargestellt (Thema, Anordnung der Personen, Dinge usw., Farben, Helligkeit)?

3. Schritt Bild deuten

- Was will der Künstler ausdrücken?
- Zu welchem Zweck wurde das Bild geschaffen?
- Was verstehe ich nicht? Wozu brauche ich weitere Informationen?
- Was lerne ich über geschichtliche Ereignisse oder Hintergründe?
- Welche offenen Fragen ergeben sich aus dem Bild?

1. Betrachtet, beschreibt und deutet das Bild Ludwigs XIV. (M1, S. 36) mithilfe der dargestellten Arbeitstechnik. Vergleicht es anschließend mit M2 auf dieser Seite.

M2 Clemens August, Erzbischof von Köln (1700–1761).
Gemälde von Georges Desmarées, um 1746.

M3 Zeittafel des Absolutismus.

1648 Ende des 30-jährigen Krieges.

1661 König Ludwig XIV. übernimmt die Leitung der Staatsgeschäfte in Frankreich.

1685 Die Hugenotten, evangelische Glaubensflüchtlinge aus Frankreich, finden Aufnahme in Preußen.

1688 Ludwig XIV. führt Krieg in der Pfalz.

1697 Ende des Krieges in der Pfalz.

1740 Friedrich II., genannt der Große, wird König von Preußen.

1763 Einführung der „Allgemeinen Schulpflicht" in Preußen.

1789 Die Französische Revolution beendet den Absolutismus in Frankreich.

Krieg in der Pfalz

Der Absolutismus in Frankreich

„Der Staat bin ich“

M1 Medaille Ludwigs XIV. von 1674. Die Umschrift „Nec pluribus impar“ heißt übersetzt: „Keiner kommt ihm gleich“.

1. Beschreibt M1 und stellt Vermutungen darüber an, warum König Ludwig XIV. die Sonne als Sinnbild (Symbol) seiner Herrschaft wählte.

Der Sonnenkönig

1661 übernahm Ludwig XIV. von Frankreich, der „Sonnenkönig“, die Regierung. Kaum im Amt ließ er seine Minister und Räte zu sich kommen und teilte ihnen mit, dass er zukünftig alle wichtigen Entscheidungen im Staat selbst treffen wollte. Er wollte allein und unabhängig von anderen herrschen. Er soll einmal gesagt haben: „Der Staat bin ich!“

2. Erklärt den Aussprach „Der Staat bin ich!“ und den Begriff „Absolutismus“ mit eigenen Worten.
3. Beschreibt M2 und erläutert, welche Haltung der König und die Gesandten einnehmen. Was wollte der Maler dadurch ausdrücken?

M2 Ludwig XIV. empfängt eine Gesandtschaft aus Persien. Gemälde von Antoine Coypel, um 1715.

Absolutismus – aber wo bleibt die Freiheit?

M3 Über seine Herrschaftsauffassung schrieb Ludwig XIV. selbst:
Gott, der die Könige über die Menschen gesetzt hat, wollte, dass man sie als seine Stellvertreter achte, und er selbst hat sich das Recht vorbehalten, über ihren Wandel zu urteilen. Es ist sein Wille, dass, wer als Untertan geboren ist, willenlos zu gehorchen hat.

Aus: Ludwig XIV., Memoiren, hrsg. von Leopold Steinfeld, Basel/Leipzig 1931, S. 271.

M4 Der Philosoph Denis Diderot schrieb 1751:
Kein Mensch hat von der Natur das Recht erhalten, über andere zu herrschen. Die Freiheit ist ein Geschenk des Himmels, und jedes Mitglied des Menschengeschlechts hat das Recht, sie zu genießen ... Er (Gott) erlaubt, ... dass die Menschen unter sich ein System der Unterordnung schaffen, dass sie einem von ihrer Art gehorchen; aber er will, dass dies mit Vernunft und Maß geschieht und nicht blind und vorbehaltlos ...

Aus: Geschichtliche Weltkunde, Bd. 2, Quellenlesebuch, Frankfurt/M. 1980, S. 136 f.

4. Klärt, wie in M3 die Herrschaft des Königs gerechtfertigt wird.
5. Erläutert, wieso die Position von Diderot (M4) eine Kritik am Absolutismus darstellt.
6. Beschreibt M5 und klärt, warum der König diese feierliche Handlung vollzieht.

M5 Denkmaleinweihung durch Ludwig XIV. Gemälde von A.-C. Lemonnier.

M6 **Das folgende Interview, das König Ludwig XIV. 1715 einer Zeitung gewährte, ist frei erfunden. Aber es entspricht den geschichtlichen Tatsachen:**

Exklusiv nur bei uns:

Das Interview mit dem König

Pariser Zeitung: Majestät, Ihr seid heute der bedeutendste König von Europa. Wie ist es Euch gelungen, diese Machtposition zu erringen?

Der König: Durch harte Arbeit! Ich bin morgens früh aufgestanden und habe den ganzen Tag über am Schreibtisch gesessen. Ich war immer über alles unterrichtet, wusste jederzeit über die Stärke und Ausbildung meiner Armee Bescheid. Verhandlungen mit fremden Gesandten habe ich selbst geführt. Ich habe viele Stunden damit zugebracht, Briefe zu lesen und zu beantworten. Ich bestimmte die Einnahmen und Ausgaben des Staates und ließ mir von meinen Mitarbeitern die Rechnungen vorlegen.

Pariser Zeitung: Wie ist es Euch gelungen, die Machtansprüche der französischen Adligen auszuschalten?

Der König: Ich holte sie an meinen Hof in Versailles. Da waren sie nicht nur unter meiner Kontrolle, sondern gaben für Kleidung, Perücken, Kutschen und Parfüm so viel Geld aus, dass sie froh waren, wenn ich ihnen eine Stellung als Beamter oder Offizier übertrug.

Pariser Zeitung: Früher wurden die Soldaten nach einem Krieg wieder entlassen. Ihr, Majestät, aber habt die Soldaten ständig unter Waffen gehalten. Würdet Ihr unseren Lesern erklären, wozu dieses ständig verfügbare Heer nötig war?

Der König: Ihr meint das stehende Heer? Ja, da kann man die Soldaten viel besser ausbilden und sie ständig zur Verfügung halten. Ich konnte so leichter Kriege führen und war auch gegen Aufstände im Innern Frankreichs gut gerüstet.

Pariser Zeitung: Aber das war doch sicher alles sehr teuer?

Der König: Gewiss, aber bedenkt doch: Was ist ein absoluter König ohne eine Armee? Schließlich habe ich viele Kriege erfolgreich geführt. Außerdem haben viele Unternehmer in Frankreich an den Waffen und der Ausrüstung für das Heer auch gut verdient.

Pariser Zeitung: Das Heer, der Bau von Versailles, die teuren Hofbälle oder Feuerwerke – all das kostete doch unglaublich viel Geld – woher kam das?

Der König: Von den Steuern der Untertanen natürlich! Mein Finanzminister hatte die Idee, mit dem Kaufpreis für Waren zugleich Steuern einzuziehen. So konnten die Staatseinnahmen praktisch verdoppelt werden.

Pariser Zeitung: Und wer sorgte dafür, dass Eure Befehle auch beachtet wurden?

Der König: Ich ernannte treue Staatsdiener zu Beamten. Sie bekamen von mir ein festes Gehalt und führten dafür meine Befehle aus.

Pariser Zeitung: Majestät, wir danken für das Gespräch.

M7 **Die absolutistische Staatsordnung.**

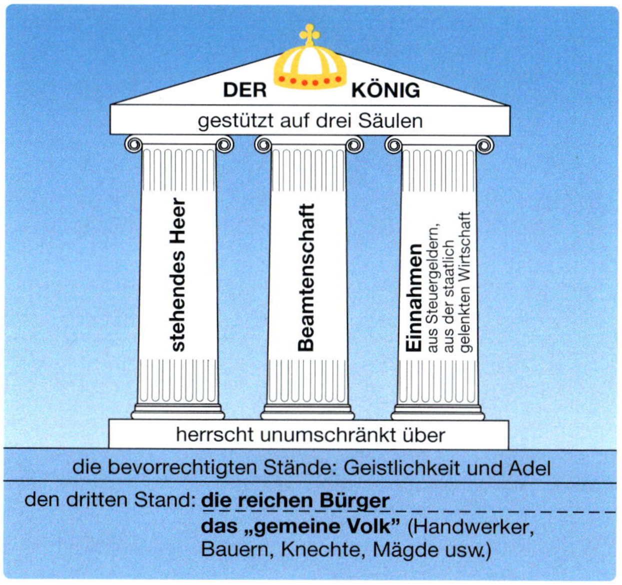

7. Klärt, welche Arbeiten der König nach eigener Aussage zu erledigen hatte.
8. Erklärt M7 mithilfe des Interviews (M6).

Was ihr noch tun könnt:
- Zu M2 einen Sprechtext erfinden und die Szene nachstellen.
- Das Interview M6 mit verteilten Rollen auf Kassette aufnehmen.
- M7 als Plakat gestalten.

Leben bei Hofe

M1 Der König wird angekleidet. Farblithographie von Maurice Leloir, 19. Jahrhundert.

1. Beschreibt die Stationen des Zeremoniells nach M2 in Stichworten und fügt hinzu, was in der Erzählung noch fehlt (beachtet dazu M1 und M4).

M2 Der Herzog von Saint-Simon berichtet in seinen „Erinnerungen" (1740–1755 geschrieben):
Um 8 Uhr früh weckte der erste Kammerdiener den König. Der König nahm Weihwasser und sprach ein Gebet. Inzwischen waren die Prinzen ... und danach einige Vertreter des höchsten Adels eingetreten ... Es kamen die vier Minister, die Vorleser, die Apotheker, Ärzte, Silberbewahrer, einige Offiziere und Kammerdiener. Nachdem der König eine kleine Perücke aufgesetzt hatte, erschienen die Kammerherren. Sofort traten die Kirchenfürsten, Gesandten, Marschälle und andere Würdenträger ein, denen ... der breite Schwarm der Höflinge folgte. Der König zog sein Nachthemd aus und übergab die Reliquien, die er während der Nacht auf dem bloßen Leibe trug, dem ersten Kammerdiener. Er verlangte sein Taghemd. Dies war der Höhepunkt der Zeremonie. Das Recht, dem König das Hemd zu reichen, stand dem Bruder des Königs zu; wenn er abwesend war, den Söhnen und Enkeln des Königs. War der König angezogen, betrat er das anliegende Gemach. Dort hielt er Rat mit den Ministern.

Theodor Steudel, Der Fürstenstaat, Berlin 1933, S. 1 ff.

M3 „Es lebe die Etikette" oder: Das tragische Ende eines absoluten Fürsten. Comiczeichnung, 1996.

Hofzeremoniell

Das Schloss Versailles war das Zentrum Frankreichs. Hier lebte der König, umgeben von seinem Hofstaat, der aus Tausenden von Adligen bestand. Es gab rauschende Feste mit Musik und Feuerwerken, Jagden, Theateraufführungen und Festessen. Der König selbst und die meisten Adligen seines Hofstaates heirateten nicht aus Liebe, sondern aus Standesinteressen. Es war üblich, sich eine Mätresse (Geliebte) zu halten. Das morgendliche Aufstehen und Ankleiden des Königs war ein Staatsereignis.

2. Klärt, worin der Witz von M3 besteht.
3. Spielt die Szene aus M2 nach. Überlegt vorher, was ihr dazu braucht (z. B. Liege als Bett, Kleidungsstücke, Nachttopf).
4. Beschreibt M4.

M4 Frisierszene. Porzellanfigur, 18. Jahrhundert.

M5 Das „Wäldchen von Versailles".
Gemälde von J. B. Martin.

M6 Saal im Schloss Versailles.
Foto, 1998.

5. Beschreibt M5 und M6. Wie hat sich wohl das tägliche Leben der Schlossbewohner abgespielt?

Eine deutsche Prinzessin am Hofe Ludwigs XIV.

1671 heiratete die in Heidelberg geborene Prinzessin Elisabeth Charlotte (1652–1722), genannt Liselotte von der Pfalz, Philipp von Orléans, den Bruder des Königs. Es war eine unglückliche Ehe an der Seite eines Mannes, der sie nicht liebte. Durch das Schreiben von über 5000 Briefen versuchte sie, ihre Einsamkeit und Langeweile zu vergessen (vgl. M7).

6. Stellt den Tagesablauf der Prinzessin anhand von M7 in einer Zeitübersicht dar.
7. Klärt, was die Prinzessin an den jungen Leuten auszusetzen hat.

M8 Liebespaar.
Porzellanfigur,
um 1765–70.

M7 Aus den Briefen der Prinzessin Liselotte von der Pfalz (sprachlich vereinfacht):

Es herrscht hier in Versailles eine Pracht, die du dir nicht ausdenken kannst. An Marmor und Gold wurde nicht gespart. Edelsteine, Spiegel, Edelhölzer, Teppiche wohin du schaust. Köstliche Gemälde und Statuen an den Wänden. Und erst die Springbrunnen, Wasserkünste und Pavillons in dem riesigen Park. Denke dir nur, alle Alleen, Wege und Wasserläufe sind auf das Schlafzimmer des Königs, das im Zentrum des Schlosses liegt, ausgerichtet …

… Den Morgen bis um drei nachmittags waren wir auf der Jagd, danach, wenn wir von der Jagd kamen, so kleidete man sich anders an und ging hinauf zum Spiel, dort blieb man bis um sieben Uhr abends, von da ging man in die Komödie, welche um halb elf aus war, alsdann ging man zum Nachtessen, vom Nachtessen zum Ball, welcher bis drei Uhr morgens währte und dann zu Bett.

Alle jungen Leute … sind schrecklich verdorben und allen Lastern ergeben, Lügen und Betrügen fehlt ihnen nicht und sie meinen, es wäre ihnen eine Schande, wenn sie ehrliche Leute wären; was sie aber tun, ist saufen, verführen und Wüsteneien sagen und wer am ungeschicktesten unter ihnen ist, davon halten sie am meisten und der ist am besten geachtet.

Nach: Helmuth Kiesel (Hrsg.), Briefe der Lieselotte von der Pfalz, Frankfurt (Insel Verlag) 1981 (Insel Taschenbuch 428, S. 64–66).

Wie wird der Staat reich?

Der Merkantilismus

Als Jean Baptiste Colbert, der Sohn eines bürgerlichen Tuchhändlers, vom König zum Finanzminister ernannt wurde, waren die Staatskassen leer. Aber das Schloss Versailles, die Vergnügungen am Hofe, die Beamten und vor allem die Kriege kosteten Unmengen von Geld. Was konnte man tun? Colbert führte zunächst die indirekten Steuern ein. Sie wurden auf die Waren aufgeschlagen und mussten von allen Einwohnern Frankreichs bezahlt werden. Um den Staat reicher zu machen, traf der Finanzminister außerdem folgende Entscheidungen:

- Es sollen möglichst billige Rohstoffe aus dem Ausland, vor allem aus den von Frankreich abhängigen Kolonien, eingeführt werden.
- Diese Rohstoffe werden in Frankreich zu Fertigwaren verarbeitet und teurer an das Ausland verkauft.
- Die Ausfuhr von Rohstoffen und die Einfuhr von Fertigwaren wird an den Grenzen durch hohe Zölle verhindert.
- Um die Wirtschaft zu fördern, werden im Innern Frankreichs gute Straßen und Kanäle gebaut.
- Der Staat fördert die Gründung von Manufakturen. Das sind größere Betriebe, die Massenwaren (z.B. Porzellan, Teppiche) herstellen.
- Es werden Fachkräfte aus dem Ausland angeworben.

Dieses Wirtschaftssystem wurde Merkantilismus genannt (vom lateinischen „mercator“ = Kaufmann).

1. Beschreibt M1 und M2. Stellt Gemeinsamkeiten und Unterschiede heraus.
2. Erkundigt euch, wie der Staat heute in die Wirtschaft eingreift (Steuern, Zoll, Anwerbung von Fachkräften).

M1 Tischlerwerkstatt aus dem Mittelalter. Gemälde von Bourdichon.

3. Übertragt die folgende Übersicht ins Heft und kreuzt das jeweils Zutreffende an:

	Werkstatt	Manufaktur
Wenige Beschäftigte	...	...
Viele Beschäftigte	...	...
Großer Arbeitsraum	...	...
Kleiner Arbeitsraum	...	...
Einzelanfertigung	...	...
Massenanfertigung	...	...
Keine Arbeitsteilung	...	...
Arbeitsteilung	...	...

M2 Rasiermessermanufaktur. Kupferstich von Le Roy, um 1750.

Das Merkantilismusspiel

Spielanleitung:
Damit das Gedrängel in Frankreichs Wirtschaft nicht zu groß wird, sollte sich die Zahl der Mitspieler auf 2–4 beschränken. Man braucht einen Würfel und Spielsteine (Knöpfe tun's auch).

Der Spieler mit der höchsten Augenzahl beginnt. Es wird immer nur einmal gewürfelt (auch bei 6). Es gibt kein Herauswürfeln. Erreicht ein Spieler ein Zahlenfeld, wird das Ereignis vorgelesen und entsprechend der Anweisung gehandelt. Wer mit dem letzten Wurf als Erster das Zielfeld genau getroffen hat, gewinnt. Viel Spaß!

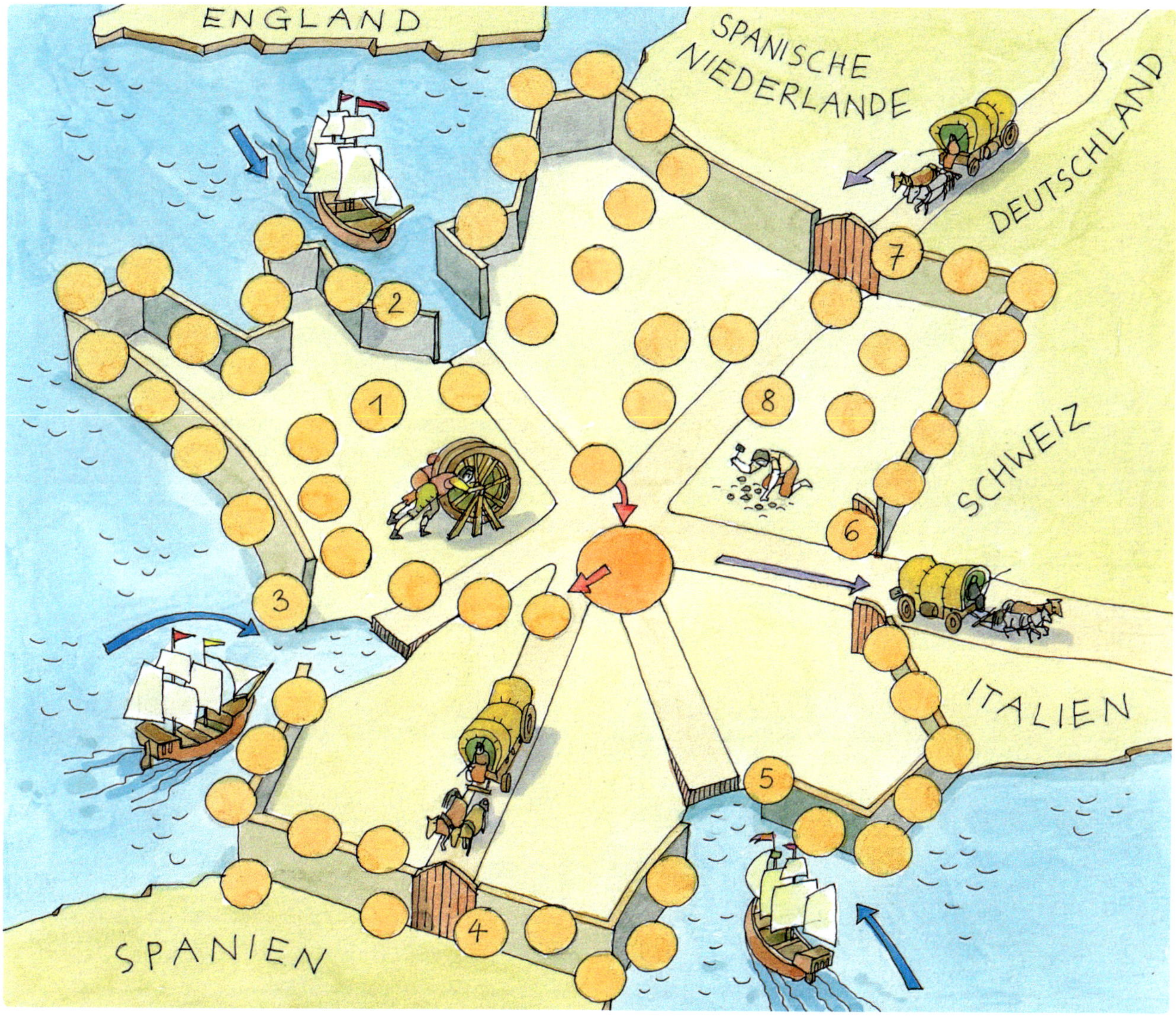

1 Die Arbeit in einer Rasiermessermanufaktur wird belohnt. **Drei Felder vorrücken.**

2 Ein Schiff will fertige Möbel aus England einführen. **Strafe: Eine Runde aussetzen.**

3 Ein Schiff bringt Baumwolle aus den französischen Kolonien in Amerika. **Noch einmal würfeln.**

4 Da will doch wirklich einer Rohstoffe aus Frankreich ausführen! **Strafe: Vier Felder zurück.**

5 Ein Schiff mit Rohstoffen muss kontrolliert werden. **Zeitverlust: Eine Runde aussetzen.**

6 Freie Fahrt für einen Transport von Porzellan nach Italien: **Vier Felder vorrücken.**

7 Fertige Seidenstoffe einführen? Das ist verboten! **Strafe: Vier Felder zurück.**

8 Arbeit auf den königlichen Straßen und das so kurz vor dem Ziel. **Eine Runde aussetzen.**

Nichts als Hunger und Elend

M1 Flugblatt gegen den französischen General Melac.
Aus dem Namen machte der Volksmund das Schimpfwort „Lackl“.

M2 Das brennende Heidelberg.
Farblithographie von Maurice Leoir, 17. Jahrhundert.

1. Beschreibt M1. Beachtet auch den Hintergrund und stellt Vermutungen darüber an, mit welcher Absicht das Flugblatt verbreitet wurde.

„Verbrannte Erde“

Ludwig XIV. führte über 30 Jahre lang Kriege gegen verschiedene Gegner. Seine Truppen kämpften z. B. in den Niederlanden, im heutigen Belgien und eroberten die alte deutsche Reichsstadt Straßburg. Besonders grausam wurde der Krieg, den der König um angebliche Erbansprüche in der Pfalz führte (1688–1697).

M3 Der Historiker Heinz Schilling schildert und beurteilt diesen Krieg so:
Eine kühl berechnete Strategie der verbrannten Erde sollte die Bewohner in Angst und Schrecken versetzen ... Auf sein Geheiß wurden im Rhein-Mosel-Gebiet ganze Landstriche verwüstet ... Zahllose Dörfer und Flecken wurden dem Erdboden gleichgemacht, ebenso die Städte Oppenheim, Mannheim, Speyer, Worms und vor allem Heidelberg.
Ins Bewusstsein der im Westen des Reiches lebenden Bevölkerung gingen die Franzosenzüge als „Raubkrieg“ ein und belasteten für Generationen das Verhältnis zwischen Deutschen und Franzosen.

Aus: Heinz Schilling. Höfe und Allianzen 1648–1763. Berlin 1998 (TB), S. 254 f.

Strategie
Kunst der Kriegsführung

In den von Ludwig XIV. geführten Kriegen kamen mehr als eine Million Menschen ums Leben. Die Kriegskosten führten zu einem fast völligen Ruin Frankreichs.

2. Beschreibt M2.
3. Erklärt den Begriff „verbrannte Erde“ und beurteilt das Vorgehen Ludwigs XIV.

Was ihr noch tun könnt:
- In M2 genannte Orte auf einer Atlaskarte suchen.
- Erkunden, ob und wie euer Wohnort oder ein Ort in der Nähe damals unter dem Krieg zu leiden hatte.
- Mitschüler/-innen oder Erwachsene nach dem Verhältnis zwischen Deutschen und Franzosen heute befragen.
- Ein Bild vom heutigen Aussehen des Heidelberger Schlosses besorgen.

4. Beschreibt M4 (achtet besonders auf Kleidung, Nahrung und den Gesichtsausdruck der Personen).

M4 **Die Bauernmahlzeit.** Gemälde von Louis Le Nain, 17. Jahrhundert.

Ungerechtigkeit und Armut

Die Menschen zur Zeit des Absolutismus waren in drei Stände eingeteilt: Den 1. Stand bildeten die Geistlichen (etwa 130 000 Personen), der 2. Stand war der Adel (etwa 350 000 Personen). Alle anderen Menschen (etwa 24 000 000 Personen) gehörten zum 3. Stand. Es konnten Kaufleute, Handwerker, Ärzte oder Rechtsanwälte in den Städten sein.
Die Geistlichen und Adligen brauchten keine Steuern zu bezahlen und lebten meist von den Abgaben der Bauern. Manche Bürger in den Städten, etwa Kaufleute oder Manufakturbesitzer, kamen zu Reichtum und Ansehen. Sie konnten sich Ämter oder sogar Adelstitel kaufen. Die große Masse der Bevölkerung aber lebte in Armut als Bauern oder Tagelöhner auf dem Land. Um die Kosten für die Kriege zu bezahlen, wurden immer höhere oder neue Steuern erhoben. Konnte ein Bauer nicht zahlen, holten die Steuereinnehmer das Vieh aus dem Stall. Bei Missernten drohten Hunger und Tod.

M5 **Über die Situation nach einer Missernte berichtete der Bischof von Beauvais 1694:**

Eine große Zahl von Armen stirbt in Stadt und Land. Sie sind durch Hunger und Elend entkräftet. Um ihren Hunger ein wenig zu stillen, leben die meisten dieser Armen von ekelerregenden Dingen wie toten Katzen ... Ein anderer Teil nährt sich von Wurzeln und Kräutern ... Noch andere graben das Saatgut wieder aus. Alles das bringt tödliche und ansteckende Krankheiten hervor ...

Pierre Goubert, Ludwig XIV. und zwanzig Millionen Franzosen, Berlin 1973, S. 27.

5. Überlegt, was Menschen dazu bringt, Katzen zu essen (M5).
6. Stellt die Verteilung der Stände in einem Schaubild dar.
7. Schreibt einen Artikel zum Thema dieser Seite im heutigen Zeitungsstil oder einen Protestbrief an den König.

Wer findet von euch die richtigen Fragen?
Hier könnt ihr zeigen, was ihr bisher behalten habt. Es geht darum, zu den vorgegebenen Antworten die richtigen Fragen zu finden (Wer war ...? Was war ...?):

1. Französischer König zur Zeit des Absolutismus
2. Kunstrichtung zwischen zirka 1600 und 1750
3. Wohn- und Regierungssitz
4. Schloss des Königs in der Nähe von Paris
5. Staatseinnahmen
6. Staatsdiener
7. Deutsche Prinzessin am Hof des französischen Königs
8. Wirtschaftssystem zur Zeit des Absolutismus
9. Großbetrieb zur Herstellung von Massengütern
10. Schauplatz eines grausamen Krieges 1688–1697

„Ich bin der erste Diener meines Staates“

M1 Preußen 1763.

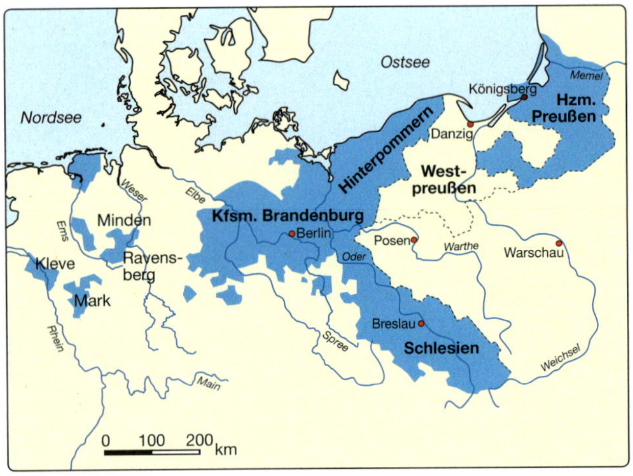

M2 Collage auf einer Internetseite über Preußen: Der preußische Kurfürst gewährt den Hugenotten 1685 die Religionsfreiheit, oben rechts werden die Pläne zum Bau des Französischen Doms (der links oben erkennbar ist) unterzeichnet.

Preußen

Die Mark Brandenburg mit der Hauptstadt Berlin war das Kerngebiet Preußens. Durch Erbschaften und Kriege gewann der kleine Staat viele Gebiete hinzu. 1701 wurde aus dem Kurfürstentum das Königreich Preußen.

1. Beschreibt anhand von M1, welche Gebiete 1763 zu Preußen gehörten (nehmt einen Atlas zu Hilfe).
2. Beschreibt M2 und stellt Vermutungen darüber an, wieso in Berlin ein französischer Dom gebaut wurde.

Religiöse Toleranz

1685 hob der französische König Ludwig XIV. die Religionsfreiheit für die evangelisch-reformierten Christen („Hugenotten“ genannt) auf und ließ sie verfolgen. Der preußische Kurfürst gewährte 20000 Glaubensflüchtlingen Zuflucht. Er versprach sich davon viele Vorteile. Seine durch den Dreißigjährigen Krieg entvölkerten Länder benötigten dringend neue Siedler. Die meisten Flüchtlinge waren gute Landwirte oder Handwerker. Sie brachten 46 neue Berufe nach Preußen. Viele von ihnen waren Kaufleute, Bankiers, Ärzte, Apotheker, Richter oder Offiziere. Die Hugenotten konnten in Preußen nicht nur ihre Religion frei ausüben und ihre Sprache sprechen, sondern bekamen auch mietfreie Wohnungen, Baumaterial und brauchten kaum Steuern zu bezahlen. 1695 gestattete der Kurfürst den Hugenotten den Bau eines französischen Doms in Berlin, der zehn Jahre später eingeweiht wurde.

3. Erläutert den Begriff „religiöse Toleranz“ und stellt die Vorteile für die Hugenotten und den preußischen Staat gegenüber.

Friedrich II.

Der preußische König Friedrich II. war der Urenkel des Kurfürsten, der den Hugenotten in seinem Land Aufnahme gewährt hatte. Er regierte von 1740 bis 1786 und wurde schon zu seinen Lebzeiten „der Große“ genannt.

M3 Über die Grundsätze seiner Regierung schrieb Friedrich II.:

Der Herrscher ist nicht zu seinem hohen Rang erhoben, man hat ihm nicht die höchste Macht anvertraut, damit er in Verweichlichung dahinlebe, sich vom Mark des Volkes mäste und glücklich sei, während alles darbt. Der Herrscher ist der erste Diener seines Staates.

B. Michael, H.-H. Schepp (Hrsg.), Politik und Schule von der Französischen Revolution bis zur Gegenwart, Bd. 1, Frankfurt/M. (Athenäum Fischer) 1973, S. 74.

4. Vergleicht den letzten Satz aus M3 mit dem Ausspruch Ludwig XIV. „Der Staat bin ich“ und die Abbildungen der beiden Herrscher (M3 und M1, S. 36).

M4 Spießrutenlaufen.
Kupferstich von D. Chodowiecki, 1774.

Der preußische Militärstaat

Anders als am Hofe Ludwigs XIV. legte man in Preußen schon seit Beginn des 18. Jahrhunderts Wert auf Sparsamkeit und den Aufbau einer schlagkräftigen Armee. Die Soldaten wurden mit einem Handgeld angeworben und bekamen für ihre Dienste eine Entlohnung, die Sold genannt wurde. Der Alltag bestand aus stundenlangen Fußmärschen oder Exerzierübungen auf dem Kasernenhof. Wenn etwas nicht klappte, hagelte es Stockhiebe von den Unteroffizieren. So mancher versuchte, durch Flucht (Desertion) aus dem Militärleben zu entfliehen. Wurde ein Deserteur gefasst, drohten grausame Strafen.

M5 Der Schweizer Ulrich Braeker berichtete über das Spießrutenlaufen:

Da mussten wir zusehen, wie man sie durch zweihundert Mann achtmal die lange Gasse auf und ab Spießruten laufen ließ, bis sie atemlos hinsanken – wie sie des folgenden Tags aufs Neue dranmussten, die Kleider vom zerhackten Rücken heruntergerissen, und wie wieder frisch drauflosgehauen wurde, bis die Fetzen geronnenen Bluts ihnen über die Hosen hinabhingen.

Aus: Ulrich Braeker, Der arme Mann im Tockenburg, Berlin (Comenius) 1925, S. 122.

5. Erklärt das „Spießrutenlaufen“ mithilfe von M4 und M5. Was ist eure Meinung zu solchen Strafen? Nehmt Stellung.
6. Beschreibt M6 und beurteilt, welchen Eindruck der Maler beim Betrachter hervorrufen wollte (beachtet auch, wann das Bild gemalt wurde).

Auch Friedrich II. war ein absoluter König und führte zahlreiche Kriege. Vor allem der siebenjährige Krieg um Schlesien (1756–1763) begründete seinen Ruhm als Feldherr, kostete aber allein in Preußen 500 000 Menschen das Leben. Zahlreiche Städte waren zerstört, die Landwirtschaft lag am Boden. Nach diesem Krieg versuchte Friedrich II., das Leben der Menschen zu verbessern. Dazu dienten beispielsweise

- der verstärkte Anbau der Kartoffeln als Volksnahrungsmittel,
- die Einführung der allgemeinen Schulpflicht,
- die Trockenlegung von Sumpfgebieten und die Anlegung neuer Dörfer.

Aber: Das Militär hatte eine beherrschende Rolle im Staat. Die meisten Menschen waren als Leibeigene abhängig von den adligen Gutsherren. Auch in Preußen regierte der König absolut.

M6 Friedrich II. in der Schlacht bei Zorndorf 1758.
Gemälde von C. Röchling, 1904.

7. Stellt in einer Tabelle die „Licht- und Schattenseiten Preußens“ gegenüber.

M7 Friedrich II. überprüft den Kartoffelanbau.
Gemälde, 1886.

Bildung für alle?

M1 Jungen- und Mädchenschule auf dem Lande. Gemälde von Jan Steen, 17. Jahrhundert.

1. Gebt eure Eindrücke beim Betrachten von M1 wieder. Beschreibt danach das Bild genauer: Klassenraum, Einrichtung, Unterrichtsmittel, Lehrer, sonstige Personen.

M2 Aus dem preußischen General-Landschulreglement (Schulgesetz) von 1763:

Wir, Friedrich, von Gottes Gnaden, König in Preußen, tun kund und fügen hiermit jedermann zu wissen: Demnach Wir zu unserm höchsten Missfallen selbst wahrgenommen, dass das Schulwesen und die Erziehung der Jugend auf dem Lande bisher in äußersten Verfall geraten und ... die jungen Leute auf den Dörfern in Unwissenheit und Dummheit aufwachsen: So ist Unser ... ernster Wille, dass das Schulwesen auf dem Lande in allen unsern Provinzen auf einen besseren Fuß als bisher gesetzt und verfasst werden soll ... so nötig und heilsam erachten Wir ... den guten Grund, dazu durch eine vernünftige sowohl als christliche Unterweisung der Jugend zur wahren Gottesfurcht und andern nützlichen Dingen in den Schulen legen zu lassen ...

B. Michael, H.-H. Schepp (Hrsg.), Politik und Schule von der Französischen Revolution bis zur Gegenwart, Bd. 1, Frankfurt/M. (Athenäum Fischer) 1973, S. 75.

2. Vergleicht die Situation auf dem Bild mit eurer eigenen Schulklasse.
3. Wertet M2 mithilfe folgender Leitfragen aus: Wer erlässt das Gesetz? Warum wird das Gesetz erlassen? Was soll durch das Gesetz erreicht werden? Was sollen die Kinder in der Schule vor allem lernen? War das Gesetz notwendig? (Beachtet die in M1 dargestellten Verhältnisse.)

M3 In einem Brief äußerte sich König Friedrich II. selbst zur Schule:

Dass die Schulmeister auf dem Lande die Religion und die Moral den jungen Leuten lehren, ist recht gut ... sonst ist es auf dem platten Lande genug, wenn sie ein bisschen Lesen und Schreiben lernen; wissen sie aber zu viel, so laufen sie in die Städte und wollen Sekretärs und so was werden ...

P. Brandt, Preußen, Zur Sozialgeschichte eines Staates, Rowohlt-TB, Berlin 1981, S. 164.

4. Erläutert, welche Befürchtungen der König hat, wenn die Kinder in der Schule zu viel lernen. Haltet ihr seine Sorgen für berechtigt?

M4 König Friedrich Wilhelm I. (Vater von Friedrich II.) besucht eine Schule. Holzstich nach einem Gemälde von Adolph von Menzel, 1858. Der Maler versuchte hier, die Szene so darzustellen, wie sie sich etwa 130 Jahre zuvor abgespielt haben könnte. Er übersah aber, dass es Schiefertafeln zu dieser Zeit in den Schulen noch nicht gab.

5. Beschreibt M4 und vergleicht mit M1. Wie werden der König, der Lehrer und die Kinder hier dargestellt?
6. Stellt euch vor, der Bundeskanzler würde heute in eure Klasse kommen. Erfindet dazu eine kleine Szene und spielt sie.

Schule im 18. Jahrhundert – Anspruch und Wirklichkeit

Nach den Vorstellungen des aufgeklärten Absolutismus sollten die Menschen ihren Verstand gebrauchen, sollten vernünftig handeln und dem Staat nützlich sein. Nützlich konnte nur sein, wer wenigstens das Lesen, Schreiben und Rechnen beherrschte, die Bibel und die Gesetze verstand. Deshalb mussten die Menschen in einer Schule ausgebildet werden.

M5 Hauslehrer beim Unterricht. Kupferstich, 1793.

7. Besprecht M5 und klärt die Unterschiede zu M1 und M4. Wer konnte sich einen solchen Unterricht wohl leisten?
8. Sprecht die nach geschichtlichen Quellen erfundene Szene mit verteilten Rollen. Fasst die Argumente für und gegen die Schule in einer Gegenüberstellung zusammen.

M6 Zwei Bauern aus Preußen (Georg und Friedrich) unterhalten sich über die Schule:

Georg: Sag mal, Friedrich, der Pastor hat mir erzählt, dass du deine Söhne nicht zur Schule schickst?

Friedrich: Ja, ja der Pastor hat gut reden. Aber ich brauch die Jungs bei der Arbeit im Sommer. Jan, der Ältere, hilft mir auf dem Feld und der Kleine hütet die Kühe. Für die Schule ist noch im Winter Zeit genug.

Georg: Aber unser König hat doch 1763 die Schulpflicht für alle eingeführt und die Gemeinde hat extra das alte Kötterhaus zur Schule umgebaut.

Friedrich: Schule? Eine dunkle und enge Bruchbude ist das. Nicht mal Bänke gibts da für alle Kinder.

Georg: Immerhin hat unsere Klara schon alle Buchstaben gelernt und fängt schon an, in der Bibel zu lesen.

Friedrich: Da muss ich mich aber wundern. Schließlich kann der Lehrer ja selbst gerade so eben lesen und schreiben. Der war im letzten Krieg Soldat und jetzt als Veteran spielt er sich als Lehrer auf.

Georg: Jetzt halt mal die Luft an. Der Lehrer hats auch nicht leicht mit 60 oder 70 Kindern in einer Klasse und ...

Friedrich: ... und den Rohrstock gebraucht er auch mehr als reichlich. Und überhaupt: Meine Söhne werden sowieso Bauern, wozu sollten die lesen und schreiben können?

Ein Silbenrätsel:
Bilde aus den Silben Begriffe für die Umschreibungen.

1. Preußens Hauptstadt
2. Französische Glaubensflüchtlinge
3. König von Preußen 1740–1786
4. Volksnahrungsmittel
5. Militär
6. Bildungseinrichtung

AR – BER – FRIED – HU – NOT – KAR – LIN – SCHU – GE – TOF – RICH – TEN – FELN – MEE – LE

Kleine Sonnenkönige

M1 Kurfürst Clemens August, Erzbischof von Köln, Bischof von Münster. Gemälde von Georges Desmarées, um 1745.

Viele Fürsten Europas ahmten das Vorbild Ludwigs XIV. von Frankreich nach. So ließ auch Kurfürst Clemens August von Bayern (1700–1761), der zugleich Erzbischof von Köln und Bischof von Münster, Paderborn, Hildesheim und Osnabrück war, zahlreiche Schlösser und Kirchen im Rheinland und in Westfalen bauen. Oft führte die Prachtentfaltung an kleinen Höfen zur Verarmung des Landes und der Untertanen.
Der Kunststil des Absolutismus in Malerei, Architektur, Literatur und Musik wird als „Barock" bezeichnet. Die Spätform nennt man „Rokoko".
Auf dieser Doppelseite findet ihr Texte und Abbildungen, die euch helfen sollen, Formelemente des Barock und Rokoko zu erkennen und richtig zuzuordnen.

1. Findet heraus, welche Bilderklärungen (A, B, C ..., S. 51) zu den einzelnen Abbildungen (M1, M2 ...) gehören und erklärt die Fachausdrücke.
2. Beschreibt die Bilder genauer.
3. Vergleicht die hier dargestellten Barockbauwerke mit Bauwerken aus dem Mittelalter.

M2 Rokokofenster.

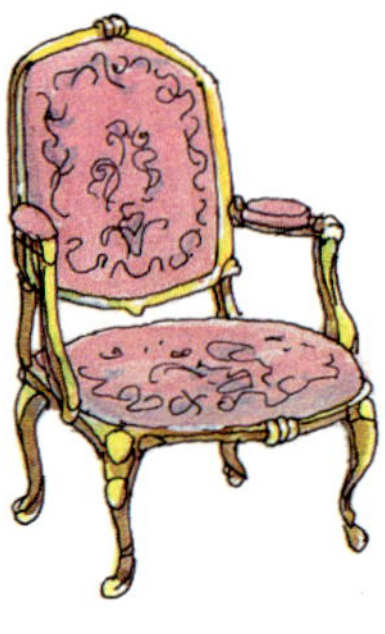

M3 Rokokosessel.

M4 Kanzel in der Clemenskirche Münster, erbaut von Johann Conrad Schlaun, 1. Hälfte 18. Jahrhundert. Foto.

Barock
Wort: Abgeleitet von „barocco" = unregelmäßig geformte Perle.
Elemente: Starke Bewegung in den Formen, Betonung von Kraft und Spannung der Figuren, reiches Schmuckwerk, malerische und oft verschnörkelte, überladene Gestaltung der Innenräume.
Zeit: Etwa 1600–1730.

Rokoko
Wort: Abgeleitet von „rocaille" = Grotten- und Muschelwerk.
Elemente: Helle Innenraumgestaltungen, verspielte, verschlungene Formen.
Zeit: Etwa 1730–1780.

Was ihr noch tun könnt:
Barock- oder Rokokobauwerke (z. B. Schlösser, Kirchen) oder Einzelwerke (z. B. Gemälde, Altar, Wegkreuz, Brunnen, Friedhofstor) in der eigenen Umgebung suchen; Fotos oder Zeichnungen anfertigen; auf Wandzeitung dokumentieren.

Zusammenfassung

M6 **Treppenhaus von Schloss Augustusburg in Brühl bei Köln.** Foto.

M5 **Fürstbischöfliches Schloss in Münster, erbaut von Johann Conrad Schlaun, 1767–1787.** Foto, 1993.

M7 **Strahlenkranzmadonna aus der St.-Vitus-Kirche in Südlohn (Westfalen), 2. Hälfte 18. Jahrhundert.** Foto.

Karteikarte D
Hauptflügel, zwei Seitenflügel, Sandstein und roter Klinker, ausgebautes Dachgeschoss, Wappen.

Karteikarte E
Breite, bequeme Sitz- und Rückenfläche mit Brokatstickerei, geschweifte Lehnen und Beine.

Karteikarte C
Maria als Königin, Jesuskind auf dem Arm, reiche Goldverzierungen.

Karteikarte A
Glasfenster mit Sprossen, geschweifter Rahmen, reiche Verzierungen.

Karteikarte B
Perücke, Spitzentuch, Goldrüstung.

Karteikarte F
Heller Innenraum mit blauen, goldverzierten Säulen, Kanzel mit Engelfiguren, Altargemälde.

Karteikarte G
Geschmiedetes Treppengeländer, zwei Auf- und Abgänge, weiße, mit Bildern verzierte Wände, Deckengemälde.

Als der französische König **Ludwig XIV.** im Jahr 1661 die Regierungsgewalt übernahm, teilte er den Vertretern der Stände und seinen Ministern mit, dass er zukünftig alle wichtigen Entscheidungen im Staat allein treffen würde. Er wollte allein und unabhängig von anderen herrschen. Diese Staatsform wird als **Absolutismus** (absolut = losgelöst, unabhängig) bezeichnet und setzte sich zwischen 1648 (Ende des 30jährigen Krieges) und 1789 (Beginn der Französischen Revolution) in vielen Staaten Europas durch.
Um seine Macht nach außen zu zeigen, ließ sich Ludwig XIV. in Versailles ein riesiges Schloss bauen. Dort umgab er sich mit einem Hofstaat, der aus Tausenden von Adeligen bestand. Hier gab es rauschende Feste mit Musik, Tanz und Feuerwerken, Jagden, Theateraufführungen und Festessen. Aber nicht nur der Luxus von **Versailles** verschlang riesige Geldsummen. Die zahlreichen Kriege, die Ludwig XIV. führte, brachten Frankreich an den Rand des Ruins und kosteten mehr als einer Millionen Menschen das Leben.
Um die Einnahmen des Staates zu vermehren, entwickelte der französische Finanzminister Colbert ein Wirtschaftssystem, das Merkantilismus genannt wurde.
Im 18. Jahrhundert geriet der Absolutismus zunehmend in die Kritik, vor allem durch die Gedanken der **Aufklärung,** die die Freiheit als Naturrecht bezeichnete. Das Handeln der Menschen sollte vor allem den Gesetzen der Vernunft folgen.
Der preußische König **Friedrich II.,** auch „der Große" genannt, war ein Anhänger dieser Ideen. In seinem Staat sollte religiöse Toleranz herrschen. Er ließ die Folter abschaffen und führte die allgemeine Schulpflicht ein. Aber auch Friedrich II. führte zahlreiche Kriege und behandelte seine Soldaten mit gnadenloser Strenge. Seine Herrschaftsform wird als **aufgeklärter Absolutismus** bezeichnet.
Die Zeit des Absolutismus brachte zahlreiche Kunstwerke der Architektur, Musik oder Dichtung hervor, die noch heute bewundert werden. Die Kunstrichtungen werden als **Barock** und **Rokoko** bezeichnet.

1. Schreibt die fett gedruckten Begriffe heraus und erklärt sie mit eigenen Worten.

FREIHEIT, GLEICHHEIT, BRÜDERLICHKEIT

Der Sturm auf die Bastille

Dieses Bild zeigt die Erstürmung der Bastille, des königlichen Staatsgefängnisses in Paris, am 14. Juli 1789. Mit diesem Ereignis begann die Französische Revolution, in der die Menschen für Freiheit, Gleichheit und Brüderlichkeit kämpften.

1. Beschreibt das Bild und klärt, was ihr unter den Begriffen Freiheit, Gleichheit, Brüderlichkeit versteht.
2. Diskutiert, welchen Eindruck der Maler von dem Ereignis hervorrufen wollte.

Paris, Juli 1789

M1 Ein Redner ruft am 12. Juli 1789 im Garten des Palais Royal das Volk zu den Waffen.
Zeitgenössisches Aquarell.

Die Bastille

Im Juli 1789 lag große Unruhe über der französischen Hauptstadt Paris. Seit Wochen war das Brot für die 500 000 Einwohner knapp geworden und kostete doppelt so viel wie in normalen Zeiten. Der König ließ Truppen zusammenziehen.

M2 Der englische Arzt Dr. Rigby, der sich 1789 in Paris aufhielt, berichtet in einem Brief an seine Frau und seine Töchter:
Anfang Juli kamen wir in Paris an. Schon eine Zeitlang vorher hatten sich in ganz Frankreich Symptome (Anzeichen) der Erregung im öffentlichen Geist gezeigt; eine allgemeine Unzufriedenheit, die das Volk immer lauter und lauter zum Ausdruck brachte, war hervorgetreten ... Um bei der ersten Gärung, die diese Lage hervorrufen musste, dabei zu sein, eilten wir in das Palais Royal (Königlicher Palast), ... als die ganze Masse von neuem aufgerührt wurde durch das Auftreten eines Mannes in einem grünen Rock, dessen Haltung und ganzes Benehmen von äußerster Bestürzung sprach. „Zu den Waffen, Bürger“, rief er, „die Dragoner (Soldaten) haben auf das Volk in den Tuileriengärten gefeuert und ich bin selbst verwundet worden“, wobei er auf sein Bein zeigte. Das wirkte wie ein elektrischer Schlag ... Von diesem Augenblick an konnte nichts die Wut des Volkes im Zaume halten; sie ergossen sich in die Straßen mit dem Ruf: Zu den Waffen! Zu den Waffen! Jedes Haus, das so aussah, als ob es irgendwelche liefern könnte, wurde sofort betreten, die Läden der Büchsenmacher wurden geplündert, und in sehr kurzer Zeit füllten sich die Hauptstraßen mit lärmenden Menschen aus dem niederen Volk, die mannigfach mit Flinten, Schwertern, Piken ... bewaffnet waren. ... Das ganze Geschäftsleben kam sofort zum Stillstand, und alle Läden schlossen. Diese und ähnliche Umstände deuteten genügend auf den Grad der Beunruhigung hin, die durch alle Klassen der Bevölkerung ging.

Zit. nach: Die Französische Revolution. Ein Lesebuch, hrsg. von U. F. Müller, 2. Aufl., München (Piper) 1989, S. 40 ff.

Am 14. Juli 1789 zogen mehrere tausend Menschen zur Bastille, dem verhassten Staatsgefängnis in Paris, das für viele Menschen als Symbol (Kennzeichen) für die absolute Macht des Königs galt. Man vermutete, dass dort eine große Zahl von politischen Gegnern des Absolutismus gefangen gehalten würden.

M3 Über die Ereignisse am 14. Juli 1789 berichtet ein anderer Augenzeuge:
... Die Menge und die Verwegensten begeben sich zum Invalidenhaus; man verlangt Waffen vom Gouverneur ... Kaum hat man Waffen, so geht's zur Bastille. Der Kommandant, Graf de Launay, der gewiss überrascht war, hunderttausend Flinten mit Bajonetten zu sehen, muss sehr in Verwirrung gewesen sein. Man knallt ein oder zwei Stunden drauflos, man schießt von den Türmen herunter, was sich dort sehen lässt; Graf Launay ergibt sich; er lässt die Zugbrücke herunter, aber er zieht sie sofort wieder hoch und schießt ... drein ... binnen einer halben Stunde ist der Platz im Sturm genommen. Es grenzt ans Wunderbare, um halb drei war die Bastille schon genommen. Die Bastille hätte sich sechs Monate

halten können, aber sie wurde von Bürgersleuten und führerlosen Soldaten genommen, ohne einen einzigen Offizier! ... Herrn de Launay macht man zum Gefangenen, führt ihn zum Stadthaus und schlägt ihn unterwegs halbtot. Man gibt ihm den Rest auf dem Greveplatz und ein Schlächter schneidet ihm den Kopf ab.

Zit. nach: Wolf Dietrich Behschnitt, Die Französische Revolution, Stuttgart (Klett) 1979, S. 44.

1. Schildert nach dem Bericht M2 die Stimmung in Paris unmittelbar vor dem Sturm auf die Bastille.
2. Spielt die Szene aus dem Bild M1 nach. Nehmt dazu den Text M2 zu Hilfe.
3. Beurteilt die Szene in Bild M4. Wie wirkt sie auf euch?

M5 Der Sturm auf die Bastille am 14. Juli 1789. Zeitgenössischer kolorierter Kupferstich von J. P. Laminit.

M6 Die Einnahme der Bastille und die Verhaftung des Gouverneurs de Launay. Ölgemälde von Charles Thévenin.

M4 Die Köpfe des Kommandanten und der Wachmannschaft wurden auf Lanzen gespießt durch Paris getragen. Zeitgenössischer Stich.

4. Schreibt mit Hilfe der Materialien M1–M7 einen Zeitungsartikel über den Sturm auf die Bastille. (Formuliert eine Schlagzeile, achtet auf die Beantwortung der Fragen Wer? Wann? Wo? Was? Warum?)

M7 Was unmittelbar nach der Erstürmung der Bastille geschah, berichtet wiederum der englische Arzt Dr. Rigby:

Die Bastille ist genommen und die Tore sind offen ... auf einen Schlag brach der Jubel los; jede erdenkliche Art, in der sich die entzücktesten Freudengefühle äußern können, waren allenthalben zu sehen und zu hören. Rufe und Schreie, Springen und Umarmen, Lachen und Weinen, jeder Ton und jede Geste ... offenbarten in der bunt durcheinander gemischten Menge ein so augenblickliches und einstimmiges Aufwallen äußerster Freude, wie es, sollte ich meinen, nie zuvor von Menschenkindern erlebt worden ist. ... Wir wurden von der allgemeinen Begeisterung angesteckt, wir stimmten in die frohen Freiheitsrufe ein; wir tauschten mit den befreiten Franzosen sehr herzliche Händedrücke. ...

Zit. nach: Die Französische Revolution. Ein Lesebuch, a.a.O., S. 49.

Die Bastille als Symbol

M1 Die Zerstörung der Bastille.
Zeitgenössisches Gemälde.

Der Sturm auf die Bastille gilt als Beginn der Französischen Revolution. Der 14. Juli ist heute noch der französische Nationalfeiertag.
Die Bastille wurde später zerstört, ihre Steine gingen als Souvenirs in alle Welt.

1. Schildert die Reaktionen der Menschen auf die Einnahme der Bastille mit eigenen Worten.
2. Betrachtet das Bild M2 genauer und begründet, warum die Oper ausgerechnet 1989 erbaut worden ist. Welchen Vorstellungen folgte der Architekt bei dem Entwurf?

Was brachte die Menschen in Paris dazu, mit Waffengewalt das verhasste Staatsgefängnis zu erstürmen? Welche Folgen hatte dieser Vorgang? Davon handelt dieses Kapitel.

M2 Die Oper am Platz der Bastille, erbaut 1989.
Foto.

M3 Fest zum französischen Nationalfeiertag am 14. Juli 1989 vor dem Triumphbogen in Paris.
Foto, 1989.

M4 Verlauf historischer Ereignisse.

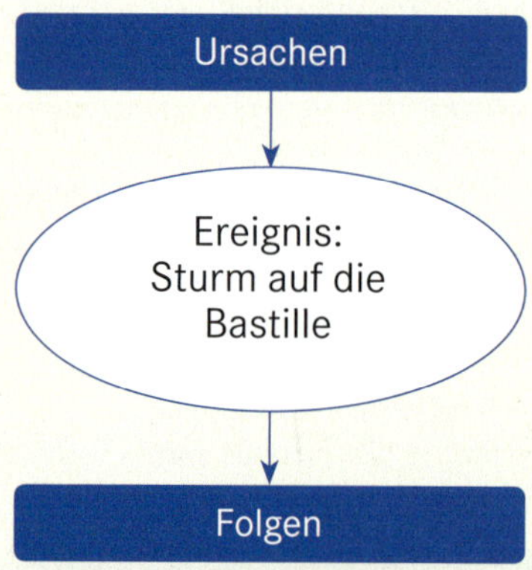

Was ihr noch tun könnt:
Erkundigt euch genauer nach dem Fall der Berliner Mauer im Jahr 1989. Verdeutlicht Ähnlichkeiten und Unterschiede zum Sturm auf die Bastille und stellt eure Ergebnisse in der Klasse vor.

Zeitliche Orientierung

M5 Zeittafel Französische Revolution und Zeitalter Napoleons.

1789
Mit den Schlagworten „Freiheit, Gleichheit, Brüderlichkeit" befreit sich Frankreich von der absoluten Monarchie und beginnt seinen Weg zur Demokratie. Das Volk erstürmt am 14. Juli 1789 die Bastille, kurz danach werden die „Menschen- und Bürgerrechte" verkündet.

1792
Mit dem Ruf „Das Vaterland ist in Gefahr" ziehen die Franzosen in den Krieg. Die Revolution wird über die Grenzen Frankreichs nach Europa getragen.

1793
König Ludwig XVI. wird hingerichtet. Frankreich ist eine Republik.

1794
Mit der Hinrichtung Robespierres endet die Schreckensherrschaft der Jakobiner. Das Terrorregiment hatte etwa 35 000 Menschen das Leben gekostet.

1799
Der junge General Napoleon Bonaparte stürzt die Regierung.

1804
Napoleon krönt sich selbst zum Kaiser.

1806
Napoleon erobert mit seinen Truppen weite Teile Europas. Das „Heilige Römische Reich Deutscher Nation" hört auf zu bestehen. Nach der vernichtenden Niederlage von Jena und Auerstedt werden in Preußen gesellschaftliche Reformen eingeleitet.

1812
Vernichtende Niederlage Napoleons in Russland.

1813
Niederlage Napoleons in der Völkerschlacht bei Leipzig.

1815
In der Schlacht von Waterloo wird Napoleon erneut besiegt und muss in die Verbannung gehen.

Die Krise des Absolutismus

M1 Ein hoher Würdenträger huldigt dem französischen König Ludwig XVI. Gemälde von Gabriel François Doyen, etwa 1774.

1. Beschreibt M1. Welchen Eindruck wollte der Maler beim Betrachter vermitteln?

König von Gottes Gnaden

1776 wurde Ludwig XVI., der Urenkel des Sonnenkönigs, König von Frankreich. Er fühlte sich von Gott zum König berufen und hielt die gesamte Staatsmacht in seiner Hand. Er konnte Gesetze machen und sie durchführen lassen. Der König war gleichzeitig auch der oberste Richter. Zur Unterstützung seiner Macht unterhielt er ständig ein Heer von Berufssoldaten. Seine Anordnungen wurden von treu ergebenen Staatsdienern, den Beamten, ausgeführt. Wie sein Urgroßvater war Ludwig XVI. ein absolutistischer König
Durch zahlreiche Kriege und die Verschwendung am Hof von Versailles hatte der junge König einen total verschuldeten Staat übernommen. Aber auch er gab das Geld mit vollen Händen aus. Ludwig XVI. ging lieber auf die Jagd, statt mit seinem Finanzminister über eine Verbesserung der Lage zu beraten. Die Unzufriedenheit wuchs. Schon erschienen die ersten Protestschriften gegen die Verschwendung am Hof.

2. Fasst in Stichworten zusammen, was mit dem Begriff „Absolutismus" gemeint ist.
3. Beschreibt M2 und vermutet, was der Zeichner zum Ausdruck bringen wollte.

M2 Der dritte Stand trägt die Lasten.
Zeitgenössischer Stich.

Der dritte Stand trägt die Lasten

Seit Jahrhunderten war die Bevölkerung Frankreichs in Stände eingeteilt. Dem ersten Stand gehörten die höheren Geistlichen (Klerus) an. Der Adel (z. B. Freiherren, Grafen) bildete den zweiten Stand. Diesen 600 000 Menschen standen 24 Millionen Einwohner des dritten Standes gegenüber. Es konnten Professoren, Anwälte oder Ärzte, Handwerker oder Soldaten sein. Die Masse des dritten Standes lebte als Bauern oder Tagelöhner auf dem Land. Die Bauern waren Leibeigene eines Grundherrn. Sie hatten zahlreiche Dienste und Abgaben zu leisten. Wenn sie heiraten oder wegziehen wollten, mussten sie den Grundherrn um Erlaubnis fragen.
Die Angehörigen des ersten und zweiten Standes genossen besondere Rechte (Privilegien). Sie waren weitgehend von der Zahlung der Steuern befreit. Sie wurden bei der Vergabe hoher Staatsämter in der Armee, in der Verwaltung oder Kirche bevorzugt. Der dritte Stand hatte fast die gesamten Steuern zu bezahlen. Durch Missernten kam es zu Hungersnöten. 1789 verdiente ein Handwerker 20–30 Sous pro Tag. Ein Vierpfundbrot kostete aber schon 14,5 Sous. Wie sollte man da noch seine Familie ernähren?

4. Beurteilt, wogegen in M2 protestiert werden soll.
5. Schreibt (als Bauer, Tagelöhner oder Handwerker) einen Protestbrief an den König.

Was ihr noch tun könnt:
M2 kopieren und daraus einen Comic gestalten.

M3 Café der Patrioten. Zeitgenössische Zeichnung.

6. Beschreibt M3 und lest die Texte aus den Sprechblasen laut vor. Gestaltet die Szene als Rollenspiel. Haltet euch dabei an folgende Rollenanweisungen:

Rollenkarte 1
François, Bauernsohn, 25 Jahre alt, hitzköpfig
- **Einstellung:** Adlige sind alle Verbrecher.
- **Ziel:** Jeder soll hinziehen können, wohin er will, keine Heiratserlaubnisse notwendig, weniger Dienste und Abgaben.

Rollenkarte 2
Herr Maral, Rechtsanwalt, 35 Jahre alt, gebildet, klug
- **Einstellung:** So wie es ist, kann's nicht bleiben.
- **Ziel:** Abschaffung der Stände und der Vorrechte, will politisch mitreden können.

Rollenkarte 3
Graf von A., 60 Jahre alt, eingebildet, herablassend
- **Einstellung:** Alles soll so bleiben, wie es ist.
- **Ziel:** Adel ist etwas Besonderes, zahlt keine Steuern, Bauern müssen Dienste und Abgaben leisten.

Rollenkarte 4
Amelie, Marktfrau, 30 Jahre alt, aufbrausend
- **Einstellung:** Frauen sind Männern rechtlos ausgeliefert.
- **Ziel:** Frauen dürfen bei der Heirat mitreden, müssen gleiche Rechte haben wie die Männer.

Kritik

Einige Angehörige des dritten Standes waren zu Reichtum und Ansehen gekommen. Sie besaßen oft mehr Bildung als die Adligen oder Geistlichen. Dennoch hatten sie keinerlei politischen Einfluss. In den Salons der wohlhabenden Bürger, in Cafés und bald auch auf offener Straße diskutierten sie die Schriften der Philosophen wie Rousseau oder Montesquieu. Soldaten, die unter der Führung des französischen Generals Lafayette im amerikanischen Unabhängigkeitskrieg gekämpft hatten, verbreiteten die Ideen von Freiheit und Gleichheit in ihrer Heimat.

7. Überlegt: Welche Menschen des dritten Standes könnten zu Reichtum und Ansehen gekommen sein? Wodurch könnten sie das erreicht haben?

Die Staatskrise

Im Jahr 1788 stand Frankreich vor dem Ruin. Die Schuldenlast des Staates hatte sich in den letzten 15 Jahren verdreifacht. Die Ausgaben überstiegen seine Einnahmen bei weitem. Mehr als die Hälfte der Ausgaben musste für die Tilgung der Staatsschulden aufgewendet werden. Die meisten Bauern, Handwerker oder Tagelöhner waren völlig verarmt und konnten keine höheren Abgaben aufbringen. Aber die Adligen und Geistlichen weigerten sich, auf ihre Vorrechte zu verzichten. Was sollte nun werden?

8. Fasst die Missstände in Frankreich 1788 in Stichworten zusammen.

Der Sturm bricht los

M1 Die Eröffnung der Generalstände am 5. Mai 1789.
Gemälde von A. Couder.

M2 Der Schwur im Ballhaus am 20. Juni 1789.
Gemälde von J. L. David, um 1790.

M3 Das Erwachen des dritten Standes.
Karikatur, 1789.

Von den Generalständen zur Nationalversammlung

Am 5. Mai 1789 zogen je 300 Vertreter des ersten und zweiten Standes und 600 Vertreter des dritten Standes feierlich in das Schloss Versailles ein. Erstmals seit über 150 Jahren hatte der König die Generalstände einberufen. Der Adelsstand und die Geistlichen hatten prächtige Gewänder angelegt. Die Vertreter des dritten Standes kamen in der vorgeschriebenen schwarzen Kleidung. Aus ganz Frankreich brachten sie über 40 000 Beschwerdehefte mit. Darin war von Not und Unterdrückung die Rede. Aber der König und der Finanzminister sprachen vom Staatsbankrott und von neuen Steuern. Darüber sollten die Stände getrennt beraten und abstimmen. Die Abgeordneten des dritten Standes forderten gemeinsame Beratungen und eine Abstimmung nach Köpfen. Schließlich erklärten sie sich zur „Nationalversammlung". Als der König den Sitzungssaal sperren ließ, zogen die Abgeordneten in eine Ballspielhalle um. Hier legten am 20. Juni 1789 Vertreter aller Stände den Schwur ab, nicht eher auseinander zu gehen, bis Frankreich eine neue Staatsordnung – eine Verfassung – erhalten würde. Der König musste nachgeben und die neue Nationalversammlung anerkennen.

1. Beschreibt M1. Stellt Vermutungen darüber an, zu welchem Stand die Personengruppen gehören.
2. Beschreibt im Stil einer Radioreportage die Sitzung der Generalstände. Nehmt M1 zu Hilfe.
3. Vergleicht M1 mit M2. Was ist anders? Spielt die Szene aus M2 in der Klasse nach.

Der Sturm auf die Bastille

Nach dem Sieg der Abgeordneten gegen den König, griff das Volk von Paris zu den Waffen und eroberte am 14. Juli 1789 das verhasste Staatsgefängnis, die Bastille. Es war ein Sieg der Freiheit gegen die Unterdrückung. Die Französische Revolution begann (vgl. Seite 52–56). Wie würde es jetzt weitergehen?

4. Findet heraus, welche Aussage der Karikaturist in M3 zum Ausdruck bringen wollte.

M4 Bauern stürmen das Schloss ihres Grundherrn. Stich eines unbekannten Künstlers.

M5 Am 26. August 1789 beschloss die Nationalversammlung die „Erklärung der Menschen- und Bürgerrechte" (Auszug):

Artikel 1: Die Menschen sind und bleiben von Geburt an frei und gleich an Rechten ...

Artikel 2: Das Ziel jeder politischen Vereinigung besteht in der Erhaltung der natürlichen und unantastbaren Menschenrechte. Diese Rechte sind Freiheit, Sicherheit und Widerstand gegen Unterdrückung.

Artikel 4: Die Freiheit besteht darin, alles tun zu können, was dem anderen nicht schadet.

Artikel 7: Kein Mensch kann anders als in den gesetzlich ... verfügten Fällen und vorgeschriebenen Formen angeklagt, verhaftet und gefangen genommen werden ...

Artikel 10: Niemand darf wegen seiner Meinung, selbst religiöser Art, belangt werden ...

Artikel 11: Freie Gedanken- und Meinungsfreiheit ist eines der kostbarsten Menschenrechte; jeder Bürger kann daher frei schreiben, reden und drucken ...

Geschichte in Quellen, München 1981, S. 200.

Die Revolution auf dem Land

Von Paris aus griff die Revolution auf ganz Frankreich über. Die Bauern zogen zu den Schlössern ihrer Grundherren und forderten die Herausgabe der Urkunden, worin ihre Abgaben und Dienstleistungen verzeichnet waren, und verbrannten sie. An vielen Orten gingen Schlösser in Flammen auf. Die Bauern weigerten sich, weiter Steuern oder Abgaben zu zahlen. Unter diesem Druck hob die Nationalversammlung am 4. August 1789 die Leibeigenschaft auf. Die Grundherren waren fortan nicht mehr die Richter auf dem Land. Jetzt durften die Bauern auch auf ihrem eigenen Grund und Boden jagen. Von den Abgaben mussten sie sich allerdings gegen eine Geldabgabe freikaufen, was vielen wegen Armut nicht möglich war.

M6 Der patriotische Taumel in der Nacht vom 4. auf den 5. August 1789. Kupferstich.

5. Besprecht, was in M4 dargestellt ist. Spielt eine kurze Szene: Bauern verlangen vom Grundherrn die Herausgabe von Urkunden. Der Grundherr weigert sich.
6. Klärt, was in M5 mit den Begriffen Freiheit, Gleichheit und Sicherheit gemeint ist.
7. Prüft nach, in welchen Punkten die Menschen- und Bürgerrechte im Gegensatz zur absolutistischen Herrschaftsauffassung stehen.
8. Versucht eine Deutung von M6 (Was wird von wem zerschlagen?).
9. Klärt, warum bei den auf dieser Doppelseite dargestellten Ereignissen von einer Revolution gesprochen werden kann.

Revolution
Umwälzung der politischen und gesellschaftlichen Verhältnisse in einem Staat oder einer Kultur. Diese Umwälzung soll den Menschen Vorteile bieten, beispielsweise durch die Einführung der Menschenrechte. Oft gehen Revolutionen aber nur durch Gewalt vonstatten.

Frauen fordern Rechte

M 1 Zug der Frauen von Paris nach Versailles am 5. Oktober 1789. Zeitgenössische Darstellung.

1. Beschreibt M 1 und vermutet, um was es auf dem Bild gehen könnte.

Frauen in der Revolution

Vor der Revolution waren die Frauen fast ganz oder gar rechtlos. Selbst verheiratete Frauen durften ohne die Zustimmung ihres Ehemanns keinerlei Rechtsgeschäfte abschließen. Wurde eine Frau ihrem Mann untreu, hatte er das Recht, sie einzusperren. Verließ der Mann seine Frau, hatte sie kein Recht auf Unterhalt und keinen Anteil am Vermögen der Familie.

Auch mit dem Beginn der Revolution hatte sich die Lage der Frauen kaum verändert. Noch immer waren sie von allen politischen Aktivitäten ausgeschlossen.

M2 Triumphale Rückkehr der Marktfrauen aus Versailles. Zeitgenössische Darstellung.

Auf nach Versailles!

Der König zögerte seine Zustimmung zu den Beschlüssen der Nationalversammlung vom August 1789 immer wieder heraus. Er ließ in der Nähe seines Schlosses in Versailles Truppen aufmarschieren. Wollte er die Revolution mit Waffengewalt beenden? In Paris war das Brot knapp und teuer. Jetzt machten sich die Marktfrauen auf den Weg nach Versailles. Unterwegs sammelten sie in den Straßen alle Frauen, die sie trafen, um alle, die den Zug vergrößern konnten, mitzunehmen. Bald waren sie im Besitz von Gewehren und Kanonen. Als der König von der Jagd zurückkehrte, wurde er schon von den Frauen erwartet. Als er zu der Menge sprach, rief jemand: „Der König nach Paris! Der König nach Paris!“. Schließlich gab der König nach und fuhr mit seiner Familie nach Paris. Im Triumphzug kehrten die Frauen zur Hauptstadt zurück.

2. Schreibt zum Marsch der Frauen nach Versailles einen Zeitungsartikel. Nehmt dazu M 1 und M2 zu Hilfe.

Frauen fordern Mitbestimmung

Jetzt wurden in vielen Städten Frauenclubs gegründet, die sich aktiv für die Rechte der Frauen einsetzten. Olympe de Gouges wurde zur bekanntesten Frauenrechtlerin der Revolution.

Aber schon 1793 wurden alle Frauenclubs verboten. Viele Frauen – auch Olympe de Gouges – wurden verfolgt und hingerichtet.

3. Vergleicht M3 mit M5 auf Seite 61. Worin bestehen die Ähnlichkeiten und die Unterschiede?

M3 Sie verfasste 1791 die „Erklärung der Rechte der Frau und der Bürgerin“:

Artikel 1: Die Frau ist frei geboren und bleibt dem Mann gleich an Rechten.

Artikel 2: Ziel und Zweck jedes politischen Zusammenschlusses ist der Schutz der natürlichen und unveräußerlichen Rechte sowohl der Frau als auch des Mannes. Diese Rechte sind: Freiheit, das Recht auf Eigentum, Sicherheit und besonders das Recht auf Widerstand gegen Unterdrückung.

Zit. nach: Paul Noack, Olympe des Gouges, München 1992, S. 164 ff.

M4 Maximilian Robespierre und Olympe de Gouges. Zeichnung.

M6 Frauenclub. Zeitgenössische Karikatur.

M7 Aus einer Rede des Vorsitzenden des Pariser Stadtrates, Chaumette, vom 15. November 1793:

... Hat die Natur den Männern die häuslichen Aufgaben anvertraut? Hat sie uns Brüste gegeben, um unsere Kinder zu säugen? Nein! Sie hat zum Mann gesagt: Sei Mann. Die Jagd, die Landwirtschaft, die politischen Aufgaben ... das ist dein Reich. Sie hat zur Frau gesagt: Sei Frau. Die liebevollen Sorgen, die der Kindheit geschuldet sind, die verschiedenen Haushaltsdinge, die süßen Sorgen der Mutterschaft – das sind deine Arbeiten.

Ulrich F. Müller, Die Französische Revolution, München 1988, S. 250.

M8 Aus der Vorrede zur „Erklärung der Rechte der Frau und Bürgerin" von Olympe de Gouges (1791):

Mann, bist du fähig, gerecht zu sein? ... Sag an, wer hat dir die selbstherrliche Macht verliehen, mein Geschlecht zu unterdrücken? Einzig der Mann hat sich aus dieser Ausnahme ein Prinzip zurechtgeschustert. Wunderlich, blind, aufgebläht und entstellt von seiner Wissenschaft, fällt er in diesem Jahrhundert der Aufklärung und Vernunft in gröbste Unwissenheit zurück und glaubt, despotisch über ein Geschlecht verfügen zu können, das alle intellektuellen Fähigkeiten besitzt.

Geschichte auch für Mädchen, Düsseldorf 1989, S. 31.

M9 Aus einer Bittschrift von Frauen um das Recht auf Ehescheidung von 1790:

... wenn ihr selbst zugebt, dass die Frauen ihre Ehemänner verlassen werden, so doch deshalb, weil die Ehemänner Tyrannen sind, die das Gesetz dazu ermächtigt. ... Wir werden aus der Ehe etwas Aufrichtiges machen, sowohl die Eigenart eines jeden als auch die Liebe werden zurate gezogen werden ...

Geschichte auch für Mädchen, Düsseldorf 1989, S. 28.

Streitgespräch zwischen Olympe de Gouges und dem Revolutionsführer Maximilian Robespierre:

Die führenden männlichen Revolutionäre sprachen den Frauen alle politischen Mitwirkungsrechte ab. Statt in Frauenclubs zu gehen und dort politische Reden zu halten, sollten die Frauen lieber zu Hause bleiben und ihre Männer und Kinder versorgen.
(Das folgende Streitgespräch ist frei erfunden.)

M5 Oktober 1793: Robespierre sitzt in einem Pariser Café und liest. Da stürmt Madame de Gouges herein und nimmt an seinem Tisch Platz. Es beginnt ein erregtes Gespräch.

Robespierre: Guten Tag, Madame. Ich freue mich, Sie kennen zu lernen. Aber Sie kommen mir sehr aufgeregt vor. Was ist passiert?

O. de Gouges: Guten Tag, Monsieur. Hören Sie! Sie sind einer der mächtigsten Männer von Frankreich. Aber was tun Sie für uns Frauen? Nichts ...

Robespierre: Ich bin der Meinung, dass Frauen nicht ...

O. de Gouges: Ja, so habe ich es mir vorgestellt. Haben Sie etwa vergessen, was wir Frauen im Oktober '89 für die Revolution getan haben? Und jetzt ...

4. Setzt das erfundene Streitgespräch fort. Informiert euch vorher über die Argumente von Frauen und Männern anhand der Materialien auf dieser Doppelseite. Schreibt das Streitgespräch auf und spielt es in der Klasse vor.

Frankreich wird Republik

M1 Die Nationalgarde zieht in den Krieg. Gemälde von Leon Cogniet, 1836.

1. Beschreibt M1. Achtet besonders auf die Mimik und Gestik der Soldaten und Zuschauer. Welche Stimmung soll das Bild vermitteln?
2. Lest den einmontierten Text der „Marseillaise" (gedichtet und erstmals in Marseille gesungen, heute Nationalhymne Frankreichs) laut vor. Wozu sollte das Lied auffordern? Nehmt Stellung zum Text.

Revolution und Krieg

Die europäischen Staaten außerhalb Frankreichs wurden von Königen und Fürsten regiert. Sie fürchteten, dass sich die Ideen der Revolution auch in ihren Ländern ausbreiten könnten. Viele französische Adlige, die ins Ausland gegangen waren, verstärkten die feindselige Haltung gegenüber Frankreich. Um einer Kriegserklärung der verbündeten Fürsten zuvorzukommen, beschloss die französische Nationalversammlung 1792, mit dem Krieg zu beginnen. Jetzt erfasste eine nationale Begeisterung die Franzosen. Mit dem Ruf „Das Vaterland ist in Gefahr" meldeten sich Zehntausende von Franzosen freiwillig zu den Waffen. Zu Beginn des Krieges waren die Berufsarmeen der verbündeten Österreicher und Preußen überlegen. Aber dann eroberte die französische Revolutionsarmee Belgien, das Rheinland und stieß bis Frankfurt am Main vor.

3. Überlegt, wofür die Freiwilligen Frankreichs und wofür die Söldner der Gegner kämpften. Wo hatte es schon einmal eine ähnliche Gegenüberstellung gegeben?

Die Mainzer Republik

In Mainz gründeten revolutionär gesinnte Bürger nach der Besetzung durch die Franzosen eine rheinische Republik, also einen Staat ohne König. Der neue Staat sollte an Frankreich angeschlossen werden. Doch schon nach wenigen Monaten eroberten die preußischen Truppen Mainz zurück und machten dem ersten republikanischen Staat auf deutschem Boden ein Ende.

M2 Hinrichtung Ludwig XVI. am 21. Januar 1793.
Zeitgenössischer Stich.

Der König auf der Flucht

1791 war die absolute Macht des Königs durch eine Verfassung stark eingeschränkt worden. Er musste sich jetzt an die von der Nationalversammlung beschlossenen Gesetze halten und war nicht mehr der oberste Richter. Ludwig XVI. wollte sich nicht damit abfinden. Er nahm Kontakt zu französischen Adligen auf, die jetzt im Ausland lebten. In der Nacht vom 20. Juli 1791 floh der König mit seiner Familie, wurde aber kurz vor der deutschen Grenze erkannt und als Gefangener nach Paris zurückgebracht.

Die Hinrichtung des Königs

Mit dem Beginn des Krieges gegen die verbündeten Fürstenheere stand der König unter dem Verdacht, mit den Feinden gemeinsame Sache zu machen. Als der feindliche Oberkommandierende damit drohte, Paris zu zerstören, falls der königlichen Familie etwas zustoßen würde, stürmten Revolutionäre das Stadtschloss des Königs. Bei den Gefechten mit der königlichen Leibgarde kamen 400 Menschen ums Leben. Jetzt wurde der König für abgesetzt erklärt. Bei dem Prozess gegen ihn stimmte eine knappe Mehrheit für die Todesstrafe. Am 21. Januar 1793 wurde Ludwig XVI. hingerichtet. Frankreich war nun eine Republik, ein Staat ohne König.

4. Beschreibt M2.
5. Lest die Äußerungen der Menschen in M3 laut vor. Zu welchen Bevölkerungsgruppen gehören die dargestellten Personen? Welche Meinung würdet ihr unterstützen, welche lehnt ihr eher ab?
6. Diskutiert das Problem der Todesstrafe am Beispiel der Hinrichtung Ludwigs XVI. und aus heutiger Sicht.

M3 Stimmen zur Hinrichtung des Königs.

Freiheit durch Terror?

M1 Guillotine.

Guillotine
Hinrichtungsgerät der Revolution, benannt nach dem Erfinder, dem Arzt Guillotin

M2 Angeklagter vor dem Revolutionsausschuss. Zeitgenössischer Stich.

Terror
Gewaltherrschaft

Schafott
Hinrichtungsstätte

1. Beschreibt M1 und klärt, warum die Maschine von ihrem Erfinder als „Fortschritt" empfunden wurde.
2. Beschreibt M2. Schildert die Gefühle der Richter und des Angeklagten.

Die Herrschaft der Jakobiner

Der Krieg bedrohte Frankreich von außen. Die Lebensmittel wurden knapp und das Geld verlor seinen Wert. In dieser schwierigen Situation riss die Gruppe der Jakobiner (benannt nach ihrem Versammlungsort, dem Kloster St. Jakob) unter Führung von Maximilian Robespierre die Macht an sich. Die Jakobiner setzten 1793 ein Gesetz gegen die Verdächtigen durch. Als verdächtig galten alle Personen, die sich durch ihr Verhalten oder durch ihre Beziehungen, ihre mündlichen oder schriftlichen Äußerungen als Feinde der Freiheit zu erkennen gaben. Jetzt hatte ein Angeklagter, der als Verdächtiger vor dem Revolutionsausschuss stand, kaum eine Chance. Meistens lautete das Urteil: Tod durch die Guillotine. Fast täglich wurden mehrere hundert Todesurteile vollstreckt. Die Schreckensherrschaft der Jakobiner kostete etwa 35 000 Menschen das Leben.

3. Stellt nach M3 die Ziele und Mittel der Politik Robespierres gegenüber.
4. Vergleicht M3 und M4 und beurteilt die beiden Ansichten.

M3 Maximilian Robespierre sagte in einer Rede am 5. Februar 1794 über die Grundsätze seiner Politik:

Wir wollen eine Ordnung der Dinge, in der alle niederen und grausamen Leidenschaften unbekannt sind, wo aber zu allen wohltätigen und großherzigen Leidenschaften gesetzlich aufgefordert wird, wo der Ehrgeiz nur der Wunsch nach Ruhm und nach dem Dienst des Vaterlandes ist. ... Bezwingt die Feinde der Freiheit durch Terror und ihr habt Recht, denn ihr seid die Gründer der Republik. ...

M4 Der Revolutionär Camille Desmoulins hatte in einer Rede am 24. Dezember 1793 erklärt:

Die Freiheit ist das Glück, ist die Vernunft, ist die Gleichheit, ist die Gerechtigkeit, die Erklärung der Rechte. ... Ihr wollt eure Feinde mit der Guillotine austilgen. Hat man je einen größeren Aberwitz gesehen? Könnt ihr einen Einzigen auf dem Schafott umbringen, ohne euch unter seinen Verwandten oder Freunden zehn Feinde zu machen?

M5 Zwei Sansculotten. Zeitgenössische Zeichnung.

5. Beschreibt M5. Vergleicht die Kleidung der beiden Personen mit M3 von Seite 79.

Alltag der Revolution

Während der Schreckensherrschaft der Jakobiner meldeten sich die Kleinbürger von Paris, die Arbeiter, Handwerker oder Tagelöhner immer häufiger zu Wort. Zunächst wurden sie spöttisch als „Sansculotten" bezeichnet, weil sie keine Kniebundhosen (Culottes) trugen wie die reichen Adligen oder Bürger.

M6 Das könnte eine Sansculottin über den Alltag in der Revolutionszeit erzählt haben (zusammengestellt nach geschichtlichen Quellen):

Wir Sansculotten tragen einfache Kleider und auf dem Kopf eine rotweiße Haube mit dem Abzeichen der Revolution. Wir leben mit unserer Familie im fünften Stock eines Pariser Mietshauses. Anders als die reichen Nichtstuer wissen wir, wie man einen Acker pflügt, wie man schmiedet, sägt, feilt, ein Dach deckt, Schuhe macht und wie man bis zum letzten Tropfen sein Blut für das Wohl der Republik vergießt. Für mich sind alle Menschen gleich. Warum sollte ich andere mit „Sie" anreden? Wir duzen die Leute, nennen sie „Bürger" und nicht „Herr". Oft gehen wir schon früh am Morgen zum Platz der Revolution, um zu sehen, wie die Verräter an der Menschheit auf einem Karren vorgefahren werden und unter dem Fallbeil ihren Kopf verlieren.

Die Jakobiner sagen: „Wir werden Frankreich eher in einen Leichenacker verwandeln, als die Ziele der Revolution aufzugeben." Recht haben sie. So wie es vor der Revolution war mit der absoluten Herrschaft des Königs, den Vorrechten des Adels und der Kirche und all den Ungerechtigkeiten – so darf es nie wieder werden!

M7 Königin Marie Antoinette wird am 16. Oktober 1793 zur Hinrichtung gefahren. Szene mit Jane Seymour aus dem Spielfilm „Die Französische Revolution", 1989.

M8 Platz der Revolution. Szene aus dem Spielfilm „Die Französische Revolution", 1989.

6. Listet auf, wodurch sich nach M6 ein Sansculotte von einem reichen Bürger unterscheidet. Welche Veränderungen durch die Revolution werden genannt?
7. Erläutert, wie die Veränderungen der Revolution aus der Sicht einer Adligen dargestellt sein könnten.
8. Beschreibt die Filmszenen aus M7 und M8.

Das Ende der Schreckensherrschaft

Nachdem die französische Revolutionsarmee die äußeren Feinde besiegt hatte, konnten die Jakobiner ihre Terrormaßnahmen nicht länger aufrechterhalten. Am 27. Juli 1794 wurde Robespierre verhaftet und am Tag darauf hingerichtet. Damit war die Schreckensherrschaft zu Ende. Die Regierung wurde einem fünfköpfigen Direktorium übertragen.

Arbeitstechnik

Karikaturen deuten

Karikaturen deuten

Die meisten Menschen im 18. Jahrhundert konnten weder lesen noch schreiben. Deshalb wurde die Kritik am Absolutismus nicht nur in Büchern geäußert, sondern auch in Zeichnungen zum Ausdruck gebracht. Solche Zeichnungen werden Karikaturen genannt. Es gab sie schon seit dem 16. Jahrhundert, aber jetzt kamen sie richtig in Mode. Karikaturen zeigen Personen, Ereignisse oder Zustände häufig in übertriebener, verzerrter Darstellung, die oft (aber nicht immer) komisch wirkt und den Betrachter zum Lachen bringt. Dabei geht es dem Zeichner darum, seine Meinung zu einer Sache darzustellen. Eine Karikatur beschreibt nicht nur, sondern urteilt. Um verstanden zu werden, bedienen sich Karikaturisten bestimmter Stilmittel. Dazu gehört häufig die Übertreibung, z. B. von körperlichen Eigenschaften bestimmter Personen (übergroße Ohren, lange Nasen usw.). Oft werden historische Personen (z. B. Könige), Figuren aus Sagen oder Märchen („Hans im Glück") oder Tiere als Symbolfiguren (z. B. „Berliner Bär") herangezogen, um eine Sache zu verdeutlichen.
Die folgenden Arbeitsschritte können euch helfen, eine Karikatur zu deuten. Wendet sie auf M1 an.

1. Schritt Beobachtung
Betrachtet die Karikatur so genau wie möglich und notiert euren ersten Eindruck.

2. Schritt Beschreibung
Beschreibt so genau wie möglich, was abgebildet ist (Personen, Tiere, Gegenstände) und wie es abgebildet ist (z. B. Mimik, Gestik). Was geschieht? Wird eine Handlung deutlich? Welche Texte gehören zum Bild?

3. Schritt Deutung
Welche Bedeutung haben die abgebildeten Personen, Tiere oder Gegenstände? Welche Bedeutung hat die Handlung?

4. Schritt Einordnung
Auf welche Situation oder Ereignisse beziehen sich die Aussagen der Karikatur?

M1 Frankreich auf dem Gipfel seines Ruhms.
Karikatur von James Gillray, 1793.

5. Schritt Wertung
Welche Position bezieht der Karikaturist zum Thema? Wie seht ihr das Problem?

1. Beschreibt und deutet M1 mithilfe der Arbeitsschritte. Vergleicht eure Lösung anschließend mit den Lösungshinweisen auf S. 227 f.

Symbol
Wort, Form, Gegenstand oder Vorgang, der nicht für sich allein steht, sondern eine verborgene Bedeutung hat.
Beispiel: Das Kreuz ist das Symbol des Christentums.

„Der König ist tot – es lebe der Kaiser!"

M1 **Napoleon krönt seine Frau Josephine (zuvor hatte er sich in Anwesenheit des Papstes selbst zum Kaiser gekrönt).** Gemälde von J. L. David, 1804.

1. Beschreibt das Bild M1 und bewertet den äußeren Rahmen der Handlung. Wie mag die Zeremonie auf das Volk gewirkt haben?
2. Bringt das Bild in Zusammenhang mit der Seitenüberschrift.

Napoleon

Am 9. November 1799 vertrieb der junge General Napoleon Bonaparte (1769–1821) mithilfe seiner Soldaten die Regierung und ließ sich zum Konsul ernennen. Er war im Volk beliebt, denn er hatte 1795 einen Aufstand gegen die Revolution niedergeschlagen und in vielen Schlachten gegen die verbündeten ausländischen Fürstenheere gesiegt. Nach den Unruhen sehnten sich die Menschen nach einem neuen „starken Mann". Im Jahr 1804 krönte sich Napoleon in der Kathedrale von Notre Dame zu Paris selbst zum Kaiser. Frankreich war wieder eine Monarchie. War jetzt nun alles so wie vor der Revolution?

Napoleon – Retter oder Zerstörer der Revolution?

Napoleon erklärte die Revolution für beendet. Die Staatsmacht stand unter seiner Kontrolle. Dabei konnte sich Napoleon vor allem auf die ihm treu ergebene Armee stützen. Die Teilung der Gewalten in gesetzgebende, ausführende und richterliche Gewalt wurde aufgehoben. Freie Wahlen und Pressefreiheit gab es nicht mehr. Aber die Freiheit der Person, die Gleichheit vor dem Gesetz und das Recht auf Eigentum blieben bestehen. Frankreich wurde in etwa gleich große Verwaltungsbezirke (Departements) mit einer zentral gelegenen Verwaltungshauptstadt und einem Präfekten an der Spitze eingeteilt. Innerhalb dieser Departements gab es Unterbezirke und Gemeinden. Über die Besetzung der hohen Ämter in der Verwaltung, Polizei und Armee entschied Napoleon selbst. 1804 erschien eine Gesetzessammlung, der „Code Napoléon", worin die Rechte der einzelnen Personen und Fragen des Eigentums geregelt waren.

3. Zeichnet eine Tabelle in euer Heft und stellt zum Thema „Napoleon – Retter oder Zerstörer der Revolution" zusammen:

Was blieb von der Revolution?	Was wurde abgeschafft?	Was wurde neu eingeführt?
...	...	...

4. Beurteilt die Frage, ob durch Napoleon alles wieder so wurde, wie es vor der Revolution war.

Herrscher Europas

M1 **Napoleon überschreitet die Alpen.**
Gemälde von Jacques Louis David, 1800.

Europa unter der Herrschaft Napoleons

1. Deutet die Haltung und Gestik Napoleons im Bild M1. Welchen Eindruck wollte der Maler vermitteln?

Schon als junger Mann war Napoleon zum General der Revolutionstruppen aufgestiegen. Die Soldaten verehrten den kleingewachsenen Heerführer, der ihnen in zahlreichen Schlachten alles abverlangte, aber auch das Gefühl gab, für eine große Sache zu kämpfen.

M3 Über seine Ziele sagte Napoleon in einem Gespräch:

... Europa wird nicht zur Ruhe kommen, bevor es nicht unter einem einzigen Oberhaupt steht, unter einem Kaiser, der Könige als seine Beamten hat und der seinen Generälen Königreiche gibt. Wir brauchen ein europäisches Gesetz, einen europäischen Gerichtshof, eine einheitliche Münze, die gleichen Gewichte und Maße. Aus allen Völkern Europas muss ich ein Volk machen und aus Paris die Hauptstadt der Welt.

Zit. nach: F. H. Kircheisen (Hrsg.), Gespräche Napoleons, Bd. 2, Stuttgart 1912, S. 63.

2. Erläutert die Ziele Napoleons mit eigenen Worte. Was wirkt daran heute noch modern?

Mit seinen Truppen eroberte Napoleon weite Teile Europas. Um seine Macht zu sichern, setzte er seine Brüder oder enge Vertraute zu Herrschern in den von Frankreich abhängigen Ländern ein.

3. Wertet die Karte M2 aus: Welche Staaten waren von Napoleon abhängig? Mit welchen Staaten war er verbündet?

M2 **Europa unter der Herrschaft Napoleons.** Karte.

Was ihr noch tun könnt:
Erkundigt euch in einem Lexikon oder anderen Informationsquellen über den Lebenslauf Napoleons und tragt eure Ergebnisse in der Klasse vor.

M4 Napoleons Einzug in Düsseldorf am 3. 11. 1811. Zeitgenössischer Stich von Johann Petersen.

Napoleon verändert die deutsche Landkarte

Nach seinen militärischen Siegen zwang Napoleon die deutschen Fürsten, das linke Rheinufer an Frankreich abzutreten. Der Rhein bildete fortan von Basel bis zum Niederrhein die Staatsgrenze. In diesen Gebieten galt nun französisches Recht, der „Code Napoléon". Die Menschen durften jetzt ihren Wohnsitz frei wählen, jeder war vor dem Gesetz gleich, jede Ehe musste nun vor dem Staat geschlossen werden. Zwar erhielten die Menschen keine politische Mitbestimmung, aber sie waren persönlich frei. Auch die Leibeigenschaft der Bauern wurde abgeschafft. Die Fürsten in den linksrheinischen Gebieten verloren ihr Land, wurden aber in Gebieten rechts des Rheins mit enteigneten Kirchengütern entschädigt. Etwa 300 kleine Herrschaften (kirchliche Fürstentümer, Reichsstädte, Reichsritter) verschwanden von der Karte. Drei Millionen Menschen bekamen neue Herrscher. 1806 schlossen sich 16 süd- und westdeutsche Staaten zum Rheinbund zusammen und erklärten ihren Austritt aus dem „Heiligen Römischen Reich Deutscher Nation". Sie verpflichteten sich, Frankreich mit Soldaten für kommende Kriege zu unterstützen. Damit war das 1000 Jahre alte Reich der Deutschen zerfallen. Kaiser Franz II. legte daraufhin die Kaiserkrone nieder. 1806 erlitt Preußen in den Schlachten von Jena und Auerstedt vernichtende Niederlagen. Wie wollte man darauf reagieren?

4. Erfindet ein Gespräch zwischen zwei Zuschauern des Einzuges (Bild M4), die dazu eine positive bzw. negative Meinung vertreten.
5. Vergleicht die Karten M5 und M6. Welche grundlegenden Veränderungen haben sich ergeben?
6. Findet aus M6 heraus, welche Königreiche (Kgr.) es 1810 in Deutschland gibt. Wozu gehörten die Städte Köln, Münster, Bremen, Kassel, Berlin, Leipzig, München?

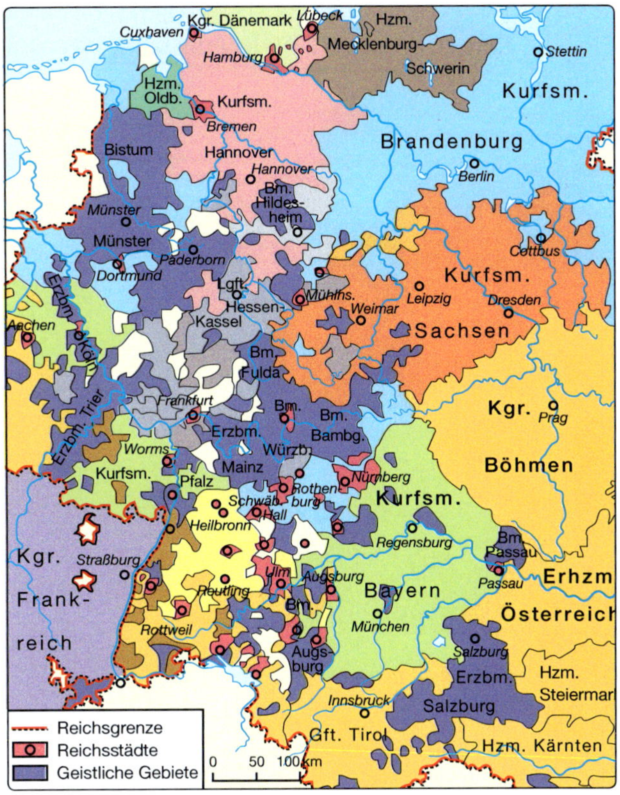

M5 Deutschland um 1789. Karte.

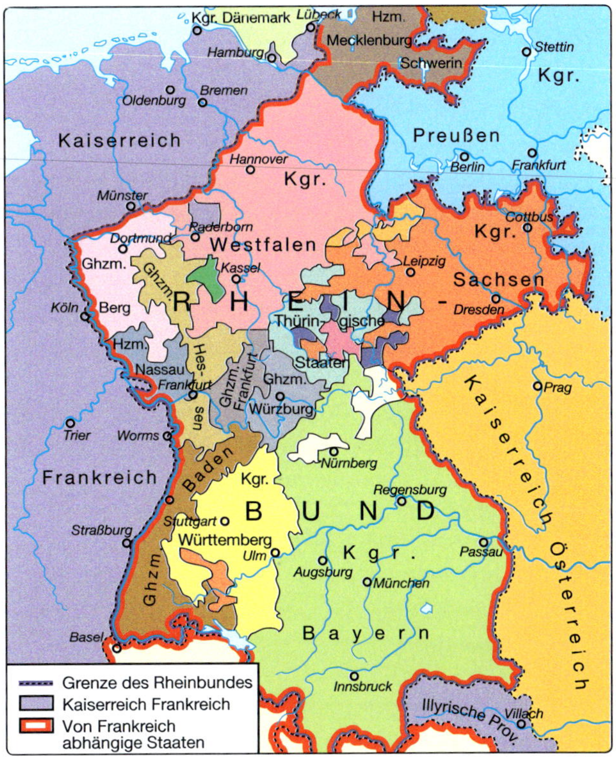

M6 Deutschland 1810. Karte.

Reaktionen auf napoleonische Herrschaft

M1 Vom Stein im Kreis der preußischen Reformer. Stich.

Patriotisch
vaterlandsliebend

Reformen in Preußen

Nach der Niederlage von Jena und Auerstedt wurde es auch in Preußen klar, dass es in der rückständigen Art und Weise nicht weitergehen konnte.
Um Unruhen in der Bevölkerung zu vermeiden, wollte man einige der Errungenschaften der Revolution auf friedlichem Weg auch in Preußen einführen. Die Forderung nach politischer Mitbestimmung ließ man dabei allerdings unberücksichtigt. Deshalb war die Einrichtung einer Republik ebenso wenig vorgesehen wie ein Parlament. An Abdankung dachte der König von Preußen erst recht nicht.
Der Freiherr vom Stein wurde beauftragt, Reformpläne auszuarbeiten. Als vom Stein auf Drängen Napoleons entlassen werden musste, setzte Freiherr von Hardenberg die Arbeit fort.

M2 Heeresreformen

Preußen hatte deutlich erfahren, dass die französischen Revolutionsarmeen einen ganz anderen Kampfgeist hatten als die eigenen Armeen. Die französischen Bauern waren gleichzeitig Soldaten und freie Eigentümer ihres Landes. Sie kämpften für „ihr“ Land.
Daher war das Ziel der Reformer, auch in Preußen ein patriotisch gesinntes Volksheer zu schaffen. Deshalb führte man die allgemeine Dienstpflicht ein, schaffte die entehrenden Körperstrafen ab und sorgte dafür, dass jetzt auch nichtadlige Soldaten Offiziere werden konnten. Entsprechend seiner Verdienste konnte nun jeder Soldat befördert werden. Durch die Einrichtung einer Kriegsakademie sollte eine neue Führung aufgebaut werden.

1. Nennt mithilfe des Textes und M1 Ziele der Reformer.
2. Erarbeitet anhand von M2 – M5 die Hauptpunkte der preußischen Reformen.
3. Listet mithilfe von M2 Gründe für die Einführung eines Volksheeres auf.

M3 Bauernbefreiung 1810/11

Vorher:
- Bauern gehören zum Land.
- Bauern müssen Abgaben und Dienste leisten.
- Bauern dürfen ohne Erlaubnis nicht fortgehen oder heiraten.
- Grundherr bietet Schutz bei Alter, Krankheit usw.
- Grundherr ist Gerichtsherr.

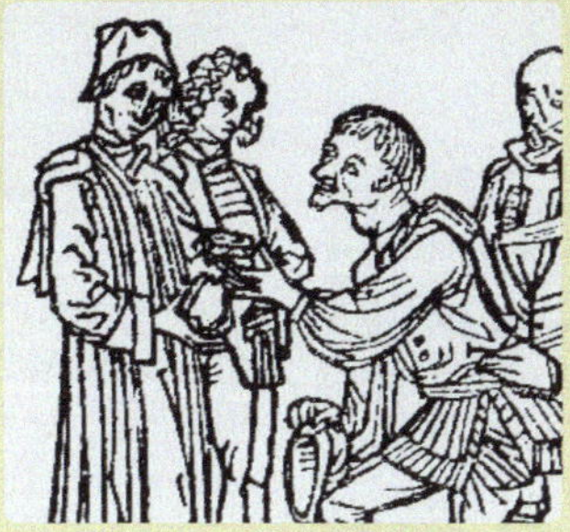

Nachher:
- Grund- oder Gutsherrschaft werden abgeschafft.
- Bauern müssen dafür Ablösesummen zahlen oder Land abtreten.
- Bauern dürfen fortgehen.
- Schutzfunktion des Herrn entfällt.
- Gerichtsbarkeit liegt beim Staat.

M4 Gewerbereform 1810/11

Vorher:
- Die Zunft bestimmt, wer ein Gewerbe ausüben darf.
- Adlige und Bauern sind ausgeschlossen.
- Die Zunft bestimmt die Art und Weise der Herstellung.
- Die Zunft bestimmt den Preis der Ware.

Nachher:
- Jeder, der einen Gewerbeschein kauft, darf das Gewerbe ausüben.
- Der Handwerker bestimmt den Herstellungsprozess.
- Der Preis ergibt sich aus Angebot und Nachfrage.

M5 Weitere Reformen

Städteordnung 1808:
Die Bürger in den Städten regeln die Verwaltung ihrer Gemeinde nun selbst. Als voll berechtigte Bürger gelten die Menschen, die über Grundbesitz oder ein entsprechend hohes Einkommen verfügen.

Judenbefreiung 1812:
Die Angehörigen des jüdischen Glaubens erhalten die gleichen Rechte und Pflichten wie die übrige Bevölkerung.

Bildungsreform 1809/10:
Die Volksschulen werden als Elementarschulen für alle ausgebaut. Für die Bildung des gehobenen Bürgertums sind die Gymnasien zuständig. Die Ausbildung der Lehrkräfte wird einheitlich geregelt. Die Universitäten werden modernisiert.

Die Reformen waren zu ihrer Zeit sehr weitgehend und modern. Manche Historiker sagen, dass erst jetzt die mittelalterliche Ordnung in Preußen zu Ende gegangen sei. Die preußischen Reformen wirken bis heute nach.

4. Stellt Vermutungen an, ob die Bauern mit der „Bauernbefreiung“ rundum zufrieden sein konnten und wie die Grundherren dazu standen. Welche Möglichkeit hatte ein Bauer, der „seinen“ Hof verließ, den Lebensunterhalt zu verdienen?
5. Diskutiert den Zweck der alten Zunftordnung und die Auswirkungen der Gewerbereform.
6. Beurteilt die preußischen Reformen vor dem Hintergrund der Ziele der Reformer (Aufgabe 1).

Was ihr noch tun könnt:
- Euch in einem Lexikon über die genannten Reformen informieren.
- Euch erkundigen, wie heute die Wehrpflicht geregelt ist, und der Klasse berichten.

Die Befreiungskriege

M 1 Aufruf zum Kampf gegen Napoleon an einer preußischen Universität. Gemälde von A. Kampf, um 1913.

M 2 „Episode vom Rückzug Kaiser Napoleons aus Russland". Gemälde von Johann Hari.

M 3 Breslau in den Tagen der Erhebung, 1813. Farbdruck nach einem Aquarell von Richard Knötel, um 1890.

Widerstand gegen die Herrschaft Napoleons

Napoleon war es gelungen, mit seinen Truppen weite Teile Europas zu erobern und in diesen Ländern manche Errungenschaften der Französischen Revolution einzuführen. Die Franzosen wurden deshalb von vielen Menschen als Befreier begrüßt. Aber die Fremdherrschaft war auch bedrückend, vor allem weil Napoleon immer wieder Soldaten für seine Feldzüge benötigte. Seit 1808 führten die Spanier einen Kleinkrieg gegen die Franzosen. 1809 erhoben sich die Tiroler gegen die fremden Herren. In Deutschland hofften viele Menschen nun auch auf die Errichtung eines deutschen Nationalstaats.

M4 Gedicht von Ernst Moritz Arndt (1813, Auszüge): Des Deutschen Vaterland

Was ist des Deutschen Vaterland?
Ist's Preußenland, ist's Schwabenland?
Ist's wo am Rhein die Rebe blüht?
Ist's wo am Belt die Möwe zieht?
O nein! Nein! Nein!
Sein Vaterland muss größer sein.
...
Das ganze Deutschland soll es sein!
O Gott vom Himmel, sieh darein
Und gib uns rechten deutschen Mut,
Dass wir es lieben treu und gut.
Das soll es sein!
Das ganze Deutschland soll es sein!

Deutschland! Deutschland?, Texte aus 500 Jahren von Martin Luther bis Günter Grass, hrsg. von Heinz Ludwig Arnold, Frankfurt (Fischer Taschenbuch) 2002, S. 213 f.

1. Lest M4 laut vor und klärt einzelne geographische Bezeichnungen. Wie beantwortet Arndt die selbst gestellte Frage „Was ist des Deutschen Vaterland?"

Die Freiheitskriege

Die katastrophale Niederlage Napoleons im Feldzug gegen Russland (1812) war das Signal für die Erhebung: In der Völkerschlacht bei Leipzig (1813) und nochmals in der Schlacht von Waterloo (1815) wurden die französischen Truppen besiegt. Napoleon musste in die Verbannung gehen.

2. Beschreibt die Bilder M 1 – M 3 und deutet die darin zum Ausdruck kommende Stimmung.

Rückblick: Rätselhafte Revolution

A Ludwig XVI.

B Bastille

C Ballhaus

D Olympe de Gouges

E Stände

a Geistliche, Adlige, Bürger und Bauern

b Radikaler Führer der Jakobiner, 1794 hingerichtet

c Kaiser von Frankreich (1804–1815)

d Staatsgefängnis, am 14. Juli 1789 gestürmt

e Lied der Revolution, heute franz. Nationalhymne

F Guillotine

G Robespierre

H Marseillaise

I Sansculotten

J Napoleon

f Radikale Kleinbürger von Paris („ohne Hosen“)

g König von Frankreich (1774–1793)

h Hinrichtungsinstrument der Revolution

i Tagungsort der Nationalversammlung

j Frauenrechtlerin, hingerichtet 1794

1

2

3

4

5

6

7

8

9

10

Jetzt könnt ihr zeigen, was ihr behalten habt: Sucht zu den Namen und Begriffen (Großbuchstaben) die jeweiligen Erklärungen (Kleinbuchstaben) und Bilder (Ziffern) und legt eine Tabelle an.

Name/Begriff	Erklärung	Bildnummer
...	...	...

SEIN HUNGER WIRD DIE ERDE VERZEHREN

Auswanderung nach Amerika

1. Betrachtet das Bild und beschreibt den Gesamteindruck.
2. Vermutet, warum die Menschen nach Amerika auswanderten.

Seit dem 17. Jahrhundert wanderten Menschen aus Europa nach Amerika aus. Als der Zustrom der landhungrigen Siedler immer größer wurde, fürchtete ein Indianerhäuptling: „Sein Hunger wird die Erde verzehren“.

„Auf nach Amerika!"

M1 Auswanderer im Zwischendeck eines Segelschiffes. Holzstich, 1849.

Auswanderung nach Amerika

1607 wurde Virginia als erste englische Kolonie in Amerika gegründet. Von nun an wanderten immer mehr Menschen aus Europa nach Nordamerika aus. Sie kamen zunächst vor allem aus England, später auch aus Deutschland, Holland, Irland, Italien, Skandinavien und anderen Ländern. Warum verließen sie ihre Heimat? Was erhofften sie sich in Amerika?

Ich komme vom Niederrhein und gehöre zur Glaubensgemeinschaft der Quäker. Wir leben in unserer Glaubensgemeinschaft sehr einfach. Bei uns herrscht Gewaltfreiheit. Wir lehnen den Waffendienst ab. In Deutschland haben wir nur Schwierigkeiten. Ich hoffe, dass ...

In meiner Heimat gibt es keine Freiheit und Gleichheit. Etwas zu sagen haben nur die Fürsten und Reichen. Das einfache Volk muss den Mund halten und Steuern bezahlen. Ich glaube, in der Neuen Welt ...

Wir lieben uns. Aber mein Freund ist ein Adliger und ich bin nur die Tochter eines Handwerkers. Deshalb können wir nicht heiraten. Ich wünsche mir, ...

Ich komme von einem Bauernhof in der Eifel. Mein älterer Bruder soll den Hof erben. Als Knecht hat man nichts zu beißen und kommt auf keinen grünen Zweig. In Amerika will ich ...

1. Beschreibt M1 (Personen, Tätigkeiten usw.) und beurteilt die Reiseverhältnisse aus heutiger Sicht.
2. Ordnet die Aussagen der Personen nach politischen, religiösen, wirtschaftlichen und gesellschaftlichen Gründen. Vermutet, welche Wünsche und Erwartungen die einzelnen Personen für das Leben in Amerika haben.

Auswanderung aus Deutschland

Im 19. Jahrhundert wurde die Auswanderung nach Amerika zu einer Massenbewegung. Jetzt wanderten etwa 5 Millionen Deutsche in die USA aus. In Mitteleuropa vollzog sich der Übergang von der Agrar- zur Industriegesellschaft. Die wachsenede Bevölkerung konnte in der Landwirtschaft nicht mehr und in der neu entstehenden Industrie noch nicht genügend Arbeitsplätze finden. Missernten verteuerten die Lebensmittel. Viele Menschen fühlten sich unfrei, ausgebeutet und in ihren persönlichen Rechten beschränkt. Die meisten Auswanderer waren Kleinbauern, Heimarbeiter, Knechte, Tagelöhner und Handwerker. Ein Drittel von ihnen waren Frauen. Durch Werbebroschüren, Reiseagenturen, Plakate von Schifffahrtslinien oder Briefe von bereits ausgewanderten Verwandten wurden vor allem junge Leute dazu ermuntert, in das „Land der unbegrenzten Möglichkeiten“ zu kommen, billiges Farmland zu kaufen oder sich in den Großstädten anzusiedeln.

3. Klärt, welche Berufsgruppen auswanderten und welche Gründe sie dafür hatten.
4. Fasst zusammen, welche Informationen das Werbeplakat M3 enthält und welche Gefühle angesprochen werden sollen.
5. Stellt euch vor, in einer Familie würde aufgrund des Verwandtenbriefes aus Amerika eine Diskussion darüber entstehen, ob man auch auswandern soll oder nicht. Schreibt dazu ein Gespräch auf und tragt es in der Klasse vor.

M3 Werbeplakat einer Schifffahrtslinie.
Plakat, 2. Hälfte des 19. Jahrhunderts.

M2 Im Jahr 1877 wanderte Louis Frederick Faust aus Burscheid (heutiges NRW) nach Amerika aus. Über die Fahrt nach Amerika berichtete er (damalige Schreibweise):

Liebe Eltern und Geschwister, Freunde und Bekannte! ... Endlich nun kamen wir auf den Seedampfer „Rotterdam“, welcher uns nach New York bringen sollte. ... Ich komme jetzt ins Zwischendeck, hier liegen immer 16 Mann zusammen, jedoch jedes Geschlecht separat. ... Hier sind junge Mädel, Mütter mit Kindern und Säuglingen, alte Weiber, junge Männer und Greise, alles durcheinander. Wo circa 50 Mann zusammenliegen, kann man sich wohl recht gut denken, welcher Unfug hier herrscht. ... Da unser Schiff wenig Fracht hatte, begann es fürchterlich zu schaukeln, woher es bald als Schaukelpferd tituliert und schrecklich verwünscht wurde. Jetzt macht sich schon die Seekrankheit bemerkbar ... Bis zum 12ten May waren wir ohne jedes Unangenehme geblieben, da auf einmal zog Gewölk zusammen, es war Abends 8 Uhr, immer dunkler wurde es, die Matrosen erschienen in ihren Wasserkleidern nebst langen Stiefeln. Jetzt musste sich jeder in die Cajüthe begeben. Die Wellen begannen heftig gegen das Schiff zu schlagen, jetzt fing die Schaukelei mal recht an; dann rasselte es im Tackelwerk, riesige Dunkelheit trat ein, jeden Augenblick blies das Dampfhorn, um den Zusammenstoß mit einem anderen Fahrzeug zu verhindern. Die Wellen schlugen jetzt über Deck, eine nach der anderen. Denke Dir nun die Angst der Passagiere um solch kleines unbedeutendes Unwetter ...

Aus: Leb' wohl Deutschland. Tagebuch der Auswanderung des Louis Frederick Faust 1877 nach Amerika, hrsg. vom Förderverein Deutsches Auswanderermuseum Bremerhaven, Worpsweder Verlag 1992, o. S.

„Auf nach Amerika!"

M1 Grassoden waren in den Prärien des mittleren Westens oft das günstigste Baumaterial. Foto, um 1898.

M2 Farmhaus deutscher Siedler bei Fredericksburg in Texas. Foto, um 1880.

M3 Deutsche Ortsnamen im Mittelwesten der USA.

In der „Neuen Welt"

Ein Teil der deutschen Auswanderer siedelte sich in Großstädten wie New York, Philadelphia, Baltimore oder Chicago an. Viele kauften preiswertes Siedlungsland im Mittleren Westen und waren an der Erschließung dieses Gebietes wesentlich beteiligt. Der Preis für Farmland war anfangs sehr gering. Aber um die Kosten für Haus, Vieh und Geräte aufzubringen, arbeiteten viele Auswanderer zunächst als Handwerker, Holzfäller oder Dienstmädchen. Trotz anfänglicher Schwierigkeiten mit Land, Klima und Sprache integrierten sich die meisten Deutschen schnell. Aber vielen Amerikanern blieben ihre Freizeitaktivitäten mit geselligen Stammtischen, Sängerfesten und hohem Bierkonsum lange Zeit fremd. Für manchen Auswanderer erfüllte sich der Traum vom besseren Leben in Amerika jedoch nicht. Nach Schätzungen gingen 10–20 % zurück in die Heimat. Allerdings gab es auch Rückkehrer, die ihren Lebensabend mit dem erworbenen Wohlstand in der Heimat genießen wollten.

M4 Ein Auswanderer schrieb 1863 nach Hause:
Hier ist keine Lumperei und kein Bettelleben wie in Europa. Auch ist man hier sicher vor Beamten, Landräten, Landschützen und Polizeiagenten ... In Europa ist der Hase im Feld mehr geachtet als der Bauersmann. Hier trägt man sein Gewehr, und alles Ungeziefer und Schadentiere sind ihm untergeben. Ich wünsche nur, jeder Arme, Brave, Arbeitsame könnte hier sein, denn die Schlechten mögen bleiben, wo sie sind, denn dort sind sie es wert.

1. Beschreibt M1 und M2. Sind die Menschen nach eurer Einschätzung zu Reichtum gelangt?
2. Stellt fest, auf welche Vorteile in M4 besonders hingewiesen wird.
3. Sucht auf der Karte M3 Ortsnamen von Städten in Nordrhein-Westfalen. In welchen Bundesstaaten der USA liegen sie?

Zeitliche Orientierung

M 1 Zeittafel.

1492
Entdeckung Amerikas durch die Spanier, erste Begegnungen mit den indianischen Einwohnern.

1609
Gründung der ersten englischen Siedlung in Nordamerika;
in Jamestown tagt das erste Parlament nach englischem Vorbild.

ab 1619
Einführung der Sklaverei in den Südstaaten Nordamerikas.

1683
Vertrag zwischen William Penn und den Indianern über immerwährende Freundschaft und Frieden.

1609–1773
Gründung von 13 englischen Kolonien an der Ostküste Nordamerikas.

1775–1783
Unabhängigkeitskrieg der Kolonien gegen das englische Mutterland.

1776
Die Vereinigten Staaten von Amerika erklären sich für unabhängig.

1787
Verfassung der USA.

1789
George Washington wird erster Präsident der USA.

1861–1865
Der Bürgerkrieg zwischen Nord- und Südstaaten endet mit dem Sieg des Nordens unter Präsident Abraham Lincoln und dem Verbot der Sklavenhaltung.

1890
Mit dem Massaker am „Wounded Knee“ enden die Verfolgungen der Indianer. Die Überlebenden müssen künftig in kleinen Reservaten leben.

Einwanderer und Indianer

Die Weißen kommen

1. Betrachtet Bild M3. Wählt eine Person (Siedler oder Indianer) aus und schreibt auf, was diese Person gedacht oder gefühlt haben mag.

Im Jahre 1620 landete das englische Schiff „Mayflower" an der Ostküste Nordamerikas. Die Passagiere gehörten zur religiösen Gruppe der „Pilgerväter", die in ihrer englischen Heimat verfolgt worden war. Den Pilgervätern folgten immer neue Gruppen von Einwanderern: Bauern, Handwerker, Kaufleute, Dienstboten, Goldsucher oder Abenteurer. Sie alle träumten von einem Leben in Freiheit. Land, Klima und Sprache waren für viele europäische Siedler zunächst eigenartig und fremd. Woher würden sie Nahrung bekommen? Wo sollten sie wohnen? Wo konnten sie sich ansiedeln?
Viele in Nordamerika ansässige Indianerstämme halfen den Europäern. Sie verkauften ihre Nahrungsmittel und Land zur Besiedlung.

M1 Über die ersten Begegnungen mit den Siedlern berichtete der Häuptling Red Jacket aufgrund von Erzählungen seiner Vorfahren im Jahre 1805:
... Sie sagten uns, sie seien aus ihrem eigenen Land geflohen aus Furcht vor bösen Menschen und sie seien gekommen, um in ihrer Religion leben zu können. Sie baten um etwas Land. Wir hatten Mitleid mit ihnen. Wir erfüllten ihre Bitte, und sie siedelten unter uns. Wir gaben ihnen Mais und Fleisch. Sie gaben uns dafür das Gift des Alkohols.

Aus: Dies sind meine Worte, hrsg. von Rudolf Kaiser, Münster (Coppenrath Verlag) 1987, S. 21.

2. Klärt, warum die Indianer den Siedlern halfen. Wie hätten sie auch reagieren können?
3. Beschreibt die Stimmung in Bild M3.
4. Vergleicht M4 mit Fotos von New York heute.

M2 **Mayflower.** Gemälde aus dem 19. Jahrhundert.

M3 **William Penn schließt 1683 mit den Indianern einen Vertrag über immerwährende Freundschaft und Frieden.** Kolorierter Kupferstich, 1775.

M4 **Die älteste Darstellung der 1626 von holländischen Siedlern gegründeten Stadt New York.** Holzschnitt, 1640.

Wer sind die Ureinwohner Nordamerikas?

Sie unterscheiden sich in Aussehen, Sprache, Lebensformen und Gebräuchen so stark wie Isländer von Sizilianern bei uns in Europa. Wir haben aber für sie nur eine Bezeichnung: Indianer. Während der letzten Eiszeit kamen sie aus Asien auf der Suche nach neuen Jagdgründen in das heutige Amerika. Sie besiedelten im Lauf der Jahrtausende das gesamte Land von Nord nach Süd, von West nach Ost. Dabei passten sie sich hervorragend an die natürlichen Gegebenheiten an. Im 8. Jahrhundert lernten die Indianer als erste Europäer die Wikinger kennen. Ihnen folgten im 15. Jahrhundert Spanier, Briten und Franzosen.

5. Ordnet den Bildern in M5 die passenden Texte aus M6 zu. Bei richtiger Lösung ergeben die Buchstaben am Textrand, von 1 bis 6 gelesen, den Namen eines berühmten Indianerstammes.
6. Legt eine Übersichtstabelle über die Lebensgewohnheiten der verschiedenen Stämme an. Füllt die Spalten mit den Überschriften Wohngebiet, Ernährung, Wohnung, Waffen/Werkzeuge mit Informationen aus M5 und M6.

Was ihr noch tun könnt:
Informiert euch über einen Indianerstamm genauer und berichtet darüber in der Klasse.

M5 Kulturen und Lebensformen der nordamerikanischen Indianer.

M6 Indianische Lebensformen.

C
Die Indianerstämme des Ostens waren Waldbauern. Sie bauten Mais, Bohnen und Kürbisse an. An den Ufern der größeren Seen ernteten sie wild wachsenden Reis. Sie gingen zur Jagd und sammelten Wildfrüchte. Sie waren die Ersten, die mit den Weißen in Kontakt traten.

E
Die Völker im Mittelwesten lebten hauptsächlich in Grubenhäusern oder Hütten aus Binsenmatten. Sie kochten Fisch, Wild oder gesammelte Früchte.

A
Die Stämme des Nordwestens lebten hauptsächlich vom Fischfang. Sie jagten Robben und Wale. Mit großem handwerklichen Geschick bauten sie Holzhäuser und Kanus. Ihre reich geschnitzten Totempfähle sollten sie vor Not und bösen Geistern schützen.

A
Im hohen Norden lebten die Indianer in Wigwams, Hütten aus Fellen und Rinde. Sie sammelten Waldfrüchte, jagten, fischten. Eine Gruppe, die Inuit, lebten auf ihren Wanderungen oft in Schneehütten, den Iglus.

P
Die in der Prärie, der Graslandschaft, lebenden Stämme, wohnten die meiste Zeit des Jahres in festen Hütten, sorgten als Bauern für ihren Lebensunterhalt. Anders die Plains-Indianer. Sie bewohnten die großen Ebenen und zogen mit ihren Zelten, den Tipis, den großen Bisonherden nach. Sie entwickelten sich, nachdem Spanier und Portugiesen Pferde nach Amerika gebracht hatten, zu wahren Reitkünstlern.

E
Die Indianer des Südwestens betrieben Ackerbau und Viehzucht. Einige Stämme gaben ihren Häusern, den Hogans, einen achteckigen Grundriss. Andere wiederum lebten in Terrassenhäusern, den Pueblos, Lehmbauten, die Wand an Wand und in Etagen übereinander gebaut waren.

Ein Indianerkind erzählt vom Leben seines Volkes

M1 Junger Krieger. Gemälde.

1. Wertet die Texte und Abbildungen aus. Unterscheidet dabei nach folgenden Oberbegriffen: Nahrung, Kleidung, Wohnung, Frauen und Kinder, Sprache, Krieg, Religion, Lebensweisheiten.
2. Stellt eure Ergebnisse in geeigneter Form dar (z. B. Plakat, Wandzeitung, Powerpoint-Präsentation). Vielleicht könnt ihr dazu noch weitere Informationen (z. B. aus dem Internet, aus Büchern) sammeln.

M3 Zwei Büffel, von den Indianern „Tatanka" genannt. Foto.

M2 Unser Stamm gehört zu den Prärie-Indianern. Wir wohnen in Zelten, die wir Tipis nennen, und ziehen den großen Bisonherden nach. Diese Büffel nennen wir „Tatanka", das heißt „wandelnder Berg". Wir essen nicht nur das Fleisch, sondern verwenden auch die Felle zur Kleidung, machen daraus Schuhe, Decken und Babytragen. Aus den Hörnern werden Löffel gefertigt. Die Knochen verarbeiten wir zu Messern, Schabern oder Pfeilspitzen. Die Sehnen gebrauchen wir als Bogensaiten oder Nähfaden. Aus dem Fett wird Seife hergestellt. Für uns ist ein Bison das lebende Symbol für die Welt. Jeder Teil des Bisons stellt einen Teil der Schöpfung dar. In letzter Zeit wird es für uns immer schwerer, die Büffel zu jagen. Die weißen Männer schießen sie mit ihren Feuerrohren in großen Massen ab, um uns die Lebensgrundlage zu nehmen. So vertreiben sie die Indianer und ergreifen Besitz von dem Land. Die Vorstellung, dass einem das Land gehört, ist uns ganz fremd. Kann man den Himmel kaufen, die Wärme der Erde, die frische Luft oder den Glanz des Wassers?

Wir Prärie-Indianer leben in Zelten. Andere Indianerstämme leben vom Ackerbau und der Viehzucht und können in festen Häusern wohnen, die man Pueblos nennt. Wer ein Tipi besuchen will, muss sich an feste Regeln halten: Nur wenn die Zelttür offen ist, darf man eintreten. Man wartet, bis man zum Sitzen aufgefordert wird. Wenn man zu einer Feier eingeladen ist, muss man sein Geschirr und Besteck selbst mitbringen. Frauen sitzen niemals mit gekreuzten Beinen, sondern mit seitlich angezogenen Beinen. Beim Gespräch warten die Jungen, bis sie zum Sprechen aufgefordert werden.

Eine Indianerfrau wird Squaw genannt. Die Squaw bereitet die Nahrung zu, fertigt Kleidung an und ist für die Pflege der Zelte und Geräte zuständig. Auch bei der Erziehung der Kinder spielen die Mütter eine bedeutende Rolle. Bei uns lernen die Kinder vom guten Beispiel der Eltern.

M4 Indianer vor ihrem Tipi. Foto, ca. 1870.

M5 Squaw vom Stamm der Schwarzfußindianer. Figur aus dem Karl-May-Museum. Foto.

Der Häuptling eines Indianerstammes muss mutig, aber vor allem weise sein, denn nur wenn man seine Ratschläge gut findet, gehorchen ihm die Stammesmitglieder. Meistens geht es zwischen den Stämmen friedlich zu. Aber wenn es darum geht, Jagdgründe zu verteidigen, kann es zum Kampf kommen. Dann legen unsere Männer ihr Kriegszeug an. Einen Kopfschmuck aus Adlerfedern darf nur der tapferste Krieger tragen. Wichtigster und heiligster Besitz des Kriegers ist sein Schild, hergestellt aus der festen Nackenhaut des Bisons und mit persönlichen Zeichen des Kämpfers bemalt. Zur Kriegsausrüstung gehören Pfeil und Bogen und ein Beil, das Tomahawk genannt wird.
Wir glauben, dass in allen Dingen dieser Welt eine Seele, ein Geist wohnt. Der Himmel hat seinen Geist, die Wolken haben Geister, Sonne und Mond haben Geister. Ebenso Tiere, Bäume, Gras, Wasser, Steine, kurz: alles ist beseelt. Diese Geister sind unsere Götter.

M7 Red Cloud (1822–1909), Häuptling der Sioux. Foto, 1904.

Jeder Indianerstamm wählt große, mächtige oder besonders kluge Tiere zu Stammeszeichen, den Totems. Die Kraft dieser Wesen soll auf den Stamm übergehen. Wichtig sind uns Indianern auch Tanzen, Singen und Feste feiern. Im Tanz bitten wir die Geister um Regen, eine gute Jagd oder Kriegsglück. Der Tanz wird von Musikinstrumenten wie Trommeln, Klappern oder Flöten begleitet.
Für die weißen Männer zählt nur, was sie auf Papier aufgeschrieben haben. Für uns ist die Kunst des Redens wichtiger. Indianer erzählen gern Geschichten und oft wird der zum Häuptling gewählt, der am überzeugendsten reden kann. Um über große Entfernungen Botschaften übermitteln zu können, erzeugen wir mithilfe von Decken oder Fellen Rauchzeichen.
Es gibt keine Sprache, die von allen Indianerstämmen gesprochen wird. Um sich besser unterhalten zu können, unterstützen wir unsere Rede mit Handzeichen und mit typischen Gesichtsausdrücken. Mit dieser Zeichensprache kann man sich gut verständigen.

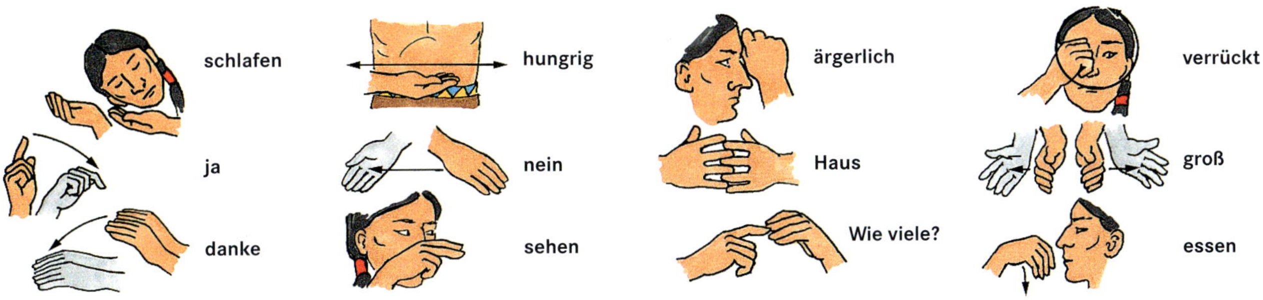

M6 Die Sprache der Hände.

Die Neuengland-Staaten

M1 **Die englischen Kolonien in Nordamerika um 1756.**

Neuengland

Die weißen Siedler aus Europa ließen sich zunächst an der Ostküste Nordamerikas nieder. Um das Zusammenleben zu regeln, wurden eigene Verwaltungen gebildet und eigene Gesetze erlassen. Schon im Jahre 1619 trat in Jamestown (Virginia) das erste Parlament nach englischem Vorbild zusammen. Bis 1756 wurden 13 englische Kolonien gebildet.

In dem noch dünn besiedelten Land lagen die Orte oft weit voneinander entfernt. Die Wege waren schlecht und unsicher. Deshalb kamen nur selten alle Stimmberechtigten einer Kolonie zusammen. Allmählich ging man dazu über, Vertreter zu wählen, die die notwendigen Entscheidungen und Regelungen zu treffen hatten. Frauen durften an den politischen Versammlungen nicht teilnehmen.

1. Schreibt die 13 Kolonien in der Reihenfolge ihrer Gründung auf. In welcher Himmelsrichtung fand die Ausbreitung zunächst statt? Überlegt, welche Gründe dafür entscheidend waren.
2. Erläutert M2.

Was ihr noch tun könnt:
Euch über die Bedeutung von Tabak und Tee (Anbauländer, Herstellung, Sorten usw.) genauer informieren und davon in der Klasse berichten.

M2 **Austausch von Handelsgütern zwischen den 13 Neuengland-Kolonien und England.**

M3 Der Bostoner Teesturm 1773.
Zeitgenössische Darstellung.

M4 Einschiffung hessischer Söldner nach Amerika.
Zeitgenössisches Gemälde.

3. Beschreibt M3 und vermutet, worum es bei der Darstellung gehen könnte.

Streit um Steuern und Zölle

In einem siebenjährigen Krieg (1756–1763) eroberte England von Frankreich die nordamerikanischen Gebiete bis zum Missouri und Kanada. Die Siedler in den Neuengland-Kolonien sollten die hohen Kriegskosten durch Zölle und Steuern auf Zucker, Kaffee, Wein oder Stoffe bezahlen. Als die Kolonisten auch noch für Zeitungen, Rechnungen und Verträge eine Stempelsteuer entrichten sollten, kam es zum Streit. Mit dem Grundsatz „No taxation without representation" (Keine Steuern ohne Vertretung im Parlament) weigerten sie sich, englische Waren zu kaufen und Steuern zu zahlen, solange sie nicht im englischen Parlament vertreten waren. Der englische König verzichtete nun auf die Steuern und Zölle. Um sein Recht auf Steuererhebung zu zeigen, ließ er lediglich die Teezölle bestehen.

Die Bostoner „Tea Party"

Am 16. Dezember 1773 liefen drei englische Teeschiffe in den Hafen von Boston ein. Am Abend schlichen als Indianer verkleidete Kolonisten an Bord der Schiffe und warfen unter dem Beifall der belustigten Zuschauer 342 Teekisten ins Wasser. Daraufhin ließ die englische Regierung den Hafen von Boston schließen. Es folgten erste bewaffnete Auseinandersetzungen zwischen englischen Soldaten und amerikanischen Kolonisten.

Der Unabhängigkeitskrieg

Zwischen 1775 und 1783 kam es zwischen den Kolonien und England zu einem Krieg um die amerikanische Unabhängigkeit. Auf englischer Seite kämpften fast 30 000 deutsche Soldaten, die unter Druck in die Armee hineingepresst worden waren. Sie wurden von ihrem Landesfürsten an den englischen König gegen hohe Geldzahlungen „vermietet". 7500 von ihnen sind in den Kämpfen gefallen oder an ihren Verwundungen gestorben. Solchen Söldnern standen unter der Führung des späteren ersten Präsidenten George Washington (1732–1799) Soldaten gegenüber, die für die Freiheit der Kolonien kämpften. Sie waren begeistert, aber schlecht ausgebildet. Erst als der preußische Offizier Friedrich Wilhelm von Steuben (1730–1794) die Ausbildung der amerikanischen Pflanzer und Farmer übernahm, stellten sich erste Erfolge ein. Außerdem kam der französische König den Kolonisten mit Geld und Truppen unter Führung des Generals Lafayette zu Hilfe. 1783 musste der englische König die Niederlage seiner Truppen eingestehen und die amerikanische Unabhängigkeit anerkennen.

4. Erläutert M4.
5. Nehmt Stellung zu der „Vermietung" von Menschen als Söldner.
6. Stellt Gründe für den Erfolg der amerikanischen Truppen im Unabhängigkeitskrieg zusammen.

Was ihr noch tun könnt:
Radioreportage über die Boston-Tea-Party auf Kassette aufnehmen und in der Klasse vorspielen.

„Dieses Land ist frei!"

M1 **Unabhängigkeitserklärung.** Gemälde von John Trumbull.

Die Unabhängigkeitserklärung

Etwa ein Jahr nach Beginn des Krieges gegen England beschlossen die Vertreter der 13 Neuengland-Kolonien in Philadelphia die Annahme der von Thomas Jefferson (1743–1826) verfassten Unabhängigkeitserklärung.

M2 Aus der Unabhängigkeitserklärung vom 4. Juli 1776:

Folgende Wahrheiten halten wir für selbstverständlich: Alle Menschen sind gleich geschaffen. Sie sind von ihrem Schöpfer mit unveräußerlichen Rechten ausgestattet. Dazu gehören Leben, Freiheit und Streben nach Glück. Zur Sicherung dieser Rechte sind unter den Menschen Regierungen eingesetzt, die ihre rechtmäßige Macht aus der Zustimmung der Regierten herleiten. Wenn eine Regierungsform diese Zwecke gefährdet, ist es das Recht des Volkes, sie zu ändern oder abzuschaffen und eine neue Regierung einzusetzen.

Demnach verkünden wir ..., dass diese vereinigten Kolonien freie und unabhängige Staaten sind, ... dass sie losgelöst sind von aller Pflicht gegen die britische Krone, dass jede politische Verbindung zwischen ihnen und dem Staate Großbritannien ein für allemal aufgehoben ist. ...

Allan Nevius, Geschichte der USA, S. 309.

1. Überlegt zu M2: Welche Rechte werden den Menschen verliehen? Was bedeuten sie im Einzelnen? Von wem bekommen die Menschen die Rechte? Auf welche Weise sollen diese Rechte gesichert werden? Was soll geschehen, wenn die Regierung die Rechte des Volkes nicht beachtet? Warum wird die Urkunde als „Unabhängigkeitserklärung" bezeichnet?
2. Beschreibt M3 und überlegt, was Menschen mit einem Denkmalsturz ausdrücken wollten.

M3 **Sturz des Denkmals König Georgs III. von England 1776 in New York.** Zeitgenössisches Gemälde.

M4 Das folgende Interview, das Präsident George Washington einer Pariser Zeitung gewährte, ist frei erfunden. Aber es entspricht den geschichtlichen Tatsachen:

Exklusiv nur bei uns:

Das Interview mit dem Präsidenten

Paris, 1. Mai 1789: Nach dem Sieg im Unabhängigkeitskrieg gegen England haben sich die Vereinigten Staaten eine Staatsordnung, eine Verfassung, gegeben. Gestern wurde George Washington als erster Präsident der USA vereidigt. Er gewährte unserer Zeitung das folgende Interview:

Zeitung: Mr. Washington, Sie wurden zum ersten Präsidenten der Vereinigten Staaten gewählt. Würden Sie uns Ihre Aufgaben erklären?

Präsident: Als Präsident leite ich die Politik. Ich bin oberster Befehlshaber der Streitkräfte. Ich ernenne die Minister und die Mitglieder des obersten Gerichtshofs.

Zeitung: Woher haben Sie diese Macht?

Präsident: Vom Volk. Genau gesagt wählen die Bürger die Wahlmänner und diese dann den Präsidenten.

Zeitung: In den Vereinigten Staaten leben heute eine halbe Million Sklaven. Können die etwa auch wählen? Und was ist mit den Indianern und Frauen?

Präsident: Nein, noch ist es nicht so weit, dass Sklaven, Indianer oder Frauen wählen dürfen. Aber vielleicht kommt das ja noch eines Tages. Die Verfassung ist jedenfalls offen für Veränderungen.

Zeitung: Wäre es nicht viel einfacher, wenn Sie als gewählter Präsident auch die gesamte Macht im Staat besitzen würden?

Präsident: Mein Herr, Sie sind hier nicht in Frankreich, wo ein König von Gottes Gnaden regiert. Die Vereinigten Staaten sind eine Republik ohne König. Schon in unserer Unabhängigkeitserklärung haben unsere Bürger bestimmte Grundrechte bekommen. Bei uns ist die Staatsgewalt aufgeteilt. Der Kongress macht die Gesetze, ich führe sie aus und bei Streitigkeiten entscheiden die Gerichte.

Zeitung: Woher kommen all diese Ideen?

Präsident (lacht): Verzeihen Sie, wenn ich lache – von Ihnen, aus Frankreich. Schauen Sie einmal in die Bücher von Herrn Rousseau oder Herrn Montesquieu. Dort werden Sie die Antwort finden.

Zeitung: Herr Präsident, wir danken für das Gespräch.

3. Lest das Interview mit verteilten Rollen. Vergleicht die Aussagen des Präsidenten mit dem Schaubild M5.
4. Erläutert die Vorstellungen der Philosophen (M6 und M7).

Was ihr noch tun könnt:
Euch über Washington, Jefferson, Rousseau oder Montesquieu genauer informieren und über eine dieser Personen in der Klasse berichten.

M5 Die Verfassung der USA.

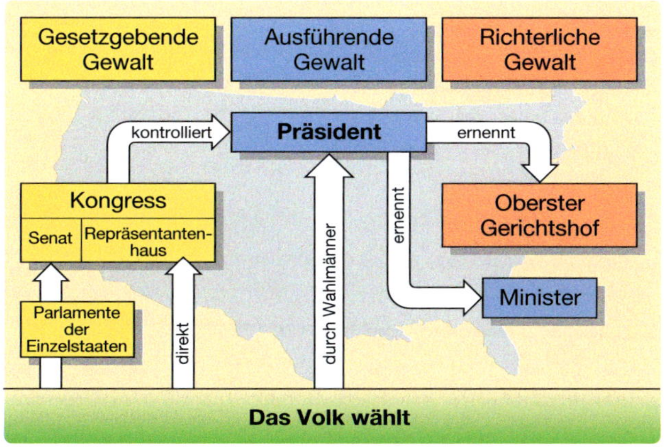

M6 Jean-Jacques Rousseau (1712 bis 1778) schrieb 1762 in seinem Buch „Der Gesellschaftsvertrag“:
Der Mensch wird frei geboren und überall ist er in Ketten. ... Auf seine Freiheit verzichten heißt, auf seine Menschheit, die Menschenrechte, ja, selbst auf seine Pflichten verzichten ... Eine solche Entsagung ist mit der Natur des Menschen unvereinbar.

Jean-Jacques Rousseau, Der Gesellschaftsvertrag, Stuttgart 1966, S. 30 ff.

M7 Charles de Montesquieu (1689 bis 1755) schrieb 1748 in seinem Buch „Vom Geist der Gesetze“:
Wenn die gesetzgebende Gewalt mit der ausführenden in einer Person ... vereinigt ist, dann gibt es keine Freiheit. ... Es gibt auch keine Freiheit, wenn die richterliche Gewalt nicht von der gesetzgebenden und von der ausführenden Gewalt getrennt ist.

I. und P. Hartig, Französische Revolution, Stuttgart 1990, S. 13.

Menschenrechte – auch für Indianer?

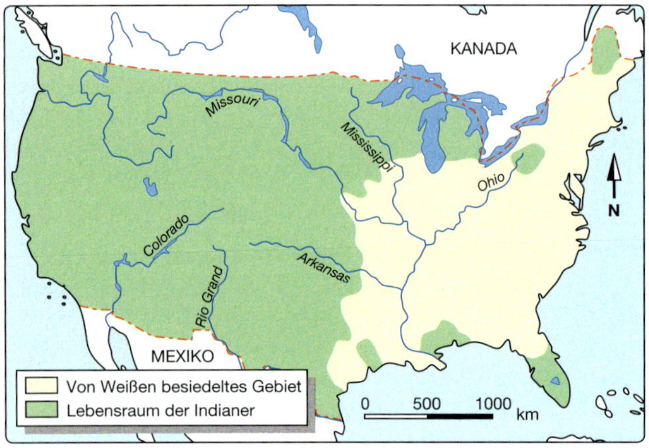

M1 Lebensraum der Indianer um 1850.

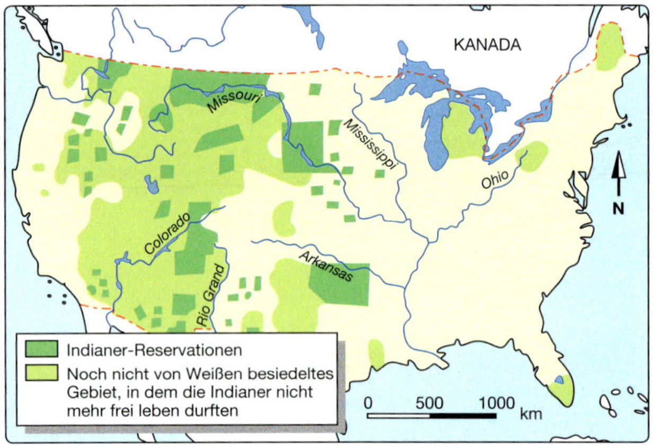

M2 Indianerreservationen um 1875.

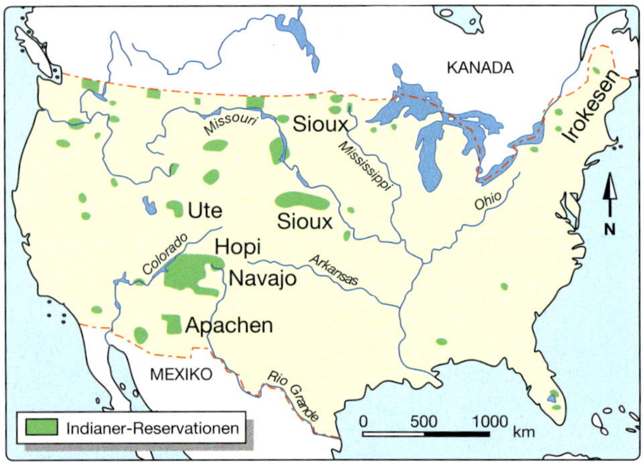

M3 Indianerreservationen heute.

1. Vergleicht die Karten M1 – M3, benennt die Veränderungen und vermutet, worauf sie zurückzuführen sind.

Die in der Verfassung der USA garantierten Rechte galten nicht für alle Menschen. Erst nach einem langen Bürgerkrieg bekamen die farbigen Sklaven der Südstaaten ihre Freiheit (vgl. Seite 92/93). Frauen durften erst seit 1920 wählen. Wie wurden die Indianer behandelt?

Go west!

Um 1800 gab es in Nordamerika etwa eine Million Indianer in 500 verschiedenen Stämmen. Sie lebten als Ackerbauern im nordöstlichen Waldland, als Büffeljäger in den Prärien des mittleren Westens oder als Bauern und Hirten im Südwesten. Etwa 100 Jahre später gab es nur noch 200 000 Indianer in den Reservationen. Was war geschehen?

Immer mehr Europäer kamen als Siedler nach Nordamerika und drangen weiter nach Westen vor. Rücksichtslos wurden die Indianer aus ihren Siedlungs- oder Jagdgebieten vertrieben. Ein Sprichwort der Weißen lautete: „Die Knochen der Indianer müssen den Boden düngen, ehe der Pflug der Weißen ihn öffnen kann.“ Viele Indianer starben an ansteckenden Krankheiten, die die Siedler einschleppten, oder wurden durch Alkohol abhängig gemacht. Eisenbahnlinien wurden immer weiter nach Westen gebaut. Aus den fahrenden Zügen heraus schossen die Weißen ganze Büffelherden ab. Dadurch besaßen die Indianer keine Nahrungsgrundlage mehr.

Die Indianer wehren sich

1876 schlossen sich die Stämme der Sioux und Cheyenne zusammen und töteten in der Schlacht am Little Big Horn eine Truppe von weißen Soldaten. Aber 1890 wurden bei dem Ort Wounded Knee in Süddakota über 300 wehrlose Männer, Frauen und Kinder der Sioux von Bundestruppen getötet. Durch dieses Massaker wurde der Widerstandswille der Indianer gebrochen. Seither leben sie in abgelegenen und wenig fruchtbaren Gebieten, die man Reservate nennt.

2. Diskutiert die Behandlung der Indianer durch die Weißen. Beachtet dabei die in der Unabhängigkeitserklärung (vgl. S. 88) dargestellten Menschenrechte.
3. Erläutert, wie in M4 der „Fortschritt“ dargestellt wird. Wie könnte die Bilderklärung aus der Sicht der Indianer lauten?
4. Beschreibt und erläutert M5 – M8.

M4 Amerikanischer Fortschritt. Gemälde von John Gast, 1872.

M7 Massengrab für die Toten des Massakers am Wounded Knee. Foto, 1890.

M5 Bildergeschichte. Zeichnung, 1997.

M8 Sitting Bull, Häuptling der Sioux, erschossen am Wounded Knee 1890. Foto, 1884.

M6 Weiße erschießen Büffel von der Eisenbahn aus. Lithographie, 2. Hälfte des 19. Jahrhunderts.

Rätselhaftes Amerika
Hier ist die Antwort – wie war noch die Frage?

a) Religiöse Gruppe, erreichte 1620 mit dem Schiff „Mayflower“ die Küste Nordamerikas
b) Schloss 1683 mit den Indianern einen Freundschaftsvertrag, gehörte zur Religion der Quäker
c) Wichtigstes Exportprodukt der Neuengland-Kolonien nach Europa
d) Schauplatz der „Tea Party“ 1773
e) Preußischer Offizier, „Drillmeister“ der amerikanischen Truppen im Unabhängigkeitskrieg
f) Wichtigstes Dokument der amerikanischen Geschichte, wurde 1776 verkündet
g) Erster amerikanischer Präsident von 1789–1797
h) Ort des Massakers an den Indianern 1890

Freiheit auch für Sklaven?

Seit dem 17. Jahrhundert wurden schwarze Menschen in Westafrika von berufsmäßigen Sklavenjägern eingefangen und nach Nordamerika verschleppt. In den Südstaaten (z. B. Virginia, Georgia) wurden sie auf Sklavenmärkten verkauft, um auf den Baumwoll- oder Tabakfeldern der weißen Farmer harte Arbeit zu leisten.

M1 Aus den Erinnerungen des ehemaligen Sklaven Salomon Northrop, 1835:

... Mr. T. Freeman, Veranstalter des Sklavenmarktes in New Orleans, begab sich am frühen Morgen zu seinem „Vieh". Bei dem gewohnten Fußtritt für die älteren Männer und Frauen und manchem Peitschenknall für die jüngeren Sklaven dauerte es nicht lange, bis alle auf den Beinen waren. Zuerst wurden wir angewiesen, uns sorgfältig zu waschen. Dann wurden wir neu eingekleidet - billig, aber sauber. Darauf wurden wir in einen großen Saal geführt, wo der Markt stattfinden sollte.
... Dann trafen die Kunden ein, um Freemans „neuen Warenposten" zu besichtigen. Freeman ließ uns den Kopf heben, während die Kunden unsere Hände, Arme und Körper abtasteten, uns herumdrehten und sich unsere Zähne zeigen ließen. An diesem Tag wurden die meisten Sklaven verkauft. Ein Mann kaufte auch den kleinen Randall. Seine Mutter Eliza rang die Hände und weinte laut. Sie bat den Mann, sie selbst auch zu kaufen. Der Mann antwortete, dass er dazu nicht in der Lage sei. ...

Zit. nach: Entdecken und Verstehen, Geschichtsbuch für Rheinland-Pfalz, 1995, S. 10.

1. Beschreibt mithilfe von M1 – M3, wie der Sklavenhandel vor sich ging.
2. Klärt, wie die Menschen nach der Quelle M1 behandelt wurden und nehmt dazu Stellung.

M2 Sklaven auf dem Marsch zur Küste.
Kolorierter Holzstich, 1892.

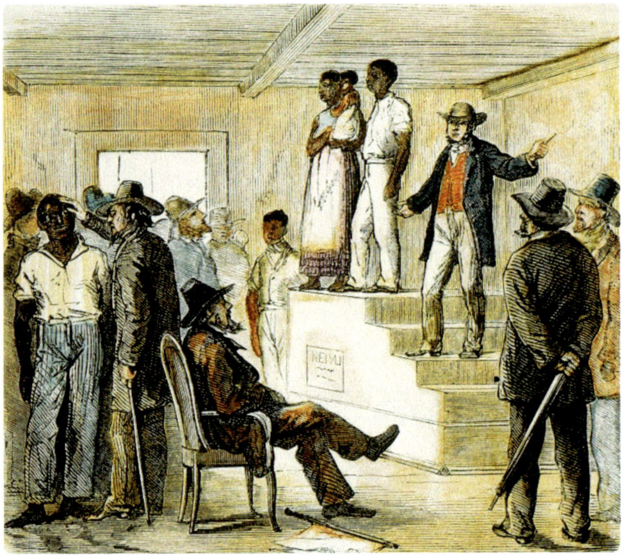

M3 Sklavenversteigerung.
Kolorierter Holzstich, um 1800.

Was ihr noch tun könnt:
- Eine Wandzeitung zum Thema erstellen.
- Eine Sklavenversteigerung nachspielen (sprecht danach über eure Gefühle als „Käufer" bzw. „Sklave").
- Romane (z. B. „Onkel Toms Hütte") lesen oder Filme zum Thema (z. B. „Roots", „Vom Winde verweht") ausleihen und anschauen.

M4 Sklavenfamilie auf einer Baumwollplantage in Georgia. Zeitgenössische Fotografie, um 1860.

M5 Der Lehrer Benjamin West berichtete über die Arbeit auf Reisplantagen in South-Carolina (1778/79):

Es ist üblich, dass ein Mann fünf-, sechs- oder siebenhundert Sklaven besitzt. 100 (Sklaven) braucht man, so heißt es, um eine Plantage Gewinn bringend zu bearbeiten. Diese werden von einem Aufseher bewacht, der mit einem breiten Schwert bewaffnet ist, und unter ihm steht ein schwarzer Sklaventreiber, der immer eine Peitsche trägt ... Den Sklaven werden pro Jahr (das heißt, wenn sie gute Herren haben), eine kurze Jacke, ein Paar Kniebundhosen aus einem rauen Stoff, den man „Sklavenstoff" nennt, ... und ein Paar Schuhe zugestanden. Sie bekommen Getreide, Reis und Erbsen zu essen ... Den Dienern, die man im Haus hält, geht es ganz anders als den Feldsklaven. Sie sind vornehm gekleidet und (in guten Familien) gut ernährt, aber sie bekommen ihren vollen Anteil Prügel.

Zit. nach: Forum Geschichte, Band 3, Berlin (Cornelsen Verlag) 2002, S. 83.

3. Versucht mithilfe der Materialien M1–M5 den Begriff „Sklaverei" zu erklären.
4. Klärt, gegen welche Aussagen der amerikanischen Unabhängigkeitserklärung (S. 88, M2) die Sklaverei verstößt.
5. Nehmt zum Problem der Sklaverei schriftlich Stellung (z. B. in der Form eines Briefes an den Präsidenten oder eines Zeitungsartikels).

M6 Abraham Lincoln (1809–1865), 16. Präsident der USA. Foto.

Der Kampf gegen die Sklaverei

In den Südstaaten der USA waren im 19. Jahrhundert etwa 3,5 Millionen Sklaven auf den Plantagen der weißen Herren beschäftigt. In den nördlichen Staaten entstanden große Industriebetriebe. Hier war die Sklavenhaltung verboten. Die Wahl des Sklavereigegners Abraham Lincoln zum Präsidenten löste 1861 einen blutigen Bürgerkrieg aus, der 1865 mit dem Sieg der Nordstaaten und der Abschaffung der Sklaverei endete. Zwar erhielten die ehemaligen Sklaven 1870 das Wahlrecht, aber in den Südstaaten wurden sie weiterhin als Menschen zweiter Klasse behandelt. 1865 gründeten weiße Rassisten die Organisation Ku-Klux-Klan, die Farbige verfolgte und tötete. Sie war mit dafür verantwortlich, dass 1896 im Süden der USA die Rassentrennung eingeführt wurde. Die schwarze Bevölkerung musste eigene Schulen, Restaurants, Hotels und Theater besuchen.

1955 organisierte der farbige Pfarrer Martin Luther King eine gewaltlose Bürgerrechtsbewegung, die sich die Aufhebung der Rassentrennung zwischen Weißen und Schwarzen zum Ziel setzte. Erst 1964 wurde die Rassentrennung durch ein Bürgerrechtsgesetz aufgehoben.

6. Beurteilt, ob King's Traum in Erfüllung gegangen ist. Sammelt dazu Informationen zur Situation der Farbigen in den USA heute.

M7 Martin Luther King (geboren 1929, ermordet 1968) nach seiner Rede „I have a dream" 1963 in Washington. Foto.

Arbeitstechnik

Spielfilme untersuchen

M 1– 3 Filmplakate.

1. Erzählt von einem Indianer- oder Westernfilm, der euch bekannt ist.
2. Schreibt auf, welche Eigenschaften der Indianer und der Weißen in diesen Filmen besonders herausgestellt werden.
3. Berichtet, welche Eigenschaften der Indianer, die ihr in dieser Themeneinheit kennen gelernt habt, nicht gezeigt werden.

Spielfilme als geschichtliche Quellen?

Unsere Vorstellungen über geschichtliche Ereignisse oder Personen werden häufig von Spielfilmen geprägt. Es gibt zahlreiche Filme über das Alte Ägypten oder die Römer, über Entdeckungsfahrten oder Kriege. Oft haben diese Filme wenig mit der geschichtlichen Wirklichkeit gemeinsam, sondern folgen eher der Phantasie der Filmemacher, denen es mehr um Spannung, Action, Liebe und Sehnsucht geht.

Kein anderes Thema ist in der Filmgeschichte so oft verarbeitet worden wie das Aufeinandertreffen zwischen Indianern und Weißen in Nordamerika. Vor allem in den 50er- und 60er-Jahren des 20. Jahrhunderts gab es unzählige Spielfilme, die das Leben von braven weißen Farmern, mutigen Cowboys, hinterhältigen oder edlen Indianern schilderten. In Deutschland waren besonders die auf den Romanen von Karl May basierenden Filme mit dem Indianerhäuptling Winnetou und seinem weißen Blutsbruder Old Shatterhand (gespielt von Pierre Brice und Lex Barker) beliebt.

Seit den 70er-Jahren veränderte sich das Bild von Weißen und Indianern im Film. Die klare Rollenverteilung in Gut und Böse wandelte sich zugunsten einer wirklichkeitsnäheren Aussage. Indianer waren jetzt nicht nur wilde, blutrünstige Rothäute oder edle Naturmenschen, sondern Menschen mit Stärken und Schwächen, die um ihr Überleben kämpften.

Das hervorragendste Beispiel dafür ist der mit sieben Oscars (höchster amerikanischer Preis für Filmproduktionen) ausgezeichnete Spielfilm „Der mit dem Wolf tanzt" (USA 1989/90, Regie und Hauptrolle Kevin Costner). Ein Riesenerfolg beim Publikum war auch der Film „Der Schuh des Manitu" (Deutschland 2002, Regie „Bully" Herbig), der die älteren Karl-May-Verfilmungen ins Komische zog (man nennt das eine „Parodie").

Die folgenden Fragen sollen euch helfen, Spielfilme mit historischem Inhalt genauer zu betrachten und zu analysieren. Ihr könntet dazu einen der oben dargestellten Filme ausleihen und ansehen. Fasst eure Auswertung danach in einer Filmkritik zusammen. Daraus sollte hervorgehen, warum der Film zu empfehlen ist oder warum man ihn sich besser nicht ansehen sollte.

Arbeitstechnik

Spielfilme untersuchen/Zusammenfassung

1. Schritt
Kurzbeschreibung, Inhalt zusammenfassen

- Wo und wann ist der Film produziert worden?
- Wo und wann spielt die Handlung?
- Soll es um tatsächliche geschichtliche Ereignisse gehen oder ist der Stoff frei erfunden?
- Wie kann man den Inhalt kennzeichnen (z. B. Abenteuerfilm, Liebesfilm, Kriegsfilm)?
- Inhaltsangabe: Wer sind die Hauptpersonen? Was ereignet sich? Welche Lösungen findet der Film für den Konflikt, der im Mittelpunkt steht?

2. Schritt
Wirkung des Films untersuchen

Bildgestaltung: Farbe oder Schwarz-Weiß? Ruhige oder schnell bewegte Bilder? Häufige Nahaufnahmen oder Totale? Wechsel der Blickrichtung (Perspektive)?
Ausstattung: Wie ist die Rollenbesetzung? Aufwand der Szenen (viele Statisten, Bauten, historische Kleidung ...).
Sprache und Musik: Wie ist die Sprache des Films insgesamt (einfach, kompliziert, glaubwürdig, albern, langweilig ...)? Wie ist die Sprache einzelner Personen? Erkennt man den Auftritt einer Person oder den Wechsel der Handlung bereits an der Musik? Wie unterstützt die Musik die Filmhandlung? Wirkt die Musik beruhigend, spannend, lustig, traurig? Wie sind Bilder und Musik aufeinander abgestimmt?

3. Schritt
Auswertung, Beurteilung

- Welche Informationen zum geschichtlichen Thema konnte man aus dem Film gewinnen?
- Sind die Informationen glaubwürdig, stimmen sie mit Informationen aus anderen Quellen überein?
- Sind die Informationen im Film von zentraler Bedeutung oder werden sie nebenbei übermittelt?
- Wie wird die Vermittlung der geschichtlichen Information durch die filmischen Mittel unterstützt?
- Kann man den Film als „besonders wertvoll", „wertvoll", „weniger wertvoll" oder „fragwürdig" beurteilen? Für welche Altersgruppe ist der Film geeignet? Unterstützt der Film insgesamt die geschichtlichen Erkenntnisse oder vermittelt er ein eher falsches Bild?

1. Lest den folgenden Text und schreibt zu den fett gedruckten Begriffen eine kurze Erklärung.

Zu Beginn des 17. Jahrhunderts begann die Besiedlung Nordamerikas durch europäische Einwanderer. Es waren Bauern, Handwerker, Kaufleute, Dienstboten, Goldsucher und Abenteurer, die aus religiösen, wirtschaftlichen oder politischen Gründen ihre Heimat verließen und an der Ostküste Nordamerikas **13 Neuengland-Staaten** gründeten. Sie begegneten den **Indianern,** die ihnen mit Lebensmitteln und Landabtretungen halfen. Aber im 19. Jahrhundert drängten die Weißen die Indianer immer weiter zurück und raubten ihnen ihre Lebensgrundlage. Der indianische Widerstand brach nach dem Massaker an mehreren hundert Sioux am **„Wounded Knee"** 1890 zusammen. Die Indianer leben seitdem in engen **Reservaten.**

Die Neuenglandstaaten waren zunächst noch vom englischen König abhängig. Der Streit um Steuern und Zölle führte 1773 zum **„Bostoner Teesturm".** 1776 wurde die **Unabhängigkeitserklärung** der Vereinigten Staaten von Amerika veröffentlicht. Darin erklärten sich die Kolonisten für unabhängig vom englischen Mutterland und bezeichneten das Recht auf Leben, Freiheit, Gleichheit und das Streben nach Glück als selbstverständliche Menschenrechte. Im 1775 begonnenen Unabhängigkeitskrieg kämpften fast 30 000 deutsche Söldner auf englischer Seite. 1783 musste der englische König die amerikanische Unabhängigkeit anerkennen.

1787 gaben sich die Vereinigten Staaten eine **Verfassung,** die nach dem Prinzip der **Gewaltenteilung** aufgebaut war. Die darin enthaltenen Freiheitsrechte wurden den Indianern und schwarzen Sklaven erst im 20. Jahrhundert gewährt. Zum ersten Präsidenten der USA wurde **George Washington** gewählt.

Schon seit dem frühen 17. Jahrhundert wurden schwarze Menschen in Afrika eingefangen und als **Sklaven** auf den Tabak- und Baumwollplantagen der Südstaaten ausgebeutet. Die Auseinandersetzungen um die Sklavenfrage führte zum amerikanischen **Bürgerkrieg** (1861–65), der mit dem Sieg der Nordstaaten unter dem Präsidenten **Abraham Lincoln** und der Abschaffung der Sklavenhaltung endete.

EINIGKEIT UND RECHT UND FREIHEIT

Das politische Fest

Beim Wartburgfest am 18. Oktober 1817 wurden Bücher und andere Gegenstände verbrannt.

1. Betrachtet das Bild und beschreibt die Personen (Mimik, Gestik, Kleidung, Haltung usw.), die gerade stattfindende „Aktion“ (welche Gegenstände kann man erkennen?) und die Stimmung.
2. Vermutet, um welche Personen es sich handelt und worum es bei dem Fest ging.

Das Wartburgfest

M1 Aufzug zur Wartburg. Lithographie, 19. Jahrhundert

Studenten für Freiheit und Einheit

1815 schlossen sich in Jena Studenten zur „Allgemeinen Deutschen Burschenschaft“ zusammen. Ihr Motto lautete: „Ehre, Freiheit, Vaterland“. Als Farben ihrer Verbindung wählten sie Schwarz-Rot-Gold. Das waren die Uniformfarben junger Soldaten, die gegen Napoleon gekämpft hatten. Die Studenten wollten einen einheitlichen deutschen Nationalstaat, eine Verfassung und mehr Freiheit für die Bürger.

Am 18. Oktober 1817 trafen sich etwa 500 Studenten und einige Professoren zu einem Fest auf der Wartburg bei Eisenach, um das 300-jährige Jubiläum der Reformation durch Luther und den 4. Jahrestag der Völkerschlacht bei Leipzig zu feiern.

M2 Aus einer Rede des Studenten Riemann auf dem Wartburgfest:

Das deutsche Volk hatte schöne Hoffnungen gefasst, sie sind alle vereitelt; alles ist anders gekommen ... Von allen Fürsten Deutschlands hat nur einer sein gegebenes Wort gelöst, der, in dessen freiem Lande wir das Siegesfest gegeben. Über solchen Ausgang sind viele wackere Männer kleinmütig geworden ..., ziehen sich zurück vom öffentlichen Leben, das uns so schön zu erblühen versprach ... Nun frage ich euch, die ihr hier versammelt seid ..., ob ihr solcher Gesinnung beistimmt? Nein! Nun und nimmermehr! ... Der Geist, der uns hier zusammenführt ..., soll uns leiten durch unser ganzes Leben ..., dass uns nicht blenden soll der Glanz des Herrscherthrones, zu reden das starke freie Wort, wenn es Wahrheit und Recht gilt!

Aus: Wolfgang Venohr und Friedrich Kabermann, Brennpunkte Deutscher Geschichte 1450–1850, Kronberg/Taunus 1978, S. 217.

M3 Über den weiteren Verlauf des Festes berichtete ein Augenzeuge, Professor Lorenz Oken, später in einer Zeitschrift:

... Nach 7 Uhr zogen die Studenten, jeder mit einer Fackel, so deren etwa an 600 auf den Berg zu den Siegesfeuern ... Oben wurden Lieder gesungen und wieder ein Rede von einem Studenten gehalten, die wir nicht gehört, die aber allgemein als besonders kräftig gerühmt worden ist. Darauf wurde Feuergericht gehalten über folgende Stücke, die zuerst an einer Mistgabel hoch in die Höhe gehalten dem versammelten Volke gezeigt und dann unter Verwünschungen in die Flamme geworfen wurden.

Es waren aber die Abgebrannten diese: Ein hessischer Zopf, ein Ulanenschnürleib, ein österreichischer Korporalstock ... K. L. v. Haller: Restauration der Staatswissenschaft ... Kotzebue: Geschichte des deutschen Reiches ... (fürstenfreundliche Bücher)

Aus: Manfred Görtemaker, Deutschland im 19. Jahrhundert, 2. Aufl., Opladen 1989, S. 72 f.

1. Schreibt mithilfe der Materialien M1, M2 und M3 einen Brief über den Verlauf des Wartburgfestes aus der Sicht eines Studenten oder einen Artikel in einer fürstenfreundlichen Zeitschrift.

M4 **Der folgende Zeitungsartikel ist frei erfunden. Aber er beruht auf geschichtlichen Tatsachen.**

Thüringer Zeitung — Eisenach, den 20. Oktober 1817

Feuergericht der Studenten auf der Wartburg – War das nötig?

Was so friedlich und festlich begann, endete mit einem schrillen Misston: Am Abend des Wartburgfestes (unsere Zeitung berichtete darüber) warfen Studenten mit frechen Sprüchen und unter johlendem Gelächter verschiedenste Gegenstände ins Feuer. Dabei handelte es sich vor allem um einen Schnürleib und einen Korporalstock, also Uniformstücke, einen abgeschnittenen Männerzopf und um verschiedene Bücher. Nach Auskunft eines jungen Mannes, der ungenannt bleiben möchte, sehen die Studenten in den Gegenständen Symbole für die Unterdrückung und Unfreiheit der Menschen. Die Bücher seien verbrannt worden, weil sie die Herrschaft der Fürsten rechtfertigten.

Wir fragen: War das nötig?

Nach Informationen aus Regierungskreisen sehen die Fürsten in dem Studentenprotest eine „Majestätsbeleidigung". Der österreichische Staatskanzler Fürst Metternich spricht von einer Gefahr für den Staat. Wie werden die Regierenden jetzt vorgehen?

2. Beschreibt das Bild M4 und vergleicht es mit der Darstellung auf der Doppelseite 96/97.
3. Klärt, worum es sich bei den verbrannten Gegenständen genauer handelte und warum die Studenten gerade diese Dinge ins Feuer warfen.
4. Diskutiert, welche Einstellung die Zeitung gegenüber den Studenten hatte und ob die Bücherverbrennung gegen die Meinungsfreiheit verstößt.
5. Vermutet, wie die herrschenden Fürsten auf das Wartburgfest reagierten.

Menschen feiern Feste

M1 Fest zum 1. Jahrestag des Sturms auf die Bastille in Paris. Zeitgenössischer Stich.

M2 Anhänger der Französischen Revolution pflanzen in Mainz einen Freiheitsbaum. Kupferstich, 1792.

Warum feiern wir Feste?

Durch Feste und Feiern wollen Menschen das Gemeinschaftsgefühl fördern und ihre Zugehörigkeit zu einer bestimmten Gruppe zeigen. Das wird vor allem erreicht durch gemeinsames Essen, Trinken, Tanzen und Singen, aber auch durch Märsche, Umzüge oder Paraden.

Politische Feste

Politische Feste gab es seit dem 18. Jahrhundert. Zum Jahrestag des Sturms auf die Bastille am 14. Juli 1790 feierten 300 000 Menschen in Paris die Revolution. Weit verbreitet war die Sitte, einen Freiheitsbaum zu pflanzen und aus diesem Anlass ein Fest zu feiern. Das Wartburgfest war das erste größere „Volksfest“ in Deutschland. Bis dahin hatte es politische Feste ausschließlich zu herrschaftlichen Anlässen gegeben, etwa zur Geburt, Hochzeit oder Thronbesteigung von Monarchen.
Im 19. Jahrhundert dienten Nationalfeste – neben anderen Symbolen wie Nationalhymne, Fahne, Nationaldenkmäler – dazu, ein nationales Gemeinschaftsgefühl zu entwickeln.

Ein Beispiel: Das Kölner Dombaufest

Im 16. Jahrhundert war der Bau des Kölner Domes zum Stillstand gekommen. Viele Deutsche sahen im unvollendeten Dom ein Symbol für das zerrissene „Vaterland“. In romantischer Begeisterung für das Mittelalter wurden die Bauarbeiten mit einem großen nationalen Fest am 14. August 1842 wieder aufgenommen. Die Vollendung des Kölner Doms sollte als Symbol für ein neues Zeitalter deutscher Einheit gelten und der Versöhnung zwischen Katholiken und Protestanten dienen.

1. Klärt, welche Formen des politischen Festes in M1, M2 und M3 erkennbar sind.
2. Beschreibt Abbildung M3 und sprecht zum Dombaufest eine kleine Rundfunkreportage.

M3 Kölner Dombaufest. Zeitgenössischer Stich.

Zeitliche und räumliche Orientierung

M4 Zeittafel 1815–1871.

1815
Der Wiener Kongress ordnet die Landkarte Europas neu, Deutschland hat 39 Einzelstaaten.

1817
Beim Wartburgfest demonstrieren Studenten und Professoren für Freiheit und Einheit.

1819
Verbot der Burschenschaften, Pressezensur, Aufsicht über die Universitäten durch die Karlsbader Beschlüsse.

1830
Revolutionen und Aufstände in Frankreich, Polen, Belgien.

1832
Großdemonstration für Freiheit und Einheit auf dem Hambacher Fest.

1844
Aufstand der Weber in Schlesien.

1848/49
Revolution in Frankreich, Österreich und Deutschland; Erstes deutsches Parlament in Frankfurt.

1862
Otto von Bismarck wird Ministerpräsident von Preußen.

1864
Einigungskrieg gegen Dänemark.

1866
Einigungskrieg gegen Österreich.

1870
Einigungskrieg gegen Frankreich.

1871
Im Spiegelsaal von Versailles wird das Deutsche Kaiserreich ausgerufen.

M5 Der Deutsche Bund (1815–1866). Karte.

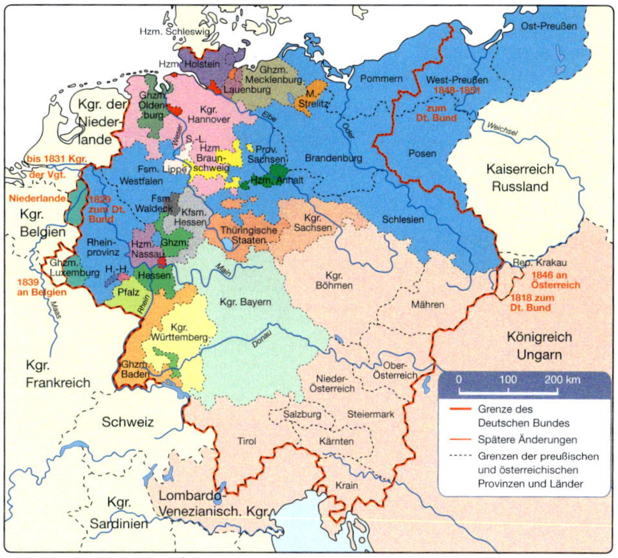

M6 Das Deutsche Kaiserreich 1871. Karte.

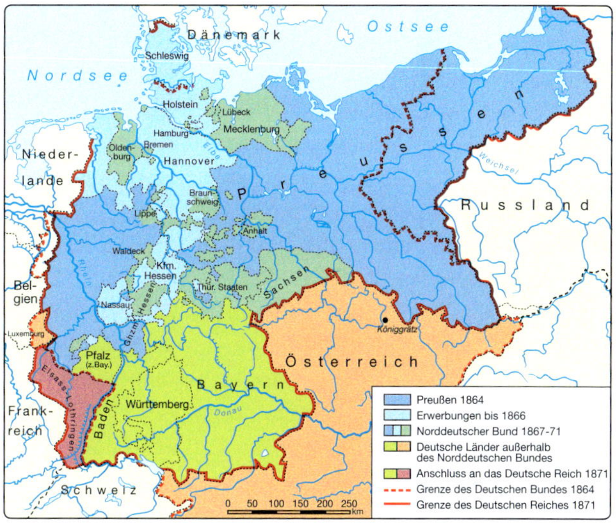

3. Schreibt aus der Karte M5 die fünf größten Staaten heraus.
4. Findet im Vergleich der Karten M5 und M6 die bedeutendsten Veränderungen heraus.

Die alten Herrscher

M1 Klemens Fürst Metternich (1773–1859). Gemälde.

M2 Sitzung der Fürsten auf dem Frankfurter Bundestag. Anonymer Stich, Ende 19. Jahrhundert.

Der Wiener Kongress (1814/1815)

Nach dem Ende der Herrschaft Napoleons trafen sich in Wien die Herrscher und Gesandten der europäischen Staaten zu einem Kongress. Unter der Führung des österreichischen Staatskanzlers Metternich wurde die Landkarte Europas neu geordnet. Der Wunsch der Völker nach mehr Freiheit, Gleichheit und nationaler Einheit erfüllte sich nicht. Vielmehr wurde die Macht der Fürsten wieder gestärkt. Die alten Zustände, wie sie vor der Revolution gewesen waren, sollten wieder hergestellt werden. Man spricht deshalb auch vom Zeitalter der „Restauration".

Der Deutsche Bund

Die Herrscher Europas wollten kein mächtiges, einheitliches Deutschland. Deshalb wurde mit dem Deutschen Bund ein lockeres Staatenbündnis von 39 Einzelstaaten gegründet. An ihrer Spitze standen Könige und Fürsten mit absoluter Regierungsgewalt. Die Einzelstaaten hatten eigene Regierungen, Gesetze, Maße und Währungen. Zahlreiche Zollschranken behinderten den Reise- und Güterverkehr. Gemeinsame Angelegenheiten der Einzelstaaten wurden auf dem Frankfurter Bundestag beschlossen. Hier hatten nur die Fürsten Sitz und Stimme.

Viele Menschen, vor allem die jungen Leute, die gegen Napoleon für ein freies und einheitliches Deutschland gekämpft hatten, waren von dieser Lösung bitter enttäuscht.

1. Stellt euch vor, dass ein Händler Waren von Kiel (Herzogtum Holstein) nach Freiburg (Großherzogtum Baden) bringen soll. Durch welche Staaten muss er reisen, wie oft muss er Zoll bezahlen? (Benutzt dazu die Karte M5 auf S. 101.)
2. Erklärt mit eigenen Worten die in den Texten von M2 vertretenen Standpunkte.
3. Beurteilt, ob ihr den Meinungen in M2 zustimmen könnt.

Restauration
lateinisch restaurare = wieder herstellen

... und ihre Gegner

M3 **Heinrich von Gagern** (1799–1880) hatte 1815 in der Schlacht von Waterloo gegen Napoleon gekämpft. Als Student war er im Vorstand der Burschenschaften tätig. 1848 wurde von Gagern Präsident der Frankfurter Nationalversammlung, des ersten deutschen Parlaments.

Lieber Heinrich! Lieber Vater! – Ein Briefwechsel

M4 Der folgende Briefwechsel zwischen Heinrich von Gagern und seinem Vater wurde nach historischen Briefen frei erfunden:

Lieber Heinrich!

Nun bist Du ja schon einige Zeit an der Universität in Jena. Was machen Deine juristischen Studien? Ich habe gehört, dass Du Dich den Burschenschaften angeschlossen hast. Was sind das für Leute? Welche Ziele haben sie?

Wir machen uns große Sorgen, dass Du in die falschen Kreise geraten bist. Bitte schreibe umgehend zurück!

Dein Vater

Lieber Vater!

Ihr braucht euch keine Sorgen um mich zu machen. Hier in Jena herrscht ein freiheitlicher Geist und nicht so ein langweiliger Mief wie an anderen deutschen Universitäten.

Ja, ich habe mich den Burschenschaften angeschlossen und gehöre sogar zum Vorstand. In unserer Studentenvereinigung sind viele junge Leute, die wie ich gegen Napoleon gekämpft haben. Wir alle sind enttäuscht, dass jetzt alles wieder so sein soll wie früher. Wir wünschen, dass Deutschland ein Land ist und das deutsche Volk als ein Volk angesehen werden kann. Unser Vaterland heißt Deutschland. Der Wille der Fürsten soll nicht das Gesetz sein. Freiheit und Gleichheit ist das Höchste, wonach wir streben. Jeder soll in freier Rede und Schrift seine Meinung öffentlich äußern können. Dafür kämpfen wir.

Seid alle herzlich umarmt! Heinrich

M5 Studenten mit der Fahne der Jenaer Burschenschaft von 1816. Lithographie, 19. Jahrhundert.

4. Schreibt die Fragen des Vaters und die Antworten des Sohnes in Kurzform nebeneinander. Stellt den Forderungen der Studenten die Meinung der Fürsten gegenüber.

Außer den Burschenschaftlern gehörten auch andere Bürger zur Gruppe derer, die gegen die Macht der Fürsten aufbegehrten. In dieser Zeit betraten auch Frauen die politische Bühne und forderten ihre Rechte. Sie alle einte der Wunsch nach mehr persönlicher Freiheit und einem einheitlichen Deutschland.

Die Studenten versammelten sich 1817 auf der Wartburg zu einem politischen Fest. In Reden und Liedern protestierten sie gegen die alte Ordnung (siehe Seiten 96 bis 99).

Unterdrückung und Anpassung

M1 Ermordung Kotzebues durch den Studenten Carl Ludwig Sand. Kupferstich, 1819.

Die Karlsbader Beschlüsse

Am 23. März 1819 ermordete der Student Carl Ludwig Sand den Dichter August von Kotzebue, der die Burschenschaften regelmäßig verspottet hatte. Außerdem vermuteten viele Studenten, Kotzebue sei ein Spion, weil er einige Jahre im Dienst des Zaren von Russland gestanden hatte. Sand wurde 1820 hingerichtet.

Für die Fürsten unter der Leitung von Staatskanzler Metternich war der Mord ein willkommener Anlass, gegen den „revolutionären Geist" der aufmüpfigen Studenten vorzugehen. Sie erließen 1819 die „Karlsbader Beschlüsse" (M2).

1. Lest die Beschlüsse mit verteilten Rollen laut vor und fasst sie in vier Stichpunkten zusammen.
2. Überlegt, welche Folgen die „Karlsbader Beschlüsse" für freiheitlich eingestellte Bürger haben konnten und wie sie auf die Anordnungen reagierten.
3. Untersucht die Karikatur (M3) und setzt ihre Aussage in Beziehung zu den Karlsbader Beschlüssen.

Zensur
Staatliche Überwachung von Veröffentlichungen in Zeitungen oder Büchern durch beauftragte Zensoren, die auch Teile herausstreichen konnten.

M3 Der Denker-Club, auch eine neue deutsche Gesellschaft. Karikatur, um 1820.

M2 Studenten und Professoren lesen die Karlsbader Beschlüsse. Zeichnung.

Biedermeier: Der Rückzug ins Private

Viele Menschen zogen sich nun von der Politik zurück. Sie nahmen die Einschränkungen ihrer Freiheit hin, solange der Staat sie in ihrem Privatleben in Ruhe ließ. Vielen genügte es, wirtschaftlich erfolgreich zu sein, eine Familie zu gründen und ein gemütliches Heim zu besitzen. Geselligkeit fand man oft im Verein oder im Wirtshaus. Wohlhabende Bürger kleideten sich mit Frack und Zylinder. Für Frauen waren Rüschenkleider, Schutenhüte und Schillerlocken-Frisuren in Mode. Wer es sich leisten konnte, kaufte ein Klavier und stattete sein Wohnzimmer mit einem gemütlichen Polstersofa, Schreibsekretär und einem Bücherregal aus. Die Kunst und die gesamte Lebensart dieser Zeit wird „Biedermeier“ genannt.

M4 **Biedere Bürger gehen vom Stammtisch nach Hause. Der Wirt wünscht „angenehme Ruh“, der Hausdiener leuchtet den Gästen heim, und der Nachtwächter zieht mit Horn und Hund seine Runde.** Holzschnitt von Adrian Ludwig Richter, um 1835.

4. Betrachtet M4 und findet heraus, ob es der beschriebenen Lebensweise des Biedermeier entspricht.
5. Beschreibt die einzelnen Elemente des Bildes M5 (Personen, Kleidung, Tätigkeiten, Ausstattung des Raumes so genau wie möglich. Beurteilt, warum es sich um eine typische Biedermeier-Szene handelt.
6. Vergleicht die in M5 dargestellte Situation mit einem Sonntagnachmittag in eurer Familie.

M5 **„Die gute alte Zeit“. Das Innere einer Bürgerwohnung im Biedermeierstil.** Gemälde, um 1835.

Soziale Zustände

M1 Neujahrsfeier des armen Mannes in der ganzen Welt. Stich aus der „Leipziger Illustrierten Zeitung", 1848.

M2 Die Pfändung. Gemälde von Peter Schwingen, um 1846.

Soziale Probleme in der Stadt

1. Beschreibt die Lebensverhältnisse der Familie in Bild M1 und vergleicht mit Bild M5 von Seite 105. Vermutet, zu welcher sozialen Schicht die Familie in Bild M1 gehörte.
2. Findet heraus, welche Problematik in Bild M2 dargestellt ist. Wodurch hat der Künstler den Gegensatz zwischen Reich und Arm besonders zum Ausdruck gebracht?

Nur die wenigsten Stadtbewohner konnten sich in der ersten Hälfte des 19. Jahrhunderts einen behaglichen Biedermeier-Lebensstil leisten. In Köln gehörten beispielsweise zwischen 1817 und 1849 nur 2 Prozent der Einwohner zur bürgerlichen Oberschicht, 22 Prozent wurden als selbstständige Handwerker und Ladenbesitzer zum Mittel- und Kleinbürgertum gezählt, 76 Prozent gehörten als Handwerksgesellen, Tagelöhner, Dienstboten oder Fabrikarbeiter zur Unterschicht. Die vielen kleinen Handwerksbetriebe sahen sich der oft übermächtigen Überlegenheit der neu entstandenen Fabriken gegenüber, die die Waren in großen Massen zu niedrigeren Preisen herstellen konnten. Viele Handwerker gaben ihren Betrieb auf.

Was ihr noch tun könnt:
Stellt die soziale Schichtung Kölns in einem Schaubild dar.

M3 Die Schriftstellerin Bettina von Arnim schilderte 1843 die Lebensverhältnisse einer Berliner Schneiderfamilie:

Der Schneider Engelmann hat graue Haare, ist aber noch ganz munter ... Sein elftes Kind ist vier Monate alt, ein zwölftes wird erwartet, acht Kinder sind gestorben ... Er hat kein Geld, um Futter und Knöpfe zu kaufen, und macht daher meistens nur Flickarbeit ... Auf seinen Tisch kommt abwechselnd Brot zum schwarzen Kaffee, Hering und dünne Mehlsuppe. Wenn er nur einen Tag ohne Arbeit ist, so muss er Kleidungsstücke versetzen ... Das Kind starb, und E. konnte die Begräbniskosten nicht bestreiten. (Jemand) borgte ihm ein Beinkleid und ein Hemd, dass er Geld darauf entlehnen konnte. Als einige Wochen später ein zweites Kind starb, borgte derselbe Mann einen Taler ... Als ich wegging, sagte mir die Frau, dass ich die paar Groschen, die ich ihr gegeben, recht wohl angebracht habe; es sei diesen Nachmittag kein Geld mehr in der Kasse gewesen.

Zit. nach: Gerhard Schildt, Aufbruch aus der Behaglichkeit. Deutschland im Biedermeier 1815–1847, Braunschweig (Westermann) 1989, S. 158f.

3. Klärt, was im Text M3 mit dem Begriff „versetzen" bzw. mit der Redewendung „Geld darauf entlehnen" gemeint ist.

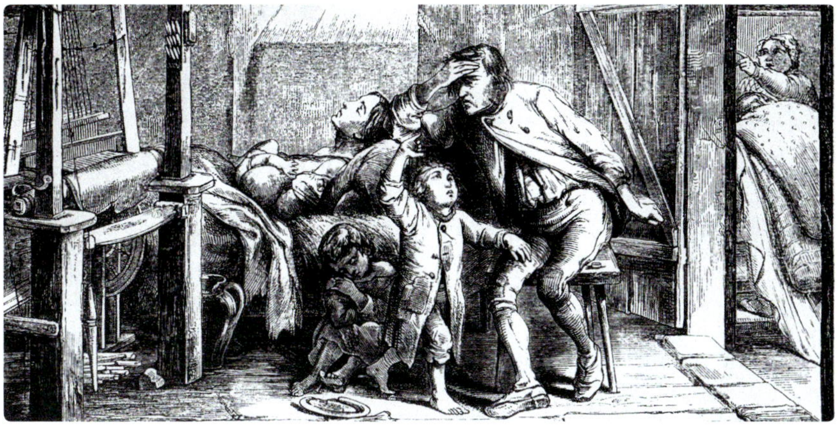

M4 **Weberelend.** Holzschnitt aus den 40er-Jahren des 19. Jahrhunderts.

Armut auf dem Land

4. Findet heraus, welche dramatische Situation das Bild M4 festhält und welche Probleme sich aus der gerade eingetretenen Lage für den Mann und die Kinder ergeben könnten.

Obwohl im Zeitraum von 1816 bis 1847 etwa 600 000 Menschen aus den Staaten des Deutschen Bundes auswanderten, stieg die Bevölkerungszahl von 23,5 Millionen auf fast 35 Millionen Menschen an.
Die meisten Kleinbauern konnten von der Landwirtschaft allein nicht leben und waren auf Nebenverdienst durch Garnspinnen oder Weben von Leinen in Heimarbeit angewiesen. In England wurden aber bereits Textilien mit Maschinen schneller und billiger hergestellt. Als die Fabrikwaren den europäischen Markt überschwemmten, gerieten die Heimarbeiter ins Elend.

5. Beschreibt die Lebenssituation der Armen auf dem Land mithilfe von M6. Entwickelt Vorschläge zur Überwindung der Armut damals.

M5 **Weberauszug im Jahr 1844.** Radierung von Käthe Kollwitz aus der Folge „Der Weberaufstand", 1895–98.

M6 Der Dichter Georg Weerth schilderte 1845 die Not der Armen in der Senne, einem verarmten Landstrich zwischen Bielefeld und Paderborn:

... Eine Wüste nannten wir jenen Landstrich und dennoch bevölkert. ... Gehen wir vorüber, da laufen uns einige zerlumpte Kinder nach; sie halten die Hände gefaltet und murmeln eine Sprache, die niemand versteht. Aber in den kümmerlichen Blicken kann man lesen, was sie wollen und gebt ihr einem kleinen Mädchen mit hellblonden Haaren eine Silbermünze, da ist es mehr, als sie je besaß, mehr als sie in mehreren Wochen durch Flachsspinnen gewinnen kann ... Der Vorrat von Kartoffeln geht bald zu Ende; durch die schlechte Witterung, welche die Lehmwände der Hütten nass und feucht macht, brechen Krankheiten ins Haus herein.

Deutsches Bürgerbuch für 1845, hrsg. v. R. Schloesser, Köln (Nachdruck) 1975, S. 266 ff.

Der Weberaufstand

In Schlesien war die Not der Weber besonders groß. Das Überangebot an Arbeitskräften erlaubte es den Verlegern (Abnehmern der fertigen Waren), die Preise für die handgewebten Waren immer mehr herabzusenken. 1844 überfielen die Weber die Häuser der Reichen und plünderten sie. Das preußische Militär schlug den Aufstand mit blutiger Gewalt nieder. Es gab elf Tote und über 100 Verletzte. Einige hundert Weber wurden verhaftet und erhielten bis zu acht Jahren Zuchthausstrafe.

6. Beschreibt M5 und nehmt zu Ursachen, Verlauf und Ende des Weberaufstandes Stellung.

Frauen fordern ihre Rechte

Was ihr auf den Seiten 108 und 109 tun könnt
Die beiden folgenden Seiten könnt ihr gut allein, zu zweit oder in der Gruppe bearbeiten. Überlegt zu Beginn, wie ihr eure Arbeitsergebnisse präsentierten wollt.

1. Findet heraus, was über Herkunft, Bildung und Lebensweg von Fanny Lewald ausgesagt wird.
2. Klärt, welche Einstellungen zu Politik oder Gesellschaft deutlich werden.
3. Versucht, die politische Meinung möglichst knapp und genau zu kennzeichnen, z. B. rückwärts gewandt, fortschrittlich ...
4. Stellt eure Ergebnisse der Klasse in geeigneter Form (z. B. Referat, Wandzeitung, Plakat) vor.

Lebensweg

Fanny Lewald wurde am 24. 3. 1811 in Königsberg geboren. Der Vater war ein reicher jüdischer Kaufmann. In der Schule fiel sie durch Intelligenz, Fleiß und Wissensdrang auf. Dennoch musste sie diese schon mit 14 Jahren verlassen und sich häuslichen Aufgaben widmen. Als sie sich mit 17 Jahren in einen Theologiestudenten verliebte, brach der Vater die Beziehung schnell ab, erlaubte ihr aber, zum Christentum überzutreten. Ein neuer Lebensabschnitt begann, als ihr Vetter August Lewald, der Chefredakteur einer Zeitung war, ihre literarische Begabung entdeckte und sie bat, einen Artikel für sein Blatt zu schreiben. In ihrem ersten Roman „Clementine" machte sie die Situation der Juden in der Gesellschaft zum Thema. Der zweite Roman „Jenny" beschäftigte sich mit der Unterdrückung der Frauen. Bei einer Italienreise im Jahr 1845 verliebte sie sich in den Schriftsteller Adolf Stahr, konnte ihn aber erst nach dessen Scheidung heiraten (1855). Fanny Lewald trat für das Recht auf Ehescheidung ein, „wenn die Liebe die Partner nicht mehr miteinander verband". Sie forderte auch für die Töchter der ärmeren Volksschichten Lehre und Ausbildung und regte die Einrichtung von Kranken- und Altersversorgung, Speisehäusern und Herbergen für Arbeiterinnen an.

M1 Fanny Lewald (1811–1889). Stahlstich von August Küssener, 1850.

M2 Das Ehepaar Heinrigs mit zwei Söhnen. Gemälde von Kaspar Benedikt Beckenkamp, 1824.

M3 In ihrer Schrift „Für und wider die Frauen" schrieb Fanny Lewald 1875:
Und wir Frauen sitzen und sitzen von unserm siebzehnten Jahre ab und warten und warten und hoffen und harren in müßigem Brüten von einem Tage zum andern, ob denn der Mann noch nicht kommt, der uns genug liebt, um sich unserer Hilflosigkeit zu erbarmen ... Man fand es furchtbar, dass ein Pflanzer einem Neger, der etwa mit schönen Anlagen für die Mechanik, mit einem ungewöhnlichen Scharfblick für die Erkenntnis von Krankheiten, mit einer großen Gewandtheit für kaufmännische Verhandlungen geboren war, sagen konnte: Du baust Zucker, du baust Baumwolle ... Man weinte über Onkel Tom in seiner Hütte und sagte einer Tochter, die vielleicht ein medizinisches Genie oder ein großes kaufmännisches Talent war: Du strickst Strümpfe, du lernst den Haushalt führen; du bekommst Unterricht, der so weit langt, dass du einsehen kannst, was für dich wünschenswert und zu erreichen wäre, wenn man es dir möglich machte, deine Fähigkeiten zu entwickeln, aber entwickeln darfst du sie nicht – denn du bist ein Weib ...

Zit. nach: Preußen – Versuch einer Bilanz, hrsg. v. Gottfried Korff/Weinfried Ranke, Bd. 3, Reinbek bei Hamburg (Rowohlt) 1981, S. 280 f.

5. Findet heraus, was über Herkunft, Bildung und Lebensweg von M. F. Anneke ausgesagt wird.
6. Klärt, welche Einstellungen zu Politik und Gesellschaft deutlich werden.
7. Versucht, die politische Meinung möglichst knapp und genau zu kennzeichnen, z. B. rückwärts gewandt, fortschrittlich ...
8. Stellt eure Ergebnisse der Klasse in geeigneter Form (z. B. Referat, Wandzeitung, Plakat) vor.

M4 Mathilde Franziska Anneke (1817–1884). Tuschzeichnung.

Lebensweg

Mathilde Franziska Anneke wurde am 3.4.1817 bei Blankenstein in Westfalen als Tochter eines Gutsverwalters geboren. Sie genoss eine freizügige Erziehung und eine Schulbildung durch Privatlehrer, interessierte sich früh für Literatur und Kunst. Als ihr Vater in Geldschwierigkeiten geriet, musste sie in die Heirat mit einem wesentlich älteren, reichen Adligen einwilligen. Nach der Geburt ihrer Tochter Jenny und gerade mal einjähriger Ehe entschloss sie sich zu einem damals sehr ungewöhnlichen Schritt: Sie reichte die Scheidung ein. Zwar gab es das Scheidungsrecht schon seit 1794, aber dass eine Frau davon Gebrauch machte, schockierte. Gesellschaftliche Ächtung und Armut waren der Preis für die persönliche Freiheit. Den Unterhalt für sich und ihre kleine Tochter verdiente sie sich nun mit dem Schreiben von Artikeln für die „Kölnische Zeitung“ und die „Augsburger Allgemeine Zeitung“. Bald lernte sie Fritz Anneke kennen, einen wegen seiner revolutionären Ansichten aus der Armee entlassenen Offizier. Die beiden heirateten und ließen sich in Köln nieder, wo sie einen sozialrevolutionären Klub gründeten, aus dem später der „Kölner Arbeiterverein“ hervorging. Im Frühjahr 1849 beteiligte sich Mathilde Anneke zusammen mit ihrem Mann an den letzten revolutionären Erhebungen in der Pfalz. Nach dem gescheiterten Kampf emigrierten die beiden in die USA, wo sie sich in der amerikanischen Frauenbewegung engagierte und die erste „Deutsche Frauenzeitung“ herausgab.

M5 Mathilde Franziska Anneke und ihr Mann Fritz als Kämpfer im Pfälzischen Aufstand 1849. Gemälde von Friedrich Kaiser (1815–1889).

M6 In ihrer Schrift „Das Weib im Konflikt mit den sozialen Verhältnissen“ schrieb Mathilde Franziska Anneke 1847:

Warum erscheinen die Ansichten, die den Männern seit Jahrhunderten bereits angehören durften, einem Staat gerade bei den Frauen so gefährlich? Weil die Wahrheit uns befreit von dem trüglichen Wahn, dass wir dort oben belohnt werden für unser Lieben und Leiden, für unser Dulden und Dienen; weil sie uns zu der Erkenntnis bringt, dass wir gleichberechtigt sind zum Lebensgenusse wie unsere Unterdrücker, dass diese es nur waren, die die Gesetze machten und sie uns gaben, nicht zu unserem, nein zu ihrem Nutzen und Frommen. ... Warum auch sollte das Weib überhaupt die schweigsame Dulderin sein? Warum noch länger die demütige Magd, die ihrem Herrn die Füße wäscht? Es gilt, die Stellung des Weibes innerhalb der Gesellschaft zu vertreten. Es gilt, die äußeren Rechte des Weibes gegen die Gewalten dieser Erde offen zu verteidigen.

Zit. nach: Nadja Herrnstadt, Emanzipation im Vormärz. In: Unzeit des Biedermeiers, hrsg. v. Helmut Bock, Leipzig/Jena/Berlin (Urania) 1985, S. 268 f.

Protest und Verfolgung

M1 Der Zug auf das Hambacher Schloss am 27. Mai 1832.
Federlithographie.

Revolutionen in Frankreich und Polen

Im Juli 1830 protestierten reiche Bürger, Studenten, Handwerker und Arbeiter in Paris gegen den Versuch König Karls X., das Parlament zu beseitigen und die Pressefreiheit aufzuheben. Nach dreitägigen Straßenkämpfen musste der Monarch zurücktreten. Das französische Parlament setzte einen neuen König ein, der einer freiheitlichen Verfassung zustimmen musste.
Im November 1830 erhoben sich die Bürger Polens gegen die russische Herrschaft. Sie forderten ein vereintes Polen und eine freiheitliche Verfassung. Die russischen Truppen wurden vertrieben. Die Revolution hatte gesiegt. Aber schon ein Jahr später wurde die Revolution durch Waffengewalt der russischen Armee beendet. Viele polnische Freiheitskämpfer mussten ins Ausland fliehen. Auch in Deutschland wurden sie von freiheitlich gesinnten Bürgern aufgenommen.

1. Schreibt einen geheimen Spendenaufruf für die polnischen Flüchtlinge. Begründet darin, warum den Revolutionären geholfen werden soll.

Das Hambacher Fest

Der erfolgreiche Verlauf der Julirevolution in Frankreich ermutigte auch die Bürger des Deutschen Bundes. Am 27. Mai 1832 zogen 30 000 Menschen zum Hambacher Schloss. Sie kamen aus Städten und Dörfern des Deutschen Bundes, ja, sogar aus Frankreich und Polen. Von Beruf waren sie unter anderem Juristen, Zeitungsverleger, Buchhändler, Handwerker, Bauern und Winzer. Auf dem Weg zum Schloss sangen die Demonstranten politische Lieder. Oben auf dem Schloss wurden Reden gehalten (M2, M3).

2. Verfasst einen kurzen Zeitungsartikel über das Hambacher Fest.
3. Notiert die wichtigsten Forderungen der beiden Hauptredner Siebenpfeiffer und Wirth (M2 und M3).
4. Findet Ähnlichkeiten und Unterschiede zwischen dem Wartburgfest und dem Hambacher Fest heraus.

M2 Philipp Johann Siebenpfeiffer.

M3 Georg August Wirth.

M4 „So sah ich aus, heute Morgen, den 6. April 1829. H. Heine.“ Federzeichnung von Franz Kugler, 1829.

Dichter und Schriftsteller werden verfolgt

M5 Am 31. Dezember 1844 erließ der Oberpräsident der Provinz Sachsen folgendes Rundschreiben:

Ew. Hochwohlgeboren benachrichtige ich hierdurch, ... dass der Redakteur und die Mitarbeiter des zu Paris erscheinenden Blattes „Vorwärts“ Heinrich Börnstein, Arnold Ruge, Karl Marx, Heinrich Heine und Ferdinand Coelestin Bernays, so bald sie das diesseitige Gebiet betreten, unter Beschlagnahme ihrer Papiere mit sorgfältiger Vermeidung alles Aufsehens verhaftet werden sollen.

Zit. nach: „Heimat und Fremde“. Ein Schülerwettbewerb um Heinrich Heine, Düsseldorf (Heinrich-Heine-Institut) 1997, S. 23.

Heinrich Heine (1797–1856)

Einer der Gesuchten war der Dichter Heinrich Heine. Er wurde 1797 in Düsseldorf als Sohn jüdischer Eltern geboren. Heine studierte Rechtswissenschaften und trat 1825 – entgegen seiner Überzeugung – zum evangelischen Glauben über. Nun kamen erste Gedichte und Reisebeschreibungen zur Veröffentlichung. Darin sparte er nicht mit Kritik am Staat oder an der Kirche, was ihn schon früh in Konflikt mit der staatlichen Zensur brachte. Seit 1831 lebte Heine in Paris im Exil. 1835 wurden seine Veröffentlichungen offiziell verboten. Aber dennoch gelang es ihm weiterhin, seine Schriften in Deutschland zu verbreiten. Die letzten Jahre seines Lebens war Heine schwer krank ans Bett gefesselt. Er starb am 17. Februar 1856 in Paris.

M6 Nach dem Weberaufstand von 1844 (vgl. Seite 107) schrieb Heine sein Gedicht „Die schlesischen Weber“ (zweite Fassung von 1847):

Im düstern Auge keine Träne,
Sie sitzen am Webstuhl und fletschen die Zähne:
Deutschland, wir weben dein Leichentuch,
Wir weben hinein den dreifachen Fluch –
Wir weben, wir weben!

Ein Fluch dem Gotte, zu dem wir gebeten
In Winterskälte und Hungersnöten;
Wir haben vergebens gehofft und geharrt,
Er hat uns geäfft und gefoppt und genarrt –
Wir weben, wir weben!

Ein Fluch dem König, dem König der Reichen,
Den unser Elend nicht konnte erweichen,
Der den letzten Groschen von uns erpresst
Und uns wie Hunde erschießen lässt –
Wir weben, wir weben!

Ein Fluch dem falschen Vaterlande,
Wo nur gedeihen Schmach und Schande,
Wo jede Blume früh geknickt,
Wo Fäulnis und Moder den Wurm erquickt –
Wir weben, wir weben!

Das Schiffchen fliegt, der Webstuhl kracht,
Wir weben emsig Tag und Nacht –
Altdeutschland, wir weben dein Leichentuch,
Wir weben hinein den dreifachen Fluch,
Wir weben, wir weben!

Zit. nach: Heinrich Heine, Sämtliche Gedichte in zeitlicher Folge, Frankfurt (Insel-Verlag) 1997, S. 491 f.

5. Findet eine Begründung dafür, warum die in M5 genannten Personen verhaftet werden sollen.
6. Lest das Gedicht „Die schlesischen Weber“ (M6) laut vor und untersucht besonders folgende Fragen: Worum geht es? Wer ist angesprochen? An wen richtet sich der „dreifache Fluch“? Welche Gefahr beschreibt Heine?

Was ihr noch tun könnt:
Erkundigt euch über die in M5 angesprochenen Personen genauer und berichtet darüber in der Klasse.

Arbeitstechnik

Politische Lieder verstehen

M1 **Die Gedanken sind frei**

Volksweise

2. Ich denke, was ich will und was mich beglücket,
doch alles in der Still' und wie es sich schicket.
Mein Wunsch und Begehren kann niemand verwehren.
Es bleibet dabei: Die Gedanken sind frei!

3. Und sperrt man mich ein im finsteren Kerker,
das alles sind rein vergebliche Werke,
denn meine Gedanken, sie reißen die Schranken
und Mauern entzwei. Die Gedanken sind frei!

Bei der Arbeit mit politischen Liedern helfen folgende Schritte:

1. Schritt Entstehung klären

- Wer hat das Lied geschrieben?
- Wann wurde es geschrieben bzw. gesungen?
- In welchem Land war es bekannt?

2. Schritt Text untersuchen

- Wie heißt der Titel des Liedes?
- Was erfahren wir aus den einzelnen Strophen?
- Welche Absichten könnte der Autor mit dem Lied verfolgt haben?
- Wie können wir die Aussagen zusammenfassen (z. B. Comic ...)?

3. Schritt Wirkung von Text und Melodie untersuchen

- Ist die Musik eher schnell – langsam, laut – leise, fröhlich – traurig, mitreißend – zurückhaltend, kriegerisch – besänftigend?
- Passen Text und Melodie zusammen?
- Welche Gefühle könnte das Lied bei den Menschen damals ausgelöst haben?

4. Schritt Beurteilung

- Wie wirkt das Lied heute auf uns?
- Welche Botschaft entnehmen wir dem Lied für die heutige Zeit?

1. Bearbeitet M1 mithilfe der Arbeitsschritte.
2. Bittet den Musiklehrer/die Musiklehrerin, mit euch „Die Gedanken sind frei" oder ein anderes politisches Lied zu singen.
Weitere Beispiele: „Fürsten zum Land hinaus", „Wir sind die Moorsoldaten", „Sag mir, wo die Blumen sind", „We shall overcome".

M2 Volker Gallé singt politische Lieder beim Projekttag in der Hauptschule Flonheim. Foto, 2001.

Werkstatt

Das Deutschlandlied

M1 Hoffmann von Fallersleben (1798–1874). Zeichnung.

Der Dichter und Literaturprofessor August Heinrich Hoffmann von Fallersleben dichtete 1841 den Text des Deutschlandliedes auf der Insel Helgoland. Die dritte Strophe ist heute die deutsche Nationalhymne. Das „Lied der Deutschen" wurde schnell bekannt und in der heute noch benutzten Vertonung von Joseph Haydn oft gesungen. Seit 1922 war es die Nationalhymne. Während der nationalsozialistischen Gewaltherrschaft (1933–45) wurde der Text als Ausdruck der Vorherrschaft Deutschlands über andere Völker umgedeutet. Es durfte nur noch die 1. Strophe in Verbindung mit dem Nazi-Kampflied „Die Fahne hoch" gesungen werden. Dabei war der rechte Arm zum Hitlergruß zu heben. Nach dem 2. Weltkrieg zunächst verboten, wurde das Lied 1952 in der Bundesrepublik zur Nationalhymne erklärt. Die 3. Strophe wird seither zu offiziellen Anlässen gesungen.

M2 Das Lied der Deutschen:

1. Deutschland, Deutschland über alles,
   Über alles in der Welt,
   Wenn es stets zu Schutz und Trutze
   Brüderlich zusammenhält.
   Von der Maas bis an die Memel,
   Von der Etsch bis an den Belt –
   Deutschland, Deutschland über alles,
   Über alles in der Welt.
2. Deutsche Frauen, deutsche Treue,
   Deutscher Wein und deutscher Sang
   Sollen in der Welt behalten
   Ihren alten, schönen Klang,
   Uns zu edler Tat begeistern
   Unser ganzes Leben lang:
   Deutsche Frauen, deutsche Treue,
   Deutscher Wein und deutscher Sang.
3. Einigkeit und Recht und Freiheit
   Für das deutsche Vaterland!
   Danach lasst uns alle streben
   Brüderlich mit Herz und Hand!
   Einigkeit und Recht und Freiheit
   Sind des Glückes Unterpfand.
   Blüh im Glanze dieses Glückes,
   Blühe, deutsches Vaterland!

1. Klärt mit dem Atlas die Begriffe Maas, Memel, Etsch und Belt.
2. Vermutet, welche Gefühle das Singen der 1. Strophe z. B. bei Ausländern hervorrufen könnte.
3. Klärt, welche Bedeutung die Begriffe Einigkeit und Recht und Freiheit für euch haben.
4. Lernt die 3. Strophe des Deutschland-Liedes auswendig und singt sie in der Klasse.

Was ihr noch tun könnt:
Durch eine Umfrage Einstellungen zur Nationalhymne erkunden; Texte von Nationalhymnen anderer Länder sammeln und besprechen.

Wahr oder falsch?
Testet, welche der folgenden Behauptungen wahr oder falsch sind!

1. Das Wartburgfest fand im Jahr 1817 statt.
2. 1815 wurde ein deutscher Nationalstaat gebildet.
3. Fürst Metternich war Ministerpräsident von Preußen.
4. Eine Studentenverbindung wird Burschenschaft genannt.
5. In den Karlsbader Beschlüssen stand, dass die Veröffentlichung von Büchern und Zeitungen durch die Regierung genehmigt werden musste.
6. Der Weberaufstand war 1830 in Schlesien.
7. Fanny Lewald setzte sich für die Rechte der Frau ein.
8. Mathilde Franziska Anneke war für ihre fürstenfreundliche Haltung bekannt.
9. Das Hambacher Fest fand im Jahr 1832 statt.
10. Beim Hambacher Fest verbrannten Studenten fürstenfreundliche Bücher und andere Gegenstände.
11. Heinrich Heine schrieb das Gedicht „Die schlesischen Weber".
12. Bei offiziellen Anlässen wird heute nur die dritte Strophe des Deutschlandliedes gesungen.
13. Das Deutschlandlied wird nach einer Melodie von Mozart gesungen.

Die Revolution von 1848

M1 Kämpfe zwischen Bürgern und Soldaten in Berlin.
Farblithographie, 1848.

Bei den Kämpfen gegen das königliche Militär fielen 200 Barrikadenkämpfer. Danach griff die Revolution auf die größeren Städte des Deutschen Bundes über. In den ländlichen Gebieten blieb es aber meist ruhig.

M2 Unvollständiges Verzeichnis der Barrikadenkämpfer in Berlin im März 1848 (in Klammern die Anzahl der Getöteten):
- Fabrikanten (1)
- Eisenbahninspektoren (1)
- Studenten (1)
- Wirte (1)
- Buchhalter (2)
- Maschinenbauer (3)
- Maschinenmeister (1)
- Handwerker (19)
- Handwerksgesellen (32)
- Lehrlinge (3)
- Arbeitsmänner (19)
- Frauen (5)
- Hausknechte (2)
- Diener (2)

Barrikadenkämpfe in Paris und Wien

Im Jahr 1848 kam es in ganz Europa zu revolutionären Aufständen. In Paris stiegen Studenten, Arbeiter, Handwerker und Tagelöhner auf die Barrikaden und besiegten die königliche Armee. Der König musste fliehen. Frankreich war eine Republik. Auch in Wien kam es zu Kämpfen auf den Barrikaden. Bauern, Handwerker und Arbeiter zwangen den Kaiser, eine Verfassung mit mehr Bürgerrechten anzuerkennen. Die schwarz-rot-goldene Fahne wehte auf dem Stephansdom.

1. Besprecht, welche Berufsgruppen auf die Barrikaden gingen und welche im Text unerwähnt bleiben.

Berlin 1848

Der Funke der Revolution sprang auch auf Berlin über. Die Bürger forderten Presse- und Versammlungsfreiheit und die Berufung eines deutschen Parlaments. Am 18. März versammelten sich 10000 Menschen vor dem Berliner Schloss. Plötzlich fielen – vermutlich aus Versehen – zwei Schüsse. Die Bürger fühlten sich vom König betrogen und errichteten Barrikaden.

2. Beschreibt die Kampfszene in M1.
3. Findet anhand von M2 heraus, welche Berufsgruppen die höchste Anzahl von Todesopfern aufwiesen.
4. Überlegt, weshalb sich die verschiedenen Berufsgruppen an den Kämpfen beteiligten.

Was ihr noch tun könnt:
Euch das Jugendbuch „1848 – Die Geschichte von Jette und Frieder“ (Klaus Kordon, Beltz und Gelberg, 1999) besorgen.

M3 Einzug des Parlaments in die Paulskirche, 1848.
Holzstich nach einer Zeichnung von Fritz Bergen.

Die deutsche Nationalversammlung in Frankfurt

Nach den revolutionären Unruhen im März 1848 mussten die Herrscher in den Staaten des Deutschen Bundes Zugeständnisse machen. Die Fürsten und Könige behielten zwar ihren Thron, mussten jedoch freie Wahlen zu einem Parlament, der deutschen Nationalversammlung, zulassen. Innerhalb weniger Wochen wurden Wahlkreise gebildet und Kandidaten aufgestellt. Allerdings waren Besitzlose und Frauen von der Wahl ausgeschlossen. Als Sitz der Nationalversammlung wurde Frankfurt am Main ausgewählt. Da es keinen Saal in der Stadt gab, der alle 573 Abgeordnete hätte aufnehmen können, fiel die Wahl auf die Paulskirche als Versammlungsstätte. Dort versammelten sich am 18. Mai 1848 zum ersten Mal die Vertreter des deutschen Volkes. Zwar kannten die Abgeordneten sich untereinander nicht, aber gleich von Beginn an wurden politische Gruppen gebildet, die sich in Blöcken rechts, links oder in der Mitte des Saales platzierten.

5. Überlegt, wie die Bevölkerungsgruppen reagiert haben könnten, die nicht wählen durften. Schreibt dazu eine Beschwerde an die Nationalversammlung in Frankfurt.
6. Notiert in Stichworten die Erwartungen und Befürchtungen der Abgeordneten in M4.

M4 Abgeordnete in der Paulskirche, 1848. Zeichnung.

Die Arbeit des Parlaments

M1 Blick in die Frankfurter Nationalversammlung.
Kolorierter Stich, 1848.

M2 Germania.
Gemälde von Phillip Veit, 1848.

1. Beschreibt M1 und sucht das Bild der Germania (M2) im Parlamentssaal (M1).
2. Erschließt die Bilder dieser Seite.

M3 Berufliche Zusammensetzung der deutschen Nationalversammlung:

38	Großgrundbesitzer	91	Juristen
13	Kaufleute	13	Buchhändler, Schriftsteller und Journalisten
7	Fabrikanten		
99	höhere Beamte	26	Mediziner
49	Professoren	3	Landwirte
41	Lehrer	13	kleinere Kaufleute
23	Geistliche	4	Handwerker

3. Untersucht in M3 die berufliche Zusammensetzung des Parlaments:
   - Welche Berufsgruppen waren stark vertreten?
   - Welche Berufsgruppen waren überhaupt nicht vertreten? (Ein Tipp: M2 auf Seite 114 hilft euch.)

Die Grundrechte

Nach langen Diskussionen wurden im Dezember 1848 die Grundrechte des deutschen Volkes beschlossen. Dazu gehörten:

- Der Adel und alle Standesvorrechte sind abgeschafft. Die Deutschen sind vor dem Gesetz gleich.
- Die Freiheit der Person ist unverletzlich. Jeder darf seinen Wohnort frei wählen.
- Recht auf freie Meinungsäußerung; Versammlungsfreiheit, Pressefreiheit, Glaubens- und Gewissensfreiheit.

Wie soll der Staat regiert werden?

Viele Abgeordnete wollten, dass an der Spitze des Staates ein König oder Kaiser stehen sollte. Andere Abgeordnete befürworteten dagegen die Einführung einer Republik mit einem gewählten Präsidenten an oberster Stelle. Aber welcher Staat war gemeint? Sollte es ein großdeutsches Reich unter der Führung von Österreich sein oder ein kleindeutscher Staat (ohne Österreich) unter der Führung Preußens?

M4 Eine Abordnung der Frankfurter Nationalversammlung bietet König Friedrich Wilhelm IV. am 3. April 1849 die Kaiserkrone an.
Zeitgenössische Darstellung.

4. Beschreibt M4.
5. Erschließt M5.

Ein König will nicht Kaiser werden

Am 28. März 1849 verabschiedete die Nationalversammlung in Frankfurt die Reichsverfassung. Im Anschluss daran wurde der preußische König Friedrich Wilhelm IV. mit 290 Stimmen und 248 Enthaltungen zum Kaiser der Deutschen gewählt. Es hatte sich also die kleindeutsche Lösung unter Ausschluss Österreichs durchgesetzt.
Am 3. April 1849 erschien eine Delegation von 32 Abgeordneten der Paulskirche in Berlin. Sie bot dem preußischen König Friedrich Wilhelm IV. die Kaiserkrone an.

M5 Darüber hatte sich der König schon in einem Brief vom 13. Dezember 1848 Gedanken gemacht:
... Einen solchen Reif aus Dreck ... gebacken soll ein rechtmäßiger König von Gottesgnaden und nun gar der König von Preußen sich geben lassen, der den Segen hat, wenn auch nicht die älteste, doch die edelste Krone, die niemandem gestohlen ist, zu tragen? Ich sage es Ihnen, ... soll die tausendjährige Krone deutscher Nation wieder einmal vergeben werden, so bin ich es und meinesgleichen, die sie vergeben werden; und wehe dem, der sich anmaßt, was ihm nicht zukommt.

Leopold von Ranke, Aus dem Briefwechsel Friedrich Wilhelms IV. mit Bunsen, 1847, S. 60.

6. Erklärt, weshalb der preußische König die Kaiserkrone ablehnte.

Das Scheitern der Nationalversammlung

Der preußische König antwortete nicht sofort auf dieses Angebot. Erst am 28. April 1849 lehnte er die Kaiserkrone und die Reichsverfassung ab. Danach weigerten sich andere mächtige deutsche Staaten, wie z. B. Bayern und Sachsen, die Reichsverfassung anzunehmen. Alle diese Ereignisse führten zur Spaltung des Parlaments in Frankfurt. Die Mehrheit der Abgeordneten verließ enttäuscht die Nationalversammlung. Eine Minderheit siedelte nach Stuttgart über. Dort bildeten diese Abgeordneten das so genannte Rumpfparlament.
Die Nationalversammlung war gescheitert und mit ihr der Traum von einem vereinten deutschen Reich mit einer freiheitlichen Verfassung. In verschiedenen Städten des Deutschen Bundes kam es erneut zu Aufständen, die aber bald niedergeschlagen wurden.

M6 „Soll ich, soll ich nicht, soll ich? Knöpfe ihr wollt. Nun gerade nicht!“ Kreidelithographie, 1849.

Die Reaktion

M1 **Der Sieg der Reaktion in Europa 1849.**
Karikatur von F. Schroeder in den „Düsseldorfer Monatsheften".

1. Versucht eine Deutung der Karikatur M1. Lest danach den Quellentext M2. Was haben Bild und Text miteinander zu tun?

Die Abrechnung der Fürsten mit den Revolutionären

Nach dem Scheitern der Revolution von 1848/49 wurden im gesamten Deutschen Bund Prozesse gegen die führenden Revolutionäre geführt. Viele Menschen, die sich für Freiheit und Einheit eingesetzt hatten, wurden zu langjährigen Gefängnisstrafen verurteilt. Beamte (Staatsdiener), die sich an der Revolution beteiligt hatten, wurden entlassen. Viele sahen sich gezwungen, Deutschland zu verlassen und nach Amerika auszuwandern.

M2 **Ausschnitt aus dem Abschiedsgruß Daniel Hirschs, Pfälzische Lehrerzeitung 1850:**

... Allen meinen Bekannten und Freunden sage kurz vor meiner Abreise nach Nordamerika ein herzliches Lebewohl. Ihr wisst, Kollegen, ich hatte Weisung erhalten, mich fortzumelden. Dieser Weisung kam ich nach und war an 18 verschiedenen freien Stellen. Man wies mich fast überall wie ein Geächteter ab. So sehe ich mich nun genötigt, einem Stande zu entsagen, dem ich über 15 Jahre meine Kräfte mit Liebe weihte. Ich will nun Versuch machen, ob nicht an Ohios Ufern ein Wirkungskreis zu finden ist, der meine Familie - acht Personen - vom quälenden Hunger befreit ...

Westricher Heimatblätter (1987) 2, S. 71.

In Deutschland zogen sich nun viele Menschen enttäuscht in das Privatleben zurück. In den einzelnen Bundesstaaten kamen wieder Regierungen an die Macht, die die Fürsten und Könige unterstützten. Erneut wurden Zeitungen und Vereine überwacht. Die Zeit nach der Revolution von 1848/49 wird als „Reaktion" (Rückschlag) bezeichnet.

M3 **Otto von Bismarck (1815–1862).** Foto, 1859.

Preußen übernimmt die Führung

1862 wurde Otto von Bismarck Ministerpräsident in Preußen. Er entstammte einer alten Adelsfamilie, war ein Anhänger des Königtums und Gegner der Demokratie. Er schockierte die Öffentlichkeit mit der Feststellung, die großen Fragen der Zeit würden nicht durch Reden und Mehrheitsbeschlüsse entschieden, sondern durch „Eisen und Blut". Das bedeutete Krieg.

Preußen übernahm nun unter Bismarcks Einfluss die Führung in Deutschland. Durch Kriege gegen Dänemark (1863), Österreich (1866) und Frankreich (1870/71) gelang, wovon die Revolutionäre geträumt hatten: Deutschland wurde 1871 ein einheitlicher Nationalstaat mit einem Kaiser an der Spitze.

Aber wie würde dieser Staat im Innern aussehen? Wer hatte die Macht? Davon berichtet das Kapitel auf den Seiten 164 bis 183.

2. Erläutert die Bedeutung Bismarcks für die deutsche Politik bis 1871.

Wiederholung

Wissen testen

1. Wer hat was gesagt? Ordnet den Abbildungen die Namen und Zitate zu:

a

b

c

d

e

f

Namen:

Fanny Lewald

Heinrich Hoffmann von Fallersleben

Heinrich von Gagern

Heinrich Heine

Mathilde Franziska Anneke

Friedrich Wilhelm IV.

Zitate

1. „Einigkeit und Recht und Freiheit für das deutsche Vaterland!“
2. „...einen solchen Reif aus Dreck ... gebacken soll ein rechtmäßiger König von Gottes Gnaden ... sich geben lassen ...?“
3. „Es gilt, die äußeren Rechte des Weibes gegen die Gewalten dieser Erde offen zu verteidigen.“
4. „Altdeutschland, wir weben dein Leichentuch, wir weben hinein den dreifachen Fluch, wir weben, wir weben!“
5. „Und wir Frauen sitzen und sitzen von unserm siebzehnten Jahre ab und warten und warten und hoffen und harren in müßigem Brüten, ... ob denn der Mann noch nicht kommt, der uns genug liebt, um sich unserer Hilflosigkeit zu erbarmen.“
6. „Wir wünschen, dass Deutschland ein Land ist und das deutsche Volk als ein Volk angesehen werden kann ...“

2. Wann war das Ereignis? Was war da los? Ordnet den Ereignisbildern die richtige Jahreszahl zu und erklärt kurz mit eigenen Worten, worum es jeweils ging. Ihr könntet dazu eine Tabelle anlegen:

Ereignis	Jahr	Geschehen
...	...	...

1

2

3

4

5

6

Jahreszahlen:

1844

1817

1819

1848

1849

1832

FORTSCHRITT

Schauplatz Fabrik

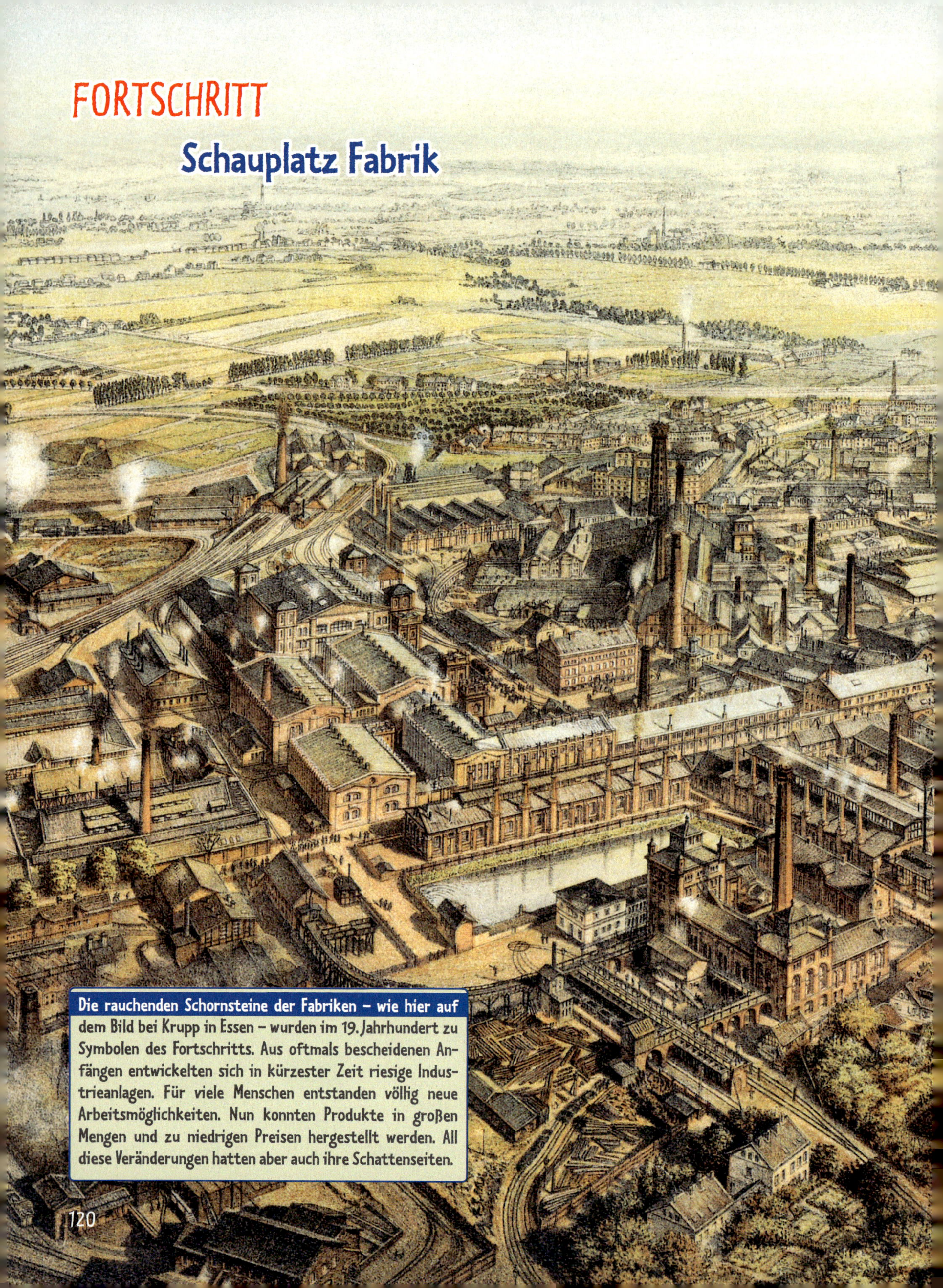

Die rauchenden Schornsteine der Fabriken – wie hier auf dem Bild bei Krupp in Essen – wurden im 19. Jahrhundert zu Symbolen des Fortschritts. Aus oftmals bescheidenen Anfängen entwickelten sich in kürzester Zeit riesige Industrieanlagen. Für viele Menschen entstanden völlig neue Arbeitsmöglichkeiten. Nun konnten Produkte in großen Mengen und zu niedrigen Preisen hergestellt werden. All diese Veränderungen hatten aber auch ihre Schattenseiten.

1. Beschreibt das Fabrikgelände (Krupp, Essen 1880, Teilansicht).
2. Vergleicht mit den Anfängen dieser Fabrik im Jahre 1819 (kleines Bild).
3. Überlegt, was mit „Schattenseiten“ gemeint sein könnte.

Veränderte Arbeitswelt

M1 Walzwerk um 1875.
Gemälde von Adolph von Menzel.

1. Beschreibt M1. Achtet genau auf einzelne Personen und ihre Tätigkeiten.

Arbeit im Takt der Maschinen

Zu Beginn des Industriezeitalters im 19. Jahrhundert kamen viele junge Leute zum Arbeiten in die neuen Industriegebiete. Hier erwarteten sie streng geregelte Arbeitszeiten, ungewohnt lange Anmarschwege von der Wohnung zur Fabrik und eine Tätigkeit, die vom Tempo der Maschinen bestimmt wurde. Für viele war das eine große Umstellung im Vergleich zu ihren bisherigen Beschäftigungen auf dem Land oder in einer kleinen Werkstatt. Auch hatten sie zuvor in der Großfamilie mit mehreren Generationen gelebt, wo gegenseitige Unterstützung selbstverständlich war. Diese durch die Fabrikarbeit veränderte Lebensweise brachte eine neue Bevölkerungsgruppe hervor: die Arbeiterklasse.

2. Beschreibt die Stimmung eines ehemaligen Landarbeiters nach zwei Wochen Fabrikarbeit.
3. Macht euch die Zeitangaben im Bericht des Arbeiters klar und vergleicht mit einem Berufstätigen aus eurer Familie.
4. Beurteilt die Arbeitsordnung aus heutiger Sicht und überlegt, warum solche Regelungen für nötig gehalten wurden.

Was ihr noch tun könnt:
- Über Arbeitszeiten und Löhne in der Industrie informieren (Arbeitsamt, Familie, Internet).
- Berufstätige nach ihren Rechten und Pflichten im Betrieb befragen.

M2 Handwerker und Fabrikarbeiter.
Zusammengestellt nach Originalquellen.

M3 Unternehmerehepaar aus Siegburg (Rheinland) um 1860. Foto.

„Wir, die Unternehmer, gehören zur Spitzengruppe der Gesellschaft. Das müssen allmählich sogar die Adligen anerkennen. Wir haben nicht nur das Geld zur Gründung von Fabriken, oft sind wir auch gleichzeitig Erfinder und Techniker. Ohne uns gäbe es den ganzen Fortschritt nicht!"

M4 Angestellte bei der BASF, Ludwigshafen (um 1900). Foto.

„Für die Verwaltungsarbeit in den Büros braucht man uns, die Angestellten. Oftmals werden wir auch Privatbeamte genannt. Wir machen die Buchführung, führen die Lohnlisten und schreiben Briefe an Kunden und Lieferanten. Natürlich kann man an so verantwortungsvollen Stellen nur Männer gebrauchen. Firmen, die schon diese neumodischen Schreibmaschinen angeschafft haben, lassen diese Geräte von den viel billigeren Frauen bedienen. Auch die Ingenieure und Werkmeister gehören zu unserer Gruppe. Wir haben den Arbeitern gegenüber viele Vorteile: Uns entlässt man nicht so schnell und wir werden besser bezahlt. Auch haben wir Anspruch auf bezahlten Urlaub."

M6 Wochenlohn (1918):

Arbeiterinnen	57,60 Mark,
Arbeiter unter 20 Jahre	60,00 Mark,
Arbeiter über 20 Jahre	88,80 Mark.

Monatsgehalt für Angestellte:
Direktor 1200 Mark, Betriebsleiter 650 – 900 Mark, Meister 550 Mark, Hausdiener, Pförtner und Nachtwächter 350 – 400 Mark, Schreiberinnen (je nach Alter) 150 – 250 Mark.

(Lohnliste Feuerwerkslaboratorium in Siegburg)

M5 Arbeiter in der chemischen Industrie. BASF, Ludwigshafen um 1900. Foto.

„Unser Lohn reicht kaum zum Leben. Unsere Arbeitszeit ist höher, aber die Versorgung bei Krankheit oder im Alter schlechter als bei den Angestellten."

5. Stellt die Unterschiede im Aussehen der Personen und Arbeitsplätze von M1 – M4 fest.
6. Vergleicht Löhne mit Gehältern in M5.
7. Macht eine Liste, in der ihr die Unterschiede zwischen Arbeitern und Angestellten gegenüberstellt.
8. Überlegt, welche Möglichkeiten ein Arbeiter hatte, wenn ihm die Bedingungen in seinem Betrieb nicht gefallen haben.

Veränderte Lebenswelt

Fabriken lassen die Städte wachsen

Die Städte änderten im 19. Jahrhundert ihr altes Aussehen. Weil die Fabriken Verdienstmöglichkeiten boten, zogen viele Menschen vom Land in die Städte. Diese Industriearbeiter bildeten eine völlig neue Bevölkerungsgruppe.

Obwohl emsig gebaut wurde und neue Stadtviertel entstanden, herrschte Wohnungsnot. Grundstücks- und Baupreise stiegen. Die Industrievororte mit Fabriken und Arbeiterwohnungen entwickelten sich in verkehrsgünstigen Lagen an den Flüssen oder an einer Bahnlinie.

Die Preise für Lebensmittel waren in der Stadt höher als auf dem Land, wo manches selber angebaut werden konnte.

M2 Neue Wohnsiedlungen bei einem Stahlwerk.
Bochum, um 1900. Postkarte.

M1 Arbeiterwohnhaus der Firma Krupp, Essen. Die Siedlung bestand aus 1695 Wohnungen.
Foto, 1897

M3 Durchgang zum Hinterhof.
Foto, um 1900.

M4 Kellerwohnung einer Berliner Arbeiterfamilie.
Foto, 1907.

1. Überlegt, was von Seiten der Stadt getan werden muss, wenn die Bevölkerungszahl ansteigt.
2. Beschreibt und vergleicht die Wohnverhältnisse in M1 – M6.
3. Ein junger Mann aus einem westfälischen Dorf kommt zum Arbeiten in die Stadt. Schreibt seinen Brief an die Familie.

Paläste für Unternehmer

Wer es als Unternehmer zu etwas gebracht hatte, wollte das auch nach außen hin zeigen. Reiche Fabrikanten ließen sich prachtvolle Villen und manchmal sogar schlossähnliche Anwesen bauen.

Paläste für die Bürger

Mit dem Anwachsen der Städte nahmen auch die Verwaltungsaufgaben zu. Neue öffentliche Gebäude wie z. B. Bahnhöfe, Postämter, Museen oder Versicherungs- und Gerichtsgebäude wurden errichtet. Sie waren aufwändig verziert, sodass auch Schulen, Turnhallen oder Schwimmbäder alten Palästen ähnelten. Die Bauherren wollten damit die Bedeutung ihrer Stadt unterstreichen oder auf ihre Zuverlässigkeit hinweisen.
In den Stadtzentren siedelten sich Banken, Warenhäuser und Verwaltungseinrichtungen an. Daneben gab es Kleinbetriebe und bürgerliche Wohnhäuser. Draußen im Grünen entstanden die Villenviertel der wohlhabenden Bevölkerung.

M5 Innenstadt von Bochum um 1900. Postkarte.

M6 Fabrikantenvilla in Essen (Krupp, „Villa Hügel"). Foto, 2004.

4. Beschreibt die Bauwerke aus der so genannten „Gründerzeit" und vergleicht mit modernen Gebäuden.

5. Vergleicht die Stadt um 1900 mit heutigen Städten (was kann man wo erledigen, wer wohnt heute wo?).

Was ihr noch tun könnt:
Sucht Gebäude aus der Zeit um 1900 in eurer oder der nächstgelegenen Stadt; zeichnet oder fotografiert sie.

M7 Öffentliches Schwimmbad „Viktoria-Bad" in Bonn um 1900. Foto, 1916.

Räumliche Orientierung

M1 Industriegebiete in Europa 1800–1900. Karte.

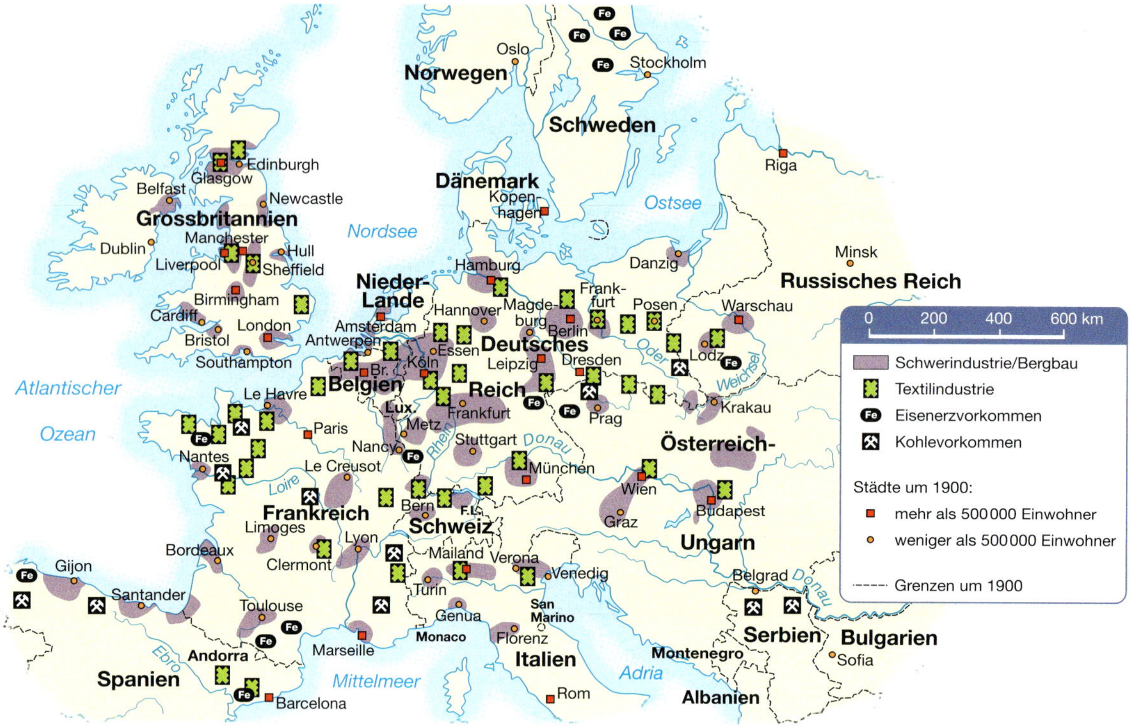

Industrialisierung

Im 19. Jahrhundert kam es in Europa zu großen Veränderungen. Das Landschaftsbild weiter Gebiete wandelte sich grundlegend. Wälder und Felder verschwanden mehr und mehr und an ihrer Stelle wuchsen Fabrikhallen und Schornsteine aus dem Boden oder neue Straßen, Brücken und Bahntrassen durchschnitten das Gelände. Kleine, unbedeutende Orte wuchsen in kürzester Zeit zu gigantischen Städten heran. Immer mehr Menschen verließen ihre Heimat und übten in den neu entstandenen Industriegebieten Berufe aus, von denen es manche bis dahin noch nicht gegeben hat.

1. Stellt fest, wo sich in Europa Industrien konzentrierten und in welchen Gebieten es kaum Industrie gab.
2. Sucht die in M2 genannten Städte auf der Karte und begründet den dortigen Bevölkerungsanstieg; zieht auch M3 als Erklärungshilfe hinzu.

M2 Städte in Deutschland und England (Einwohner in Tausend).

	1850	1850	1880	1900
Berlin	172	419	1 122	1 889
Hamburg	130	132	290	706
Essen	4	9	57	119
London	959	2 336	3 830	4 537
Manchester	77	336	462	544
Liverpool	82	397	624	685

M3 Wer arbeitet wo?

	Landwirtschaft	Gewerbe	Dienstleistungen
1780	65 %	19 %	16 %
1850	55 %	24 %	21 %
1900	38 %	37 %	25 %
1935	30 %	38 %	32 %
1970	5 %	48 %	47 %

Zeitliche Orientierung

M4 Zeittafel.

1769
Dampfmaschine.

1785
Mechanischer Webstuhl.

1789
Französische Revolution.

1814
Eisenbahn in England.

1834
Deutscher Zollverein.

1835
Eisenbahn in Deutschland.

1837
Telegraf.

1838
Fotografie.

1844
Aufstand schlesischer Weber.

1848
Erstes gesamtdeutsches Parlament (Paulskirche).

1861
Telefon.

1863
Erste deutsche Arbeiterpartei.

1871
Reichsgründung.

1877
Verbrennungsmotor.

1878
Sozialistengesetze (bis 1890).

1881
Erste Straßenbahn.

ab 1883
Sozialversicherung.

1885
Automobil.

1893
Dieselmotor.

1894
Flugapparat.

Arbeitstechnik

Unterricht vor Ort – Arbeit mit Sachquellen

Auf der Suche nach der Vergangenheit

In unserem Land Nordrhein-Westfalen finden sich besonders viele Spuren früher Industrien. Alte Fabrikgebäude aus dem 18. und 19. Jahrhundert werden hierzulande immer häufiger in Industriemuseen umgewandelt. Ihr findet ein geeignetes Museum am schnellsten im Internet unter www.museen.de oder direkt beim Landschaftsverband Rheinland, Rheinisches und Westfälisches Industriemuseum mit seinen zahlreichen Standorten (siehe Karte M3) überall im Land und vielleicht auch in eurer Nähe.

M1 Maschinenteile werden restauriert (Tuchfabrik Müller, Euskirchen). Foto.

Doch es muss nicht unbedingt ein ausgewiesenes Industriedenkmal sein. Eine Fabrik in eurer Nähe hat vielleicht irgendwo auf dem Gelände ein altes Pförtnerhaus oder Teile der ehemaligen Villa des Gründers in ein kleines Privatmuseum umgewandelt. Dort könnt ihr vielleicht alte Maschinen sehen oder Dokumente lesen. Es lohnt sich, nachzufragen!

M2 Bergung einer alten Dampfmaschine (Weberei Gebr. Essing, Rhede). Foto.

Die Vergangenheit dokumentieren

1. Informiert euch, wo es in eurem Ort ehemalige Fabrikgelände gibt. Sucht die Stellen auf und fotografiert sie. Setzt die Fotos „Damals–Heute" nebeneinander und schreibt einen kurzen Bericht dazu; vielleicht interessiert sich sogar eure Lokalzeitung für dieses Ergebnis!
2. Jeder Betrieb, jeder Gewerbezweig hat seine Geschichte. Versucht doch einmal, etwas über Gründung und Werdegang eines Unternehmens in eurer Nähe herauszufinden. Vielleicht existieren alte Fotos, Geschäftsunterlagen oder Prospekte, die ihr kopieren dürft und zu einer kleinen Firmengeschichte zusammenstellen könnt.

M3 Standorte des Rheinischen und des Westfälischen Industriemuseums. Beispiele (von links): Zeche Zollern II/IV in Dortmund – Ziegelei Lage – Schiffshebewerk Henrichenburg in Waltrop-Oberwiese.

M4/M5 **Schüler schöpfen Papier in der Papiermühle Alte Dombach bei Bergisch Gladbach (links) und untersuchen das Modell einer Dampfmaschine im Textilmuseum Bocholt (oben).** Foto.

Quellenarbeit im Museum

Originalgegenstände vergangener Zeiten nennt man Sachquellen. Sie sind die Kernstücke der Museen, um die herum sich alle übrigen Objekte – meist als Erschließungshilfen – gruppieren. Wenn ihr den Unterricht in ein Industriemuseum verlegen wollt, helfen euch die folgenden Überlegungen bei der Auswertung von Museumsobjekten, hier speziell von Maschinen bzw. Industriedenkmälern:

1. Schritt
Merkmale (Struktur)

– Material, Größe/Platzbedarf, Gewicht, Leistungsumfang, Energieverbrauch ...;
– Wo und von wem in Auftrag gegeben bzw. hergestellt – Transportmittel/-wege – Sonderanfertigung/Einzelstück oder Serie – neue Erfindung oder Weiterentwicklung (wovon?) ...

2. Schritt
Verwendungszweck (Funktion)

– Welches Produkt wurde damit hergestellt – welche Materialien wurden verarbeitet – welche Betriebsstoffe waren nötig?
– Wie funktioniert es (Vorführung, Funktionszeichnung/-modell)?
– Funktionszusammenhang (Platz im Produktionsablauf).
– Wie und von wem wurde es bedient und gewartet (Belastung, Kenntnisse)?

3. Schritt
Auswertung

– Was wollen die Aussteller mit dem Objekt zeigen (wichtige Erfindung – einmaliges Stück – Anforderungen am Arbeitsplatz ...), was erfährt man darüber hinaus?
– Welchen Platz nimmt das Objekt in der Ausstellung ein (zentrales Objekt, eher Randerscheinung ...)?
– Steht das Objekt am ursprünglichen Platz oder wurde es von woanders hierher gebracht (wird der ursprüngliche Zusammenhang noch deutlich, evtl. durch Skizzen, Erläuterungen, andere Objekte ...)?
– Sind weitere Informationen erforderlich?
– Wie dokumentieren wir die Ergebnisse (Fotos, Video, Wandzeitung, Bericht ...)?

M6 **Vorführung am Webstuhl in der Tuchfabrik Müller, Euskirchen.** Foto.

Eine Erfindung verändert die Arbeitswelt

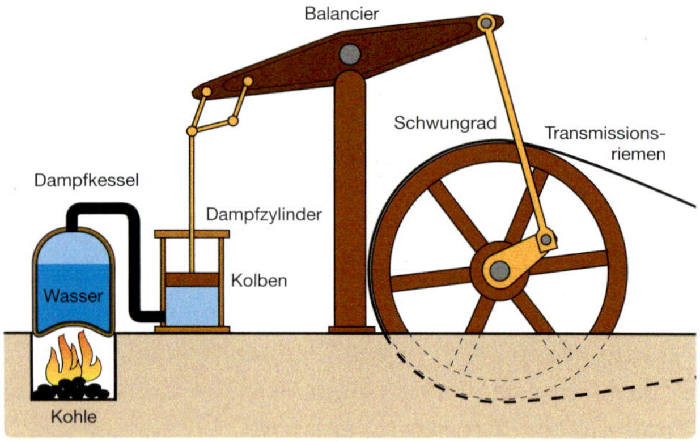

M1 Modell der Dampfmaschine von James Watt.

1. Beschreibt die Dampfmaschine und versucht zu erklären, wie sie funktioniert.

Schauplatz England

Dem Engländer James Watt gelang es 1769, eine leistungsfähige Dampfmaschine zu konstruieren. Er hatte hierfür die ältere Erfindung eines Schmieds aufgegriffen und weiterentwickelt. Damit konnte nun eine Reihe anderer Maschinen und Geräte angetrieben werden. Schon bald setzte man Dampfmaschinen im Bergbau ebenso ein wie in der Landwirtschaft. Vor allem aber bildeten sie die technische Grundlage für die Fabriken. Immer mehr Fabriken entstanden nun in den schnell wachsenden Industriestädten. Da es in England große Steinkohlevorkommen gibt, mangelte es auch nicht am nötigen Brennstoff für die Dampferzeugung.

M2 Spinnmaschine. Euskirchen (Rheinland) um 1900. Foto.

M3 Dampfmaschine im Einsatz beim Pflügen. Rekonstruktionszeichnung.

Massenproduktion

Besonders rasant war die Entwicklung in der Textilindustrie. Jahrhundertelang waren Garn und Stoffe in Heimarbeit hergestellt worden, meistens auf dem Land als zusätzliche Erwerbsquelle der Kleinbauern und der Landarbeiter.

Aus den englischen Kolonien kamen neben anderen Rohstoffen auch große Mengen billiger Schaf- und Baumwolle. Neue, von der Dampfmaschine angetriebene Spinn- und Webmaschinen schafften nun in derselben Zeit ein Vielfaches der Menge, die man von Hand herstellen konnte. Diese Massenprodukte waren außerdem noch erheblich billiger.

Bald schon hatten die Heimarbeiter nicht mehr genug zum Leben und wanderten in die Städte ab. Dort hofften sie, in den neu entstehenden Fabriken bessere Verdienstmöglichkeiten zu finden. Doch durch den raschen Anstieg der Bevölkerung herrschte nirgendwo Mangel an Arbeitskräften. So waren die Löhne niedrig und reichten kaum zum Leben.

2. Erläutert, wie und auf welche Bereiche sich die Erfindung der Dampfmaschine auswirkte.
3. Schreibt in Stichworten auf, was in einer Werbebroschüre für Dampfmaschinen stehen müsste.
4. Überlegt die Vor- und Nachteile der Massenproduktion.

Wegbereiter Eisenbahn

M4 Am 11. Juni 1826 wird in Köln die Preußisch-Rheinische Dampfschifffahrt gegründet. Die „Concordia" ist 1827 der erste Liniendampfer auf der Strecke Köln – Mainz. Modell.

M5 Die erste Eisenbahnbrücke über den Rhein in Köln. Lithographie, um 1870.

Die Dampfmaschine kommt in Fahrt

1814 schaffte es der Engländer George Stephenson, die Dampfmaschine auf Räder zu setzen und sie so in eine kraftvolle Zugmaschine zu verwandeln.

Bereits 1807 hatte sein amerikanischer Kollege Robert Fulton das erste Dampfschiff gebaut. Neun Jahre später fuhr der erste Dampfer auf dem Rhein. Eine Reihe namhafter Schifffahrtslinien entstand. Für lange Zeit war der Rhein ein sehr wichtiger Verkehrsweg für den Güter- und Personentransport.

Hauptsächlich auf Schiffen wurde dann auch 1835 das Material für den Bau der ersten deutschen Eisenbahn (Nürnberg - Fürth) aus England herbeigeschafft. Auch der erste Lokführer war Engländer und wurde „mitgeliefert'.

Nach anfänglichem Misstrauen wuchs das Schienennetz mit atemberaubendem Tempo. Die Eisenbahn wurde so zum Wegbereiter der Industrialisierung, die in Deutschland erst um 1835 einsetzt.

Die ersten großen Industriebetriebe entstanden – ähnlich wie in England – in Gebieten mit reichen Kohlenvorkommen, z. B. an Ruhr und Saar. Kohle war wichtig zum Betreiben der Dampfmaschinen, aber auch für die Hochöfen, in denen das Eisenerz für die Schwerindustrie geschmolzen wird.

5. Betrachtet M4 und M5 und vergleicht mit heutigen Verkehrsmitteln.
6. Überlegt, worin die Bedeutung der Dampfschifffahrt lag (Binnengewässer – Meere).

M6 Eisenbahnnetz in Deutschland (in Kilometern).

1840	1850	1860	1870	1880	1890	1900
549	5822	11026	18560	33865	41818	49878

Was ihr noch tun könnt:
- Informationen über die Geschichte der Eisenbahn einholen.
- Die Arbeitsweise einer Dampflokomotive klären (Lexikon).

Sandra und Tim haben überlegt, welche Bedeutung die Eisenbahn für die Industrialisierung hatte. Ergänzt ihre Stichpunkte zu einem kleinen Bericht:
- Transport von Arbeitskräften, Rohstoffen und Produkten
- Erschließung abgelegener Gebiete
- Geräte, Material und Arbeitsplätze für Bau und Betrieb von Bahnlinien

...

Das Ruhrgebiet

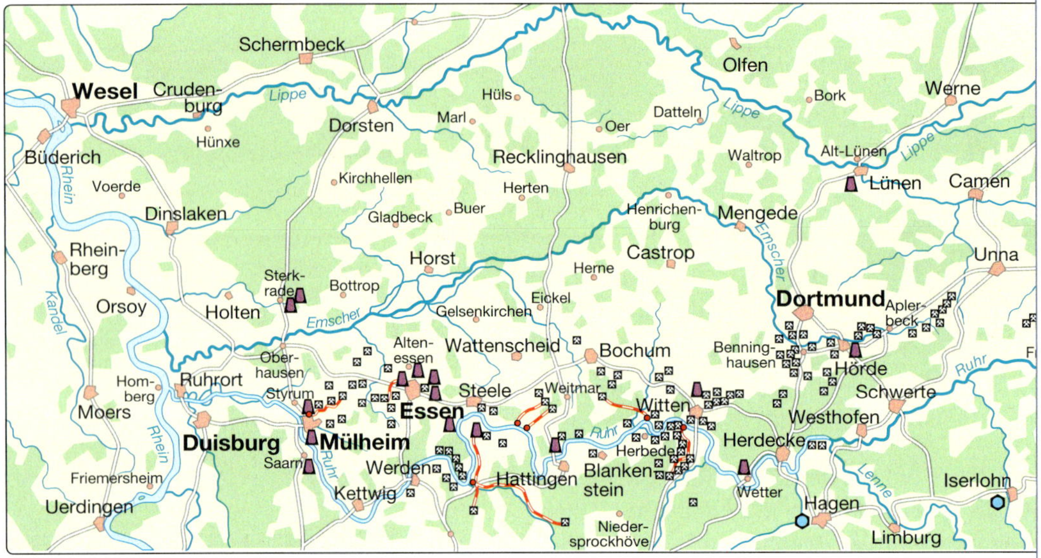

M 1 **Das Ruhrgebiet um 1840.**

Schwarzes Gold

Südlich der Ruhr wurde im ursprünglich landwirtschaftlichen Gebiet seit dem ausgehenden Mittelalter Kohle abgebaut. Dort reichten die Vorkommen bis an die Oberfläche und konnten im Tagebau abgetragen werden. Von hier aus ziehen sich die Kohleschichten (= Flöze) in nördlicher Richtung immer tiefer schräg in die Erde, bis sie nördlich der Lippe eine Tiefe von mehr als 1000 Meter erreichen. Der technische Fortschritt machte den Abbau auch in diesen extrem tiefen Schichten möglich, sodass das „Revier“ im Laufe der Zeit ständig weiter nach Norden gewandert ist.

1. Beschreibt M 1 genau und vergleicht dann mit M2.
2. Vermutet, wieso durch die Kohlevorkommen hier auch andere Industrien entstanden sind.

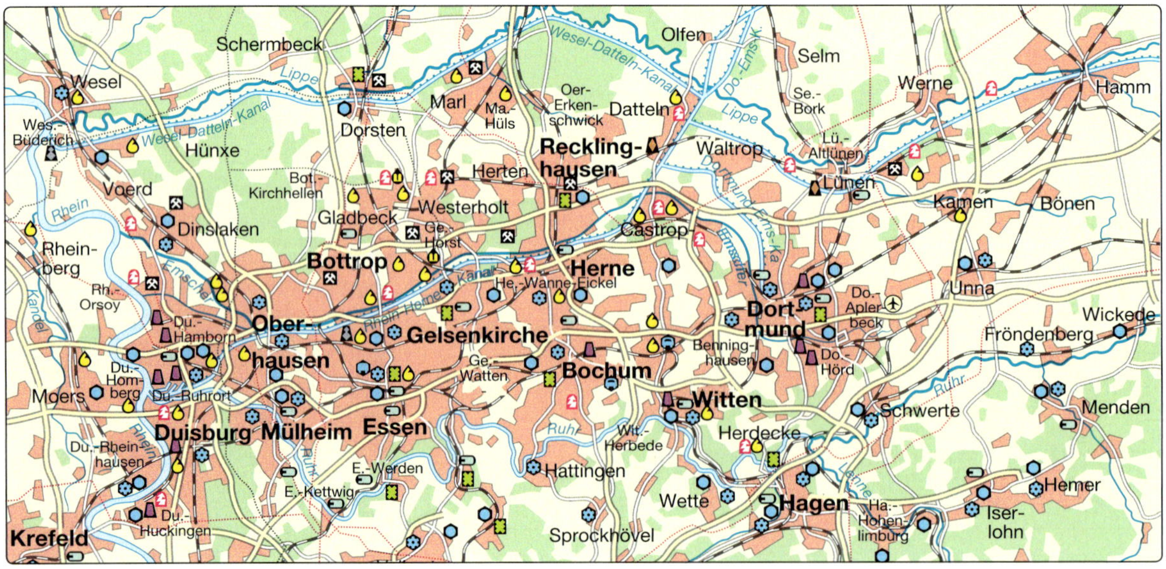

M2 **Das Ruhrgebiet um 2000.**

3. Versucht, mithilfe der Materialien einen Überblick über die Entwicklung der Industrialisierung im Ruhrgebiet zu geben.

M3 Rohstahlerzeugung im Ruhrgebiet.

	1880	1890	1896
Tonnen	2 000 000	3 800 000	6 000 000

M4 Umweltbewusstsein 1890 – Ein Spaziergang durch Schalke:

„Der Naturgenuss war nicht ungetrübt, denn schon damals engten im Osten und im Westen lange Häuserreihen den Horizont ein; die Halden, Schlote und Gebäude der Kohlen- und Eisenwerke hoben sich düster gegen den Himmel ab, und grauschwarze Rauchfahnen hingen im Wind ... 1918 hatte sich die Situation grundlegend verändert; es war nicht mehr möglich, denselben Weg zu gehen, ganze Abschnitte waren verbaut und unzugänglich, ... die Gesamtheit der in solchen Gegenden zusammengeballten Industrien vertilgt als eingeschworener Todfeind die Natur, sodass auch nicht ein Rest früherer Schönheit und Eigenart übrig bleibt."

F. Brüggemeier und T. Rommelspacher, Umwelt. In: W. Köllmann (Hrsg.), Das Ruhrgebiet im Industriezeitalter, Bd. 2, Düsseldorf 1990, S. 512 f.

M5 Hauer bei der Arbeit „vor Ort". 1855 arbeiteten an der Ruhr 23 000 Beschäftigte im Bergbau. 1955 waren es rund 494 000 Leute. Foto, um 1920.

M6 Zeche im Ruhrgebiet. Foto, um 1920.

M7 Maschinenfabrik in Burgruine. Gemälde, um 1850.

M8 Zeitraffer:

- ab **1760** organisiert und fördert der preußische Staat den Steinkohleabbau;
- ab **1820** werden Großbetriebe zur Eisenverarbeitung und Stahlerzeugung gegründet;
- ab **1850** wächst das Eisenbahnnetz und hat hohen Bedarf an Material (z. B. Eisen für Schienen und Brücken) bei gleichzeitiger Verbesserung der Transportmöglichkeiten;
- ab **1855** bis zum Jahr 1957 wächst die Fördermenge der Kohle von 3,3 Mio. Tonnen auf 123,2 Mio. Tonnen;
- ab **1900** wird Ruhrkohle für die Gas- und Stromerzeugung genutzt;
- um **1920** vereinigen sich Betriebe der Schwerindustrie zu Großkonzernen (z. B. Vereinigte Stahlwerke AG);
- ab **1925** siedelt sich Chemische Industrie an.

Niedergang

M1 Walter Kaminski aus Bochum, 78 Jahre, erinnert sich:

„1938 bin ich in die Lehre gegangen, ich war gerade 14 geworden und hatte noch viel vor. Niemand hat damals geahnt, dass Bergbau und Schwerindustrie im Ruhrgebiet eines Tages am Ende sein könnten. Was haben wir Kumpel nach dem Krieg die Ärmel hochgekrempelt und geschuftet, um aus den Schutthaufen wieder moderne Betriebe zu machen. Anfang der 50er-Jahre konnte ein Junge nichts besseres tun, als auf der Zeche anzufangen. Und was haben wir demonstriert und gekämpft, als die ersten Schließungen drohten. Na ja, aus und vorbei!"

Gespräch September 2002.

Wer braucht denn noch Kohle?

Schon Ende der 50er-Jahre des 20. Jahrhunderts stellten immer mehr Haushalte und Betriebe ihre Heizungen von Kohle auf Öl um. Auch die Bahn ersetzte die Dampflok durch Diesel- oder Elektrolokomotiven. Die Nachfrage nach dem „schwarzen Gold" ging rapide zurück und die ersten Zechen wurden geschlossen. Ab 1968 geriet auch die Stahlindustrie in Schwierigkeiten. Kohle und Stahl kamen weitaus billiger aus dem Ausland. Um konkurrenzfähig zu bleiben, wurden in den Berg- und Stahlwerken modernste Maschinen eingesetzt. Die Folge waren Entlassungen und weitere Schließungen. 1997 wurden bundesweit noch 48 Millionen Tonnen Kohle von 84 000 Beschäftigten gefördert. 2001 lag die Fördermenge bei rund 27 Millionen Tonnen und die Beschäftigtenzahl sank auf 44 000 Leute.

1. Informiert euch auf dieser Doppelseite über den Wandel im Ruhrgebiet. Spielt zu diesem Thema eine Stammtischszene mit Walter Kaminski und seinen ehemaligen Kollegen.
2. Überlegt euch die Folgen für den gesamten Ort, wenn der größte Arbeitgeber „dicht" macht (Händler, Handwerker, fehlende Steuereinnahmen ...).

M2 Sprengung einer Industrieanlage im Ruhrrevier. Foto.

M3 Zeitschriftentitel vom Februar 1966. Foto.

M4 Jobs für Bergleute gesucht:

Castrop-Rauxel. Die Zeit drängt. Bis zum Jahresende müssen noch für zahlreiche Bergbaubeschäftigte neue Arbeitsplätze gefunden werden.

16 Jahre nach dem Aus für die letzte Zeche ERIN ist unsere Stadt nach wie vor eng mit dem Bergbau verknüpft. 1000 Castrop-Rauxeler sind als Auspendler noch direkt in der Montanindustrie [Bergbau und Hüttenwesen] der Region tätig. Viele von ihnen sind von den Stilllegungen ... betroffen. Insgesamt baut die Deutsche Steinkohle AG bis Anfang 2001 an der Ruhr 10 000 Arbeitsplätze ab ...

WAZ, 25. 5. 2000.

M5 Kunsteisbahn auf dem Gelände der ehemaligen Kokerei „Zollverein“ in Essen. Foto.

M7 Förderturm der Zeche Zollverein. Foto.

M8 CentrO in Oberhausen. Foto.

M6 Zum Beispiel: Die Zeche Zollverein.

1847 Franz Haniel gründet die erste Schachtanlage;

1881 werden drei weitere Schachtanlagen in Betrieb genommen;

1900 5 355 Bergleute fördern jährlich 1,7 Millionen Tonnen Kohle; größte Zeche im Ruhrgebiet;

1920 geht die Zeche „Zollverein“ als Hüttenzeche im Stahlkonzern Phönix AG auf;

1926 wird sie zusammen mit anderen Großunternehmen zur Vereinigten Stahlwerke AG, dem weltweit zweitgrößten Stahlkonzern;

1932 wird die größte Steinkohlenförderanlage der Welt in Betrieb genommen, ein technisches Meisterwerk mit einer täglichen Fördermenge von 12 000 t Kohle;

1986 am 23. Dezember wird die Zeche „Zollverein“ still gelegt und unter Denkmalschutz gestellt;

1998 wird die Stiftung Zollverein gegründet, um das Kulturdenkmal als Museum zu erhalten.

Genügen die Alternativen?

Streiks und Demonstrationen der Betroffenen konnten die Stilllegungen von Zechen nicht verhindern. Doch den Verantwortlichen wurde bewusst, dass Alternativen hermussten.

So zeigt sich überall da, wo noch vor wenigen Jahren Schwerindustrie angesiedelt war, heute ein völlig anderes Bild.

Ob CentrO in Oberhausen, Autofabrik in Bochum, Designerbüros oder Yachthafen in Duisburg sowie zahlreiche Industriemuseen und Freizeitparks, der alte „Ruhrpott“ ist nicht wiedererkennbar und bietet viele neue und attraktive Möglichkeiten. Dennoch ist die Arbeitslosigkeit überdurchschnittlich hoch.

Wer kann spontan zu folgenden Themen ein paar Worte sagen?

- Industrialisierung in Deutschland
- Schwarzes Gold
- Massenproduktion
- Veränderungen im Ruhrgebiet
- Aus Dörfern werden Großstädte
- Zeche Zollverein

Eingriffe in die Natur

1. Beschreibt die Bilder M1 und M2 und überlegt, wie die jeweilige Landschaft vor und nach den Bauarbeiten ausgesehen haben.

Als Umweltschutz noch ein Fremdwort war

Nicht immer sieht oder riecht man „Umweltsünden“. Vielfach rächt sich die Natur erst nach Jahren. Auch war die anfängliche Begeisterung über viele Neuerungen größer als die Wahrnehmung negativer Folgen.

Massive Eingriffe in die Landschaft brachte der Bau von Fernstraßen und Bahntrassen mit sich. Insbesondere die Eisenbahn benötigte eigene Verkehrswege, wobei außer den Trassen im Gelände auch noch eine Vielzahl von Brücken und Tunnel gebaut werden mussten.

Der erhöhte Bedarf an Energie einerseits, andererseits aber auch die Weiterentwicklung der Abbaugeräte sorgten um 1900 für eine enorme Ausdehnung des Tagebaus (z. B. Braunkohle; Sand, Kies, Bims).

Aber auch Flussbegradigungen und Kanalbauten zerstörten Lebensräume für Tiere und Pflanzen. Sie sind, beispielsweise an Rhein, Saar und Mosel, bis heute verantwortlich für Überschwemmungen.

2. Erläutert genauer, welche Folgen Eingriffe in die Natur haben; vielleicht kennt ihr auch Beispiele aus jüngster Zeit (z. B. Talsperren, Landebahnen, ICE-Trassen).

3. Bei M3 könnte es sich ebenso gut um den „Vater Rhein“ handeln; spielt ein Gespräch zwischen ihm und dem Herrn auf dem Schiff.

4. Entwerft für Erna E. (M4) einen Leserbrief an die örtliche Zeitung.

M1 **Bahntrassenbau bei Nürnberg.** Aquarell von Carl Herrle, 1853.

M2 **Braunkohletagebau um 1907.** Foto.

M3 **Karikatur zur Verschmutzung der Themse (1845).**

M4 **Industrieabwässer wie auch die Abwässer der Städte flossen ungeklärt in die Bäche und Flüsse. Erna E., 78, Anwohnerin einer Eifeler Tuchfabrik, erinnerte sich in einem Gespräch (um 1960):**

„Wir wussten immer ganz genau, wann die gefärbt haben. Dann war hier der Bach blau oder grün, manchmal auch irgendwie schmutzig-rot. Fische gibt es da drin immer noch keine!“

Keine Luft zum Atmen

Neben der Gewässerverschmutzung ist auch die Luftverschmutzung bis heute ein ernstes Problem. Erkrankungen der Atemwege, aber auch Haut- und Augenreizungen sind darauf zurückzuführen.
Die Ursachen finden sich überall dort, wo Verbrennungsprozesse stattfinden. In nennenswertem Umfang begann die Luftverschmutzung mit der Dampfmaschine. Bald schon kamen die Kraftwerke hinzu mit ihren Antrieben für die Stromgeneratoren. Seit im Jahre 1885 das erste Automobil auf die Straße kam, haben auch die Autoabgase einen hohen Beitrag zur Umweltverschmutzung geleistet.
Heute wissen wir, wie sehr der bei jeder Verbrennung anfallende Ausstoß von Kohlendioxid (CO_2) unser Klima in Bedrängnis bringt.
Doch nicht nur in der Luft und in den Gewässern finden sich die Abfälle der Industrialisierung. Reststoffe wanderten auf Halden, sickerten in den Boden und vergiften bis heute das Grundwasser.

5. Beschreibt M5 und erklärt, was die Qualmwolken anrichten können.
6. Versucht, einen Zusammenhang zwischen der Massenproduktion von Waren und den Umweltproblemen herzustellen.
7. Macht eine Liste aller in diesem Kapitel angesprochenen Umweltprobleme und ihrer Ursachen.

Was ihr noch tun könnt:
- Euch genauer über den Treibhauseffekt informieren.
- Heutige Umweltprobleme und Möglichkeiten der Energiegewinnung erkunden.

M5 **Luftverschmutzung um 1900.** Gemälde.

M6 **Clara und Carl Benz.** Foto, 1893.

M7 **Autounfall mit Todesopfern.** Foto, 1913.

Die Not der Arbeiterfamilien

M1 Kinder arbeiten in einem englischen Bergwerk (um 1850). Farblithographie.

M2/3 Arbeitende Kinder in der Baumwollspinnerei und im Bergbau. Fotos, um 1910.

2. Beschreibt die Abbildungen M1–M3.
3. Vergleicht M1 mit den Aussagen aus M5.
4. Führt ein „Interview" mit den Eltern der Kinder aus M2 und M3.

Kinderarbeiter

Die Einkommen der Arbeiterfamilien waren oft so gering, dass auch die Kinder zum Lebensunterhalt beitragen mussten. Besonders im Bergbau und in der Textilindustrie wurden ihre kleinen Hände oder die geringe Körpergröße gebraucht. Vor allem waren sie von den Unternehmern als billige Arbeitskräfte geschätzt. Im Rheinland arbeiteten noch bis weit ins 20. Jahrhundert hinein viele Kinder in Ziegeleien und bei der Tongewinnung.

Erst allmählich wurde Kinderarbeit durch Gesetze eingeschränkt. So durften in Preußen seit 1839 keine Kinder unter zehn Jahren mehr in Fabriken beschäftigt werden, ab 1891 wurde das Mindestalter auf 14 Jahre heraufgesetzt. Dies galt jedoch nicht für die Landwirtschaft und die damals sehr verbreitete Heimarbeit.

1. Macht eine Spontanumfrage in der Klasse und stellt fest, wer schon gejobbt hat. Sprecht über die Gründe und die Unterschiede zur Kinderarbeit im 19. Jahrhundert.

Was ihr noch tun könnt:

Euch über das Jugendarbeitsschutzgesetz (www.bma.bund.de) und über Kinderarbeit in der Dritten Welt (www.oneworldweb.de) informieren.

M4 Aus einem Gesetzesvorschlag von 1837:

„... dass kein Kind vor dem vollendeten neunten Jahre zur Arbeit in den Fabriken bestimmt werden solle ... dass die Kinder vor ihrem Eintritt in eine Fabrik einen dreijährigen Schulbesuch nachweisen sollen ..."

Gesetzentwurf des 5. Rheinischen Provinziallandtags an den Preußischen König.

M5 Beobachtungen in einem englischen Bergwerk (um 1840):

„In den Kohlen- und Eisenbergwerken arbeiten Kinder von 4, 5, 7 Jahren; die meisten sind indes über 8 Jahre alt. Sie werden gebraucht, um das losgebrochene Material von der Bruchstelle nach dem Pferdeweg oder dem Hauptschacht zu transportieren ... Der Transport der Kohlen und des Eisengesteins ist eine sehr harte Arbeit, ... oft über feuchten Lehm oder durch Wasser, oft steile Abhänge hinauf und durch Gänge, die zuweilen so eng sind, dass die Arbeiter auf Händen und Füßen kriechen müssen ..."

Friedrich Engels, Die Lage der arbeitenden Klasse in England. Aus: Sozialistische Klassiker in Nachdrucken, Hannover 1965.

M6 Arbeiterwohnung in Berlin. Foto, 1915.

M7 Aussage einer Heimarbeiterin:

„Kaum ist früh der Mann auf Arbeit, da wachen die Kinder auf und wollen angezogen sein, eine Flasche und zu essen haben ... Dann setzt man sich hin und näht, denn es ist eilig zu liefern. Zwischendrein muss man wieder die Kinder baden usw. und wieder nähen, Geld verdienen ... das Essen muss besorgt werden. Schnell wird etwas bereitet, das nicht viel Arbeit macht, denn man muss nähen ...“

In: Else Sander, Lebenskunde, Leipzig 1922, S. 185.

5. Beschreibt das Bild und erläutert es mithilfe von M7.

Frauen und Beruf

Weil die Löhne der Familienväter kaum zum Leben reichten, mussten auch die Frauen mitarbeiten. Viele machten Heimarbeit oder gingen in die Fabrik. Ohne die Chance einer Ausbildung wurden ihnen dort nur die am schlechtesten bezahlten Arbeitsplätze zugewiesen. Doch auch bei gleicher Arbeit war ihr Lohn im Schnitt gut ein Drittel niedriger als der Lohn für Männer.

Vor und nach ihrer Lohnarbeit musste die Arbeiterin ihren Haushalt versorgen. So dauerte ihr Arbeitstag oftmals 17 oder 18 Stunden. Die Kinder waren tagsüber unversorgt, sodass oft schon die Sechsjährigen auf die noch kleineren aufpassen mussten.

6. Schildert die Situation berufstätiger Frauen im 19. und beginnenden 20. Jahrhundert; stellt insbesondere Heim- und Fabrikarbeit gegenüber.
7. Vergleicht Frauenarbeit damals und heute (Ausbildung, Löhne, Kinderbetreuung, Arbeitszeit, Haushalt ...).

Schreibt den Lückentext in euer Heft und ergänzt ihn: (___ = Arbeiter - Angestellte - Unternehmer - Industrie - niedrig - Frauen - Kindern - Wäsche - hart - Arbeit - Fabrik):

In der neu entstandenen ___-gesellschaft gaben die ___ den Ton an. Die ___ spielten eine Mittlerrolle zwischen Fabrikherren und ___. Die Arbeitsbedingungen waren ___ und der Lohn ___. Vor allem die ___ verdienten kaum das Nötigste zum Leben. Heim-___ wurde noch schlechter bezahlt als ___-arbeit, doch blieb Frauen mit kleinen ___ nichts anderes übrig als beispielsweise ___ zu nähen.

M8 „Ich bin die Anna und komme aus der Eifel. Mir geht es eigentlich gut, wenn nur nicht das Heimweh nach unserer großen Familie wär. Hier hab ich sogar eine eigene kleine Kammer unterm Dach. Im Winter ist die allerdings bitterkalt. Dann nehm ich mir einen heißen Ziegelstein mit ins Bett, der vorher auf dem Herd gelegen hat.

Morgens steh ich als Erste um fünf auf und mach die Öfen an. Den Tag über gibt es in dem großen Haushalt jede Menge Arbeit. Wenn ich nach dem Abendessen die Küche aufgeräumt und noch was Flickarbeit gemacht hab, fall ich um 10 Uhr todmüde ins Bett. Sonntags nachmittags hab ich Ausgang. Dann geh ich mit zwei anderen Mädchen aus unserem Dorf spazieren.“

In: Else Sander, Lebenskunde, Leipzig 1922, S. 185.

Was hat der Fortschritt gebracht?

Rückblick

Eine stolze Zeit liegt hinter uns. Wir Techniker und Unternehmer haben mit unseren Erfindungen die Welt verändert. Am wichtigsten ist doch die Erfindung der Dampfmaschine. Sie löste eine wahre Revolution der Arbeitswelt aus. So richtig in Fahrt kam die Industrie aber erst durch die Eisenbahn; 1835 fuhr sie erstmals auf deutschem Boden. Doch auch die Nutzung der Elektrizität brachte einen bedeutenden Anschub. Der Verbrennungsmotor schließlich schenkte uns die uneingeschränkte Bewegungsfreiheit! Unsere Produkte erleichtern das Leben und die Arbeit. Heute kann sich dank unserer Massenproduktion jeder mit billiger Kleidung und Hausrat versorgen. Und unzähligen Menschen haben wir Lohn und Brot gegeben!

Auch jetzt, am Ende dieses Jahrhunderts, arbeiten wir Frauen noch immer für viel niedrigere Löhne als die männlichen Kollegen. Wir Arbeiterinnen müssen uns abplagen, um etwas hinzuverdienen zu können, darunter leiden aber die Kinder. Unsere Wohnungen sind klein, dunkel und ungesund. Früher auf dem Land hatten wir wenigstens die Familie und wir konnten uns gegenseitig unterstützen. Das alles könnte vielleicht besser werden, wenn wir Frauen auch in der Politik mitreden dürften. Aber daran ist wohl nie zu denken. Die Frauen der feinen Bürger wollen, dass ihre Töchter studieren dürfen. Vielleicht ist das nicht so verkehrt, weil wir Frauen dann auch in bessere Berufe kommen könnten. Aber das ist Zukunftsmusik!

Uns Arbeiter hat man übel ausgebeutet. Schlecht bezahlt haben wir einen langen Arbeitstag von 10–12 Stunden. Viele Arbeitsplätze sind gefährlich und es passieren Unfälle. Wer krank wird, muss schnell sehen, dass er wieder zur Arbeit kommen kann. Unser Lohn reicht nicht aus, die Familie zu ernähren, sogar die Kinder müssen schon früh ran! Da haben die Angestellten in ihren feinen Büros einen angenehmeren Tag. Was nützen uns denn diese ganzen tollen Erfindungen! Zugegeben, Eisenbahn oder Straßenbahn sind eine feine Sache für alle. Aber elektrisches Licht kommt ja doch nie in die für uns Arbeiter bezahlbaren Wohnungen. Telefone und Automobile sind bloß Spielereien für die reichen Leute. Auch die Politiker interessieren sich kaum für unsere Sorgen. Unsere Wählerstimmen zählen ja viel weniger als die der reichen Unternehmer. Man müsste sich mal so richtig wehren können. Doch das traut sich keiner, denn draußen stehen schon die nächsten, die gerne unsere Arbeitsplätze einnehmen würden.

1. Lest die Aussagen und fasst die angesprochenen Punkte in einer Liste zusammen.
2. Macht auf der Basis der Aussagen ein kleines Rollenspiel; sprecht dabei jeweils auch Wünsche an die Zukunft aus.
3. Malt die Wortschlange in euer Heft und füllt sie mit den richtigen Begriffen.

Was ihr noch tun könnt:
- Bildbände und Berichte aus dem 19. Jahrhundert auswerten und in einer Wandzeitung verarbeiten.
- Technik- und Heimatmuseen besuchen und Einzelheiten über die Arbeitswelt im 19. Jahrhundert sammeln.

Wortschlange:
Das hat James Watt erfunden ➡ Industriestadt im Ruhrgebiet ➡ hier startete die erste Eisenbahn Deutschlands ➡ man kann damit heizen und Licht machen ➡ alle Bahnen brauchen es ➡ wenig beliebte Arbeitszeit ➡ darum geht es in diesem Kapitel ➡ wichtigster Rohstoff im 19. Jahrhundert ➡ noch heute unverzichtbare Energie

Was könnte besser werden?

Es gibt noch viel zu tun

Ein weiter Weg

Die Zeit der Frühindustrialisierung war eine Zeit großer Veränderungen auf allen Gebieten. Die Erfindung der Dampfmaschine ermöglichte einen Universalantrieb für Produktion und Verkehrswesen. Das wiederum löste einen Boom an weiteren Erfindungen und Entwicklungen aus. Dies alles revolutionierte die Arbeitswelt in unvorstellbarem Ausmaß. Auch die Gesellschaft veränderte sich grundlegend. Spielte bisher der Adel die führende Rolle, so gewannen nun die Unternehmer immer mehr Einfluss und Ansehen.

Auf der Arbeitnehmerseite waren es vor allem die Massen der Fabrikarbeiter und Bergleute, die eine neue Klasse bildeten. Unter unvorstellbar schwierigen Bedingungen brachten sie den „Fortschritt“ voran.

Was ihr im nächsten Kapitel erfahren werdet:
Im nächsten Kapitel wird es darum gehen, den Weg aus diesen für die Arbeiter recht harten „Gründerjahren“ heraus in unsere heutige Arbeitswelt relativer wirtschaftlicher Sicherheit nachzuzeichnen.

GLEICHER LOHN FÜR GLEICHE ARBEIT

Schauplatz Streik

Im 19. Jahrhundert lebten die meisten Industriearbeiter in Armut. Mit den niedrigen Löhnen konnten sie kaum ihre Familien ernähren und bei Arbeitsunfähigkeit waren sie weitgehend unversorgt. Es gehörte viel Mut und Verzweiflung dazu, sich gegen die schlechten Arbeitsbedingungen aufzulehnen, weil dann die Kündigung drohte. Bis zu unserer heutigen geregelten Arbeitswelt mit Tarifverträgen und Versicherungsschutz war es ein langer und mühevoller Weg.

1. Beschreibt das Gemälde „Ein Streik bricht aus“ von Robert Köhler aus dem Jahre 1886.
2. Entwerft Sprechblasen für einzelne Personen und Gruppen.
3. Tragt zusammen, was ihr schon über die heutige Arbeitswelt und ihre Bedingungen erfahren habt.

Arbeitskampf gestern und heute

M1 **Arbeiter und Unternehmer.** Gemälde von Stanislaw Lentz, 1895.

1. Beschreibt das Gemälde M1. Achtet auf Haltung und Gesichtsausdruck.
2. Nennt Gründe für Unzufriedenheit am Arbeitsplatz.
3. Überlegt euch einen Gesprächstext zu dieser Szene und spielt sie.

Gemeinsam stark

Besonders hart waren die Arbeitsbedingungen in der Frühzeit der Industrialisierung. Viele Unternehmer sperrten sich gegen Verbesserungen auf ihre Kosten. Die Arbeiter erkannten, dass sie nur in gemeinsamen Aktionen etwas erreichen konnten. In zahlreichen Streiks zeigten sie, wie ernst sie ihre Forderungen meinten.

Streik jedoch bedeutet Lohnausfall. Die Arbeiter vereinigten sich daher zur gegenseitigen Unterstützung und Bekräftigung ihrer Forderungen zu Gewerkschaften. In England entstanden sie gegen große Widerstände seit 1824. In Deutschland gab es seit 1848 Gewerkschaften; offiziell waren sie aber erst ab 1872 erlaubt.

M2 **Frühe Streiks im Revier:**

- Im Jahre 1889 kam es im Ruhrgebiet zu einem ersten großen Streik, an dem 80 Prozent aller Arbeiter teilnahmen. Damals streikten allein auf den 32 Dortmunder Zechen 19 000 Arbeiter.
- 1905 gab es einen weiteren großen Streik im Ruhr-Bergbau. Weil sich die Zechenleitung in Bochum weigerte, eine Zeitverlängerung um eine halbe Stunde pro Schicht zurückzunehmen, trat die gesamte Morgenschicht in den Streik. Wenige Tage später streikten 50 000 Bergarbeiter für mehr als drei Wochen. Man erreichte wesentliche Verbesserungen: Die Schichtdauer wurde auf 8,5 Stunden begrenzt und Überstunden wurden eingeschränkt.
- 1912 streikten erneut 190 000 Bergarbeiter. Dieses Mal ging es um eine 15-prozentige Lohnerhöhung und die Einführung der 8-Stunden-Schicht.

M3 **Stahlarbeiterstreik um 1990 im Ruhrgebiet.**

Streik – der letzte Ausweg

Auch heute gibt es Gründe, durch Arbeitsniederlegung Forderungen durchzusetzen: Menschenmassen sammeln sich mit Transparenten vor geschlossenen Werkstoren, Busse und Bahnen bleiben in ihren Depots, Fluglotsen legen den Luftverkehr lahm. Die einen verlangen höhere Löhne, andere protestieren gegen Entlassungen und wieder andere kämpfen um günstigere Arbeitszeiten.

So ein Streik entsteht kaum spontan. Er ist eine Aktion, die von den Vertretern der Arbeitnehmer, also den Gewerkschaften, organisiert wird. Mit der Androhung oder Durchführung eines Streiks wurde schon so manche Verhandlung mit den Arbeitgebern erfolgreich unterstützt. Doch nicht jeder Streik führt zum Erfolg. Oft werden Kompromisse geschlossen oder es bleibt alles, wie es war.

In jedem Falle aber ist Streik das letzte Mittel, auf das zurückgegriffen wird, wenn die Verhandlungen zu scheitern drohen.

4. Überlegt, ob und wobei Streik ein faires Mittel ist, um Forderungen durchzusetzen; wie könnte die Gegenseite reagieren?
5. Deutet den Begriff „Arbeitskampf" mithilfe von M4 und M5.

M4 **Karikatur aus der „Frankfurter Allgemeinen Zeitung", 1995.**

M5 **Bochumer Arbeiter kampfbereit: „Wir legen Europa lahm"**

Bochum – Kampfbereit und angriffslustig stehen die Bochumer Opel-Mitarbeiter vor den Werkstoren.

... Seit Donnerstagnachmittag stehen die Maschinen bei Opel in Bochum still. Das europäische Verteillager ist ebenfalls lahmgelegt. Die Belegschaft protestiert gegen den vom Mutterkonzern geplanten Abbau von 4000 der 9600 Stellen und die Aussicht auf die komplette Werksschließung 2010 ...

Rhein-Zeitung, 15. 10. 2004.

Arbeitskampf gestern und heute

M1 Zum ersten Mal seit 1995 wieder Warnstreiks bei Volkswagen:

Wolfsburg – Im Tarifkonflikt bei Volkswagen sieht sich Europas größter Autobauer erstmals seit 1995 mit Warnstreiks konfrontiert. ...

... Die IG Metall fordert vor allem eine Arbeitsplatzgarantie in einem Tarifvertrag und eine Lohnerhöhung von zwei Prozent. Ursprünglich hatte die Gewerkschaft vier Prozent mehr Geld verlangt. IG Metall-Verhandlungsführer Hartmut Meine hatte zudem bereits eine weitere Kompromissbereitschaft beim Thema Lohnerhöhung angedeutet. VW dagegen sieht keinen Spielraum für Einkommenserhöhungen und verlangt eine zweijährige Nullrunde.

Rhein-Zeitung, 29. 10. 2004.

M2 Verlauf von Tarifauseinandersetzungen.

1. Erläutert das Schaubild M2.
2. Nennt unterschiedliche Interessen von Arbeitnehmern und Arbeitgebern.
3. Begründet die Notwendigkeit von Tarifverträgen in der Arbeitswelt.

Tarifvertrag
Zwischen Vertretern der Arbeitnehmer (= Gewerkschaften) und Arbeitgebern geschlossene Vereinbarung über Arbeitsbedingungen wie z. B. Entlohnung, Arbeitszeit oder Urlaub. Tarifverträge werden für einen bestimmten Zeitraum – meist zwei Jahre – abgeschlossen und von Fall zu Fall neu verhandelt.

M3 Warnstreik der Metallarbeiter. Foto, 1995.

Zeitliche Orientierung

M4 Zeittafel. Der lange Weg zum gerechten Lohn.

1848
Erste Gewerkschaften in Deutschland.

1863
Allgemeiner Deutscher Arbeiterverein
(ab 1891 Sozialdemokratische Partei Deutschlands = SPD).

1878
Gesetz gegen die gemeingefährlichen Bestrebungen der Sozialdemokratie = Sozialistengesetz (1890 aufgehoben).

1889
Großer Streik im Ruhrgebiet.

1911
Erster Internationaler Frauentag am 19. März.

1918
Frauen erhalten aktives und passives Wahlrecht;
Gewerkschaften werden als Tarifvertragspartner akzeptiert, der Achtstunden-Tag wird vereinbart.

1932
44 Prozent der Gewerkschaftsmitglieder sind arbeitslos,
22 Prozent leisten Kurzarbeit.

1933
Gewerkschaften werden von den Nationalsozialisten zerschlagen.

1949
„Männer und Frauen sind gleichberechtigt“ wird als Artikel 3, Abs. 2 in das Grundgesetz aufgenommen.

1951
beschließt der Bundestag ein Betriebsverfassungsgesetz zur Regelung betrieblicher Mitbestimmung der Arbeitnehmer.

1955
„Frauenlöhne“ werden vom Bundesverfassungsgericht für verfassungswidrig erklärt.

1958
Ehe- und Familienrecht wird reformiert:
Frauen dürfen ohne Zustimmung ihrer Männer berufstätig sein.

1984
Erste Streiks und Aktionen zur Einführung der 35-Stunden-Woche.

Seit den 1990er-Jahren
Initiativen der Gewerkschaften gegen Massenarbeitslosigkeit.

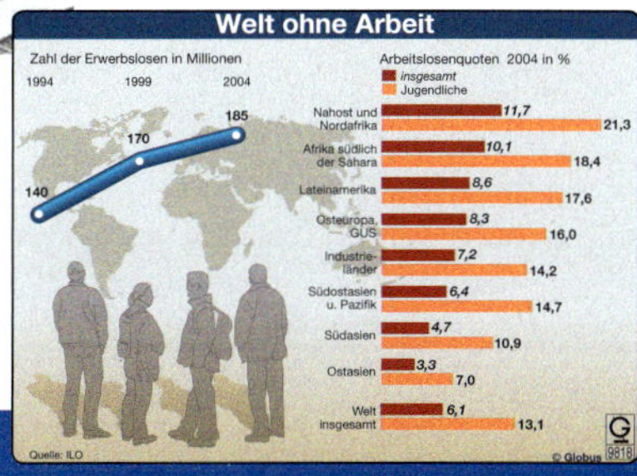

Wandzeitung

Ergebnisse präsentieren

Ihr könnt die einzelnen Abschnitte dieses Kapitels in Gruppen erarbeiten und durch weitere Recherchen ergänzen. Hierfür eignen sich Internet, Sachbücher oder Lexika, Bildbände bzw. alte Postkarten, vielleicht sogar Bilder aus dem eigenen Familienalbum und Erzählungen älterer Familienmitglieder.

Zu den hier behandelten Teilthemen passen die im Kapitel 6 „Fortschritt“ angesprochenen Problembereiche. Ihr könnt sie in vielen Fällen direkt zuordnen. Wenn ihr eure Ergebnisse in einer Wandzeitung gut gegliedert dokumentiert – z. B. mit kopierten Bildern, eigenen Zeichnungen und Texten –, ergibt sich eine Gesamtschau der Industrialisierung in Europa, vielleicht sogar im Vergleich zur heutigen Arbeitswelt und ihren Problemen.

1. Schritt
Aufgaben verteilen

Für die laufende Arbeit Sachbeauftragte wählen, die während der Bearbeitung des Kapitels auf folgende Bereiche achten und Belege sammeln für:

- technische Neuerungen,
- Veränderungen in der Lebenswelt (bei wem, wann, wo, in welcher Form?),
- Missstände und Lösungsmöglichkeiten für deren Beseitigung und
- die besondere Situation von Frauen in der Arbeitswelt.

2. Schritt
Material sortieren

Material ordnen, ergänzen und mit den übrigen Gruppen abstimmen.

3. Schritt
Material präsentieren

Material gegliedert nach Bereichen auf Tapete, Tonpapier oder ggf. Stellwände bringen.

4. Schritt
Ergebnis diskutieren

Teilthemen vorstellen, Verständnisfragen klären, Reaktionen des „Publikums“ diskutieren und evtl. Verbesserungen oder Ergänzungen anbringen.

M1 Die 8b bearbeitet ihre Wandzeitung. Foto, 2003.

Betriebserkundung

Sven ist zufrieden mit seinem Praktikumsplatz. In dem modernen Betrieb werden Druckfarben hergestellt und in alle Welt geliefert. Doch nun überlegt Sven, wie er seinen Praktikumsbericht so ergänzen kann, dass er sich von den übrigen abhebt.
Eine Zufallsentdeckung hilft ihm. Hat er doch neulich in der Verwaltung einen uralten gerahmten Briefbogen gesehen, daraus ließe sich doch was machen! Sven darf aus dem Firmenarchiv Pläne, Zeichnungen, Fotos und einige Beispiele aus den Geschäftsbüchern kopieren. Zwei Wochen später hängt er in der Klasse eine Collage mit der Firmengeschichte „seines" Betriebes auf und erhält dafür viel Anerkennung.

1. Vergleicht die Beispiele für Wandzeitungen M1 und M2. Was ist günstig, was eher unpraktisch?
2. Denkt über Mittel nach, die Sachverhalte anschaulich machen (z. B. Maschinen oder Leute bei der Arbeit abbilden, Produktionsschritte skizzieren, genau beschreiben oder in einfacher Form vorführen, mit heute vergleichen ...).
3. Entwerft als eigenes Beispiel eine Wandzeitung über die Geschichte einer Branche (z. B. Backwarenherstellung früher – heute).

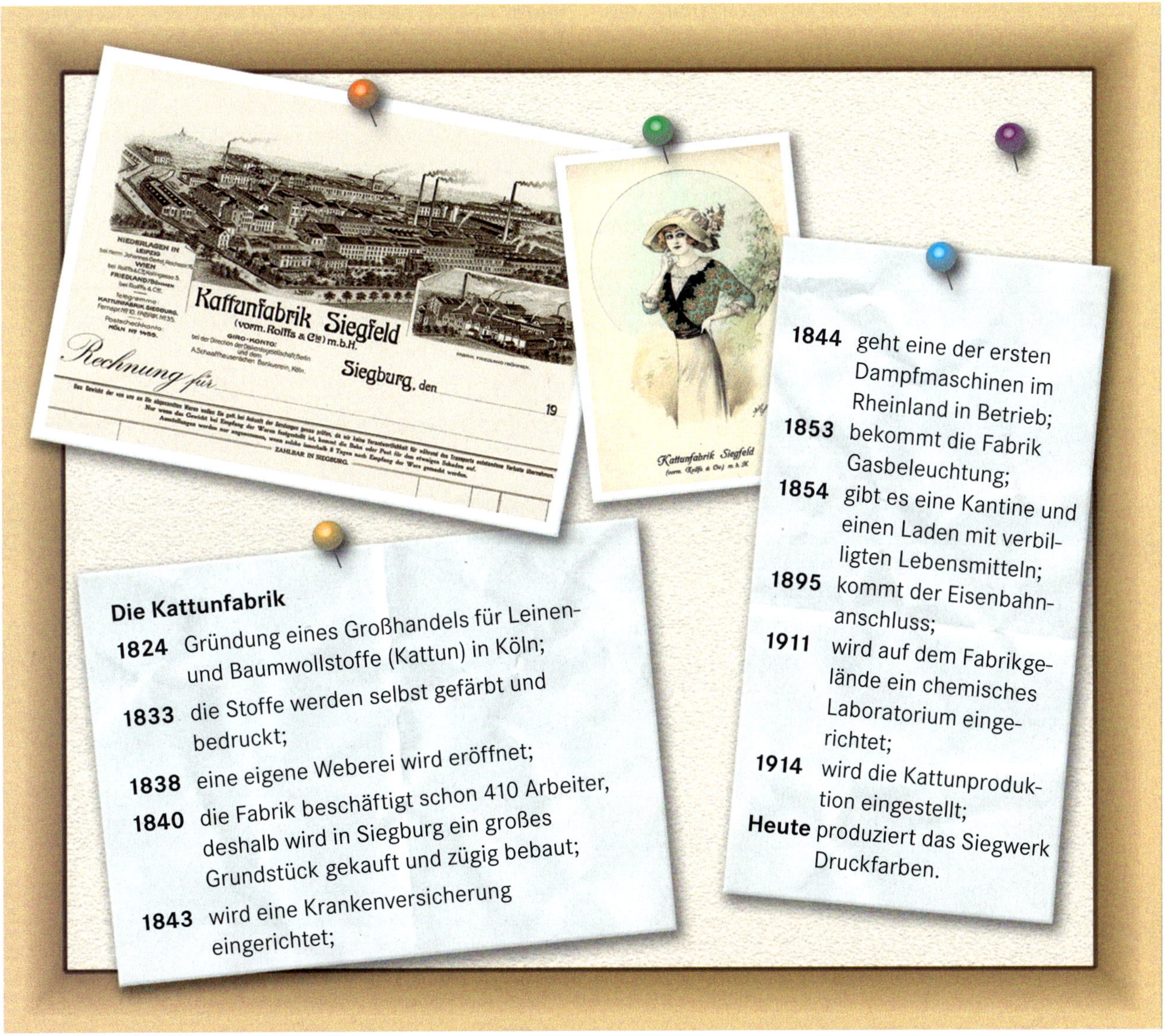

M2 Geschichte der ehemaligen Kattunfabrik Siegfeld in Siegburg (Schülerarbeit von Sven Maier, 8b).

Soziale Lage

Leben ohne Sicherheit

Angst vor dem Elend

Ein großer Teil der Menschen lebte in der vorindustriellen Gesellschaft in sehr bescheidenen Verhältnissen, wenn nicht sogar in Armut. Die überwiegende Mehrheit arbeitete in der Landwirtschaft mit ihren unwägbaren Risiken. Der Lebens- und Arbeitsrhythmus wurde von den natürlichen Tages- und Jahreszeiten bestimmt. Doch die meisten fanden in persönlichen Notsituationen Hilfe in der Großfamilie.

Die Industrialisierung dagegen bescherte zwar vielen ein geregeltes Einkommen, doch die frühen Unternehmer zahlten den vielen Arbeitsuchenden extrem niedrige Löhne. So lebte die Masse der Arbeiterinnen und Arbeiter stets am Rande der Verelendung. Krankheit, Arbeitsunfähigkeit oder Alter brachte sie sogleich in ausweglose Situationen. Hinzu kam, dass die Säuglings- und Kindersterblichkeit aufgrund medizinischer Fortschritte ständig zurückging, sodass hohe Kinderzahlen zur zusätzlichen Belastung der Arbeiterfamilien wurden.

Maschinen als Konkurrenten

Als Erstes traf es die Textilbranche. Spinnen und Weben war jahrhundertelang vor allem Heimarbeit. Auch in Westfalen war dies für die ländliche Unterschicht eine lebensnotwendige Erwerbsquelle.

Und dann kamen aus England die Maschinen und erste Fabriken wurden gegründet. In den Jahren 1845–47 beschwerten sich die Handspinner und -weber in mehreren Eingaben an den Oberpräsidenten der Preußischen Provinz Westfalen und baten „untertänig" um ein Verbot der „Unheil bringenden Maschinen". Mancherorts wurde die eiserne Konkurrenz sogar von wütenden Arbeitern zerschlagen.

Doch der Fortschritt war nicht aufzuhalten und die Zahl der einheimischen Arbeitskräfte reichte bald nicht mehr aus. So kamen Menschen aus der bitterarmen Eifel, aus Süddeutschland, dem Osten des Reiches und sogar aus Polen in die neuen Industriezentren wie z. B. in das Ruhrrevier.

1. Tragt zusammen, was ihr im Kapitel 6 über die technische Entwicklung erfahren habt.
2. Schildert die Folgen der Einführung von Maschinen für Handwerker.
3. Fasst die Situation der Arbeiter im 19. Jahrhundert zusammen.

M1 Zugezogene im Ruhrgebiet um 1900.

Geboren in	Anteil
Ostdeutschland	38,0 %
Nordwestdeutschland	11,5 %
Mitteldeutschland	9,5 %
Hessen	11,5 %
Süddeutschland	7,6 %
Ausland	18,8 %

M2 Handweber. Einheit von Wohnraum und Arbeitsstätte. Foto, 1910.

Unterbezahlt

Gerechter Lohn?

Nicht nur zur Zeit der Frühindustrialisierung vor mehr als 150 Jahren wurden ähnliche oder gar die gleichen Tätigkeiten von Männern und Frauen unterschiedlich bezahlt. Bis sie 1955 endlich für verfassungswidrig erklärt wurden, gab es besonders niedrige „Leichtlohngruppen" für Frauen mit der Begründung, dass das „schwache" Geschlecht vor schwerer körperlicher Arbeit geschützt werden müsse. Doch auch heute noch gibt es in vielen Bereichen Gehaltsunterschiede für dieselben Arbeiten.

1. Vergleicht Männer- mit Frauenlöhnen (M3) und begründet die Unterschiede.

M1 Clara Zetkin, die sich besonders stark für die Interessen der Arbeiterinnen einsetzte, schrieb im Jahre 1893:

„... Es ist an dieser Stelle wiederholt darauf hingewiesen worden, welches die Ursachen der steigenden Verwendung weiblicher Arbeitskräfte sind: ... Die selbsttätige, oft nicht einmal mehr der Regelung bedürfende Maschine, welche mit der Kraft eines Riesen und märchenhafter Geschicklichkeit, Geschwindigkeit und Genauigkeit arbeitet, macht die muskelstarke und gelernte Arbeit überflüssig. Der kapitalistische Unternehmer kann weibliche Arbeiter nun dort einstellen, wo er früher männliche verwenden musste. Und er stellt sie mit Vorliebe ein, denn die Arbeitskraft der Frauen ist billig, billiger als die der Männer.
Obgleich die produktive Leistungsfähigkeit der Arbeiterin meist hinter jener der Arbeiter nicht zurücksteht, so ist doch der Unterschied zwischen Männer- und Frauenlöhnen ein sehr bedeutender. Vielfach betragen letztere nur die Hälfte, oft auch nur ein Drittel der ersteren."

Die Gleichheit, Zeitschrift für die Interessen der Arbeiterinnen, Stuttgart, 1. November 1893. Zit. nach: Clara Zetkin, Ausgewählte Reden und Schriften, Bd. I, Berlin 1957, S. 31–442.

M2 Streikende Textilarbeiterinnen in Crimmitschau (Sachsen). Postkarte 1904.

M3 Für die Lohnunterschiede nennt Clara Zetkin folgende Beispiele:

Branche	Männer Mark	Frauen Mark
Spitzenfabrikation	20 – 35	7 – 15
Papierlaternen	16 – 22	7,50 – 10
Wollkämmerei	15 – 27	7,20 – 10,20
Stoffhandschuhe	12 – 30	6 – 15
Lederwaren	12 – 28	7 – 18

Die Gleichheit, Zeitschrift für die Interessen der Arbeiterinnen, Stuttgart, 1. November 1893. Zit. nach: Clara Zetkin, Ausgewählte Reden und Schriften, Bd.I, Berlin 1957, S. 31–442.

M4 Starke Gehaltsunterschiede zwischen Männern und Frauen:

Hamburg – Frauen verdienen einer Studie zufolge trotz gleicher Qualifikation im gleichen Job bis zu 30 Prozent weniger als ihre männlichen Kollegen. Für die Untersuchung der Vergütungsberatung Personalmarkt seien mehr als 250 000 Gehälter in 22 Berufen analysiert worden. So bekomme ein 45-jähriger Controller durchschnittlich 62 000 Euro brutto im Jahr, eine gleich alte Controllerin aber nur 42 000 Euro, ein Unterschied von 31 Prozent.

3. November 2004, 12:04 © RZ-Online GmbH & dpa.

Kampf um politische Rechte

1. Beschreibt M1 und versucht, die Hauptinschrift zu deuten.
2. Sucht Erklärungen für die übrigen Forderungen in M1.
3. Tauscht Erfahrungen zur Bedeutung des heutigen Feiertags 1. Mai aus.

Eine Partei für die Arbeiter

Das Verlangen nach Verbesserung der Arbeitsbedingungen erschien vielen nicht genug. Im Jahre 1863 gründete der Journalist Ferdinand Lassalle den Allgemeinen Deutschen Arbeiterverein. August Bebel und Wilhelm Liebknecht gründeten 1869 ebenfalls eine Arbeiterpartei. Beide Parteien wollten einen demokratischen Staat verwirklichen, in dem auch die Arbeiter ihre Interessen in der Politik stärker vertreten können. 1875 schlossen sie sich zur Sozialistischen Arbeiterpartei Deutschlands zusammen. Ab 1891 nannte man sich Sozialdemokratische Partei Deutschlands = SPD. Die SPD trat nun auch für das Frauenwahlrecht ein. Wilhelm Liebknecht sagte auf der Gründungsversammlung sinngemäß, dass sich eine Partei, die die Gleichheit auf ihr Banner schreibt, selber ins Gesicht schlägt, wenn sie der Hälfte der Menschheit die politischen Rechte verwehrt.

4. Überlegt, wie sinnvoll eine politische Partei als Interessenvertretung ist.

Was ihr noch tun könnt:
Besorgt euch Infoschriften heutiger Parteien und findet heraus, wofür sie jeweils besonders eintreten.

M1 Festblatt zum 1. Mai. Texte auf den Fahnen: Hoch die Sozialdemokratie – Fort mit der Gesindeordnung – Hoch der 8-Stunden-Tag – Frauen organisiert euch – Freiheit, Gleichheit, Brüderlichkeit. Holzschnitt von Otto Marcus.

M2 Karl Marx (1818–1883) aus Trier und **Friedrich Engels** (1820–1895), dessen Vater eine Fabrik in Engelskirchen (NRW; heute Industriemuseum) besaß, prangerten die Missstände in der Arbeitswelt des frühen Industriezeitalters auf das Schärfste an. Sie hielten eine radikale Umwälzung der politischen und gesellschaftlichen Ordnung für nötig. Ihre revolutionären Schriften – z. B. das „Kommunistische Manifest" – hatten großen Einfluss auf die gerade entstehenden Arbeiterparteien und auf die politische Entwicklung Europas im 20. Jahrhundert. Sie waren jedoch an keiner deutschen Parteigründung direkt beteiligt.

Proletarier
Im Römischen Reich Angehörige der rechtlosen Unterschicht (lateinisch proles). Im 19. Jahrhundert Klasse der Lohnarbeiter, die vom Verkauf ihrer Arbeitskraft lebte.

M3 Meinungen zur Gleichberechtigung der Frauen.

Ich möchte für meine Tochter eine genauso gute Schulbildung wie für den Sohn. Es wäre wichtig, dass auch Frauen sich einen angesehenen Beruf wählen können, damit sie nicht mehr von Männern abhängig sind. Auch fände ich es gut, wenn das öffentliche Leben ein bisschen mehr von Frauen beeinflusst wäre!

Wir Arbeiterinnen wollen endlich gleiche Rechte und gleichen Lohn wie die Männer. Auch sollten unsere Arbeitsbedingungen erleichtert werden, z. B. mehr Rücksicht auf Schwangere und Mütter mit Kleinkindern. Natürlich sollten Frauen auch wählen dürfen oder sogar gewählt werden.

M4 Auszug aus dem preußischen Vereinsgesetz von 1851:
„Für Vereine, welche bezwecken, politische Gegenstände in Versammlungen zu erörtern, gelten ... nachstehende Beschränkungen:
a) Sie dürfen keine Frauenspersonen, Schüler und Lehrlinge als Mitglieder aufnehmen. Frauenspersonen, Schüler und Lehrlinge dürfen den Versammlungen und Sitzungen solcher politischen Vereine nicht beiwohnen. Werden dieselben ... nicht entfernt, so ist Grund zur Auflösung der Versammlung oder der Sitzung vorhanden ..."

Gleichberechtigung?

Immer wieder hatten Frauen bewiesen, dass sie ebenso gut wie die Männer ihre Familien ernähren, einen Betrieb führen oder gar ein Königreich regieren konnten. Während die Frauen aus ärmeren Verhältnissen zu allen Zeiten arbeiten mussten, war Frauenarbeit in den höheren Kreisen verpönt. Wenn überhaupt, kamen nur betont „weibliche" Berufe in Kindererziehung oder Krankenpflege infrage. Höhere Bildung wurde abgeschmettert mit der Bemerkung: „Du heiratest ja doch!"

Die meisten Arbeiterfamilien waren dringend auf die Mitarbeit der Frauen angewiesen. Trotzdem verweigerte man ihnen lange Zeit die Gleichstellung mit den Männern.

In Deutschland haben sich Frauen wie Clara Zetkin oder Helene Lange seit Beginn des 19. Jahrhunderts politisch engagiert. Frauen haben sich zu Vereinen zusammengeschlossen und immer wieder die Gleichberechtigung gefordert.

M5 Arbeiterinnenversammlung sozialdemokratischer Frauen.
Ausschnitt, kolorierte Lithographie, 1890.

5. Erläutert die Bestimmungen in M4.
6. Begründet die unterschiedliche Vorstellung von Gleichberechtigung der Frauen aus M3.
7. Überlegt Argumente und spielt eine Szene zwischen einer modernen Frau und einem Mann aus der Zeit um 1880.

Wir sind doch wie eine große Familie

M1 **Bergarbeitersiedlung einer Zeche in Gelsenkirchen.** Foto, um 1950.

M2 **Gespräch unter Unternehmern.**

M3 **Konsumladen der Siemens-Schuckertwerke.** Foto, um 1930.

Leistungssteigerung durch Zufriedenheit

Als eine der ersten im Rheinland richtete die Siegburger Kattunfabrik Rolffs im Jahre 1843 eine Kranken- und Invalidenversicherung ein. Andere Firmen forderten die Richtlinien dieser Versicherung an, um sie nachzuahmen, u. a. die Spinnerei Ermen & Engels im Bergischen Land, die dem Vater von Friedrich Engels (vgl. S. 152) gehörte.

1854 richtete die Kattunfabrik eine „Speiseanstalt" und einen Konsumladen mit verbilligten Waren ein. 1865 gründete man für ledige Arbeiterinnen eine Näh- und Strickschule. Arbeitern mit weitem Heimweg baute man auf dem Fabrikgelände in Siegburg Schlafsäle mit Badestuben. Solange aber soziale Leistungen der Firmen noch freiwillig waren, bedeutete der Verlust des Arbeitsplatzes gleichzeitig den totalen Absturz in Armut und Elend.

1. Beschreibt M1 und findet Vor- und Nachteile von Werkswohnungen.
2. Nennt Gründe, wieso ein Firmeninhaber die Lage seiner Arbeiter freiwillig verbessern möchte (M2).
3. Begründet die Einrichtung firmeneigener Läden (M3).
4. Ein junger Mann tritt 1897 in die BASF ein. Er berichtet begeistert: „…" (M4).

M4 **Betriebliche Leistungen der BASF, Ludwigshafen:**

1866 erste Werkswohnungen; Betreuung der Arbeiter durch einen Arzt in Ludwigshafen
1871 Pensionskasse für die Altersversorgung der Arbeiter
1875 erste Krankenfürsorge
1884 Gründung einer Betriebskrankenkasse; Werksküche
1886 Unfallversicherung; Werksambulanz
1888 Altersversorgung für Angestellte
1893 Abteilung für Arbeitsschutz und Unfallverhütung; Badeanstalt für Familienangehörige
1894 Haushaltsschule für Arbeitertöchter
1897 Bau einer Turnhalle …

5. Überlegt euch, wie Vertreter der Kirchen auf die Probleme der Industrialisierung hätten reagieren sollen.

Ausbeutung ist unmenschlich

Schon früh hatte sich die Kirche um Bedürftige gekümmert. Auch im 19. Jahrhundert griffen die christlichen Kirchen die drängendsten Probleme auf. So errichtete Pastor Bodelschwingh Arbeiter- und Behindertenkolonien, wo Arbeitslose oder aus der normalen Arbeitswelt Ausgeschlossene eine neue Chance erhielten. Er sagte einmal, statt Almosen zu empfangen, solle ihnen hier die große Wohltat gewährt werden, selbstverdientes Brot zu essen. Der Mainzer Bischof Ketteler forderte von den Unternehmern, die Arbeiter am Gewinn zu beteiligen sowie Frauen- und Kinderarbeit einzuschränken. Den Arbeitern riet er, Vereine zu gründen und gegenseitige Hilfe zu organisieren. Besonders bekannt sind die „Kolpinghäuser". Ihr Gründer Adolf Kolping hat sie als katholische Gesellenvereinshäuser gegründet. Hier konnten Handwerksgesellen wohnen und essen.

6. Beschreibt die Werkstätten M5 und M6; vermutet, was jeweils hergestellt wird.
7. Fasst die kirchlichen Hilfsmaßnahmen zusammen und berichtet.

Was ihr noch tun könnt:
Herausfinden, wo heute die Schwerpunkte kirchlicher Hilfen liegen.

M5 Werkstatt im „Rauhen Haus", gegründet 1833 von Heinrich Wichern. Obdachlosen Kindern wurde hier eine Berufsausbildung mit Unterkunft geboten. Zeitgenössische Darstellung, 1845.

Papst Leo XIII. mahnte im Jahre 1891, der Staat müsse für Niedere und Hohe da sein und sich in „gebührender Weise" dem Schutz der Arbeiter annehmen. Es sei unehrenhaft und unmenschlich, Menschen wie eine Ware zum eigenen Gewinn auszubeuten und ein großes Verbrechen, das um „Rache zum Himmel ruft", wenn den Arbeitern der verdiente Lohn vorenthalten werde.

M6 Werkstatt in der Bodelschwinghschen Kolonie „Hoffnungsthal", 1905. Außer mehreren Arbeiterheimen leitete Pastor von Bodelschwingh das Dorf Bethel bei Bielefeld, wo Behinderte und Gefährdete noch heute Lebensmittelpunkt und Arbeitsmöglichkeiten finden.

Reformen statt Revolution

„Zuckerbrot und Peitsche"

Kaiser, Adel und Großbürgertum sahen den wachsenden Einfluss der SPD mit Misstrauen. 1878 trat das so genannte „Sozialistengesetz" in Kraft. Die SPD wurde zwar nicht als Partei verboten, aber jegliche Aktivitäten waren untersagt. Versammlungen waren verboten und führende Leute wurden verhaftet. Doch die Arbeiter gaben nicht auf und setzten die Parteiarbeit heimlich fort. 1890 wurden die Gesetze aufgehoben.

Die deutsche Reichsregierung entwickelte inzwischen als Gegengewicht zur Arbeiterbewegung unter ihrem Kanzler Otto von Bismarck ein neues Gesetzeswerk. Die Arbeiter sollten eine Absicherung gegen Krankheit, Unfälle und Arbeitsunfähigkeit durch Alter oder Invalidität erhalten. Ein weltweit einzigartiges Sozialversicherungs-System trat Schritt für Schritt in Kraft.

Hierdurch wollte der Staat beweisen, dass auch er sich um die Arbeiterschaft bemüht. Somit wäre eine besondere Arbeiterpartei wie die SPD im Grunde überflüssig. Bismarck selber meinte einmal dazu, wenn der Arbeiter keinen Grund mehr zur Klage hätte, wären der Sozialdemokratie die Wurzeln abgegraben!

M1 Entwicklung der Sozialversicherung:

1883	Kranken- und Unfallversicherung für Arbeiter
1889	Rentenversicherung für Arbeiter
1892	Krankenversicherung für Angestellte
1911	Rentenversicherung für Angestellte
1927	Arbeitslosenversicherung
1957	Lohnfortzahlung bei Krankheit
1995	Pflegeversicherung

M3 **„Der prassende Altersrentner".** Karikatur, 1891.

1. Betrachtet Bild M2 und überlegt, wonach die Polizisten gesucht haben könnten. Mit welchen Folgen mag das Arbeiterpaar gerechnet haben?
2. Erklärt das „Sozialistengesetz" und beurteilt ganz allgemein das Verbot politischer Betätigung.
3. Beschreibt und erklärt M3 (Kritik woran, wie dargestellt?)
4. Spielt folgende Szene: Bismarck macht seinem Kaiser die Notwendigkeit der Sozialgesetzgebung klar.

Was ihr noch tun könnt:
Erkundigt euch genauer nach den Bestimmungen und Leistungen der heutigen Sozialversicherungen.

M2 **Hausdurchsuchung bei einem politisch verdächtigen Arbeiter.** Stich, 1885.

M4 Udo M., 17 Jahre, Auszubildender zum Industriemechaniker:

„Neulich musste ich für die Firma was besorgen und bin unterwegs mit dem Mofa ins Schleudern geraten. Die Arztkosten mit allem Drum und Dran hat die gesetzliche Unfallversicherung bezahlt. Die muss jeder Betrieb für alle Beschäftigten auf eigene Kosten abschließen. Auch wenn mir auf dem Weg zur Arbeit oder auf dem Heimweg was passiert, bin ich dadurch abgesichert."

M5 Ines M., 16 Jahre, Auszubildende zur Bankkauffrau:

„Natürlich bin ich auch jetzt schon voll versichert. Krankenkasse, Pflegeversicherung, Arbeitslosen- und Rentenversicherung. Die Hälfte der Beiträge zahlt der Arbeitgeber."

M6 Erwin B., 19 Jahre, Chemikant:

„Nach erfolgreichem Abschluss der Ausbildung finde ich jetzt keine Stelle. Vom Arbeitsamt bekomme ich immerhin Arbeitslosengeld auf der Grundlage eines durchschnittlichen Anfangsgehalts in der Chemischen Industrie. Und das ist erheblich mehr, als wenn die Ausbildungsbeihilfe zugrunde gelegt würde. Immerhin habe ich ja auch schon 3 $^{1}/_{2}$ Jahre fleißig Beiträge in die Arbeitslosenversicherung gezahlt. Und jetzt hoffe ich, dass es bald klappt mit dem Job!"

5. Vergleicht die Aussagen der Jugendlichen mit der Absicherung der Arbeitnehmer im 19. Jahrhundert.
6. Tragt zusammen, was ihr über die heutige Sozialversicherung wisst (evtl. Berufstätige fragen).

Was ihr auf den Seiten 158–161 tun könnt:

Die folgenden vier Seiten können in Einzel-, Partner- oder Kleingruppenarbeit vorbereitet und dann der Klasse vorgestellt werden. Diese Beispiele wollen darüber hinaus Anregungen geben, im Rahmen der Berufsorientierung selber der Geschichte einzelner Berufe, Produktionszweige oder Firmen nachzuspüren (vgl. Methode „Wandzeitung", S. 148).

Verbessert den folgenden Text und schreibt ihn richtig in euer Heft:

Den Industriearbeitern im 19. Jahrhundert ging es besonders gut. Ihre Löhne waren niedrig und die Familien lebten im Luxus. Alle Fabrikherren bauten ihren Arbeitern schöne Häuser und zahlten ihnen bei Krankheit kein Geld. Frauen verdienten besonders wenig und sie hatten alle beruflichen Chancen. Auch in der Politik spielten sie eine große Rolle. Um 1870 herum entstand die SPD als neue Partei, die sich besonders für Arbeiter einsetzte. Auch die Regierung förderte die Arbeit dieser Partei. Für die Arbeiter tat die Regierung wenig.

Selbstarbeitsseite

Arbeitswelt im Wandel: Metallarbeiter

1. Verfasst aus den Stichworten kurze Statements.
2. Stellt der Klasse die Lebensumstände der beiden Personen vor (zu zweit mit verteilten Rollen); achtet dabei besonders auf Folgendes:
   - Vermutet, wie Arbeitsplatz und Arbeitsbedingungen aussehen.
   - Gebt einen Überblick über den Stand der Technik.
   - Überlegt, wie Krankheit oder Arbeitsunfähigkeit abgesichert sind.
   - Beschreibt Familien- und Wohnverhältnisse.

M2 Schleiferei in einer Schreibwarenfabrik. Foto, um 1900.

M1 Nachmessen eines Werkstücks.

Rollenkarte 2
Metallarbeiter im 19. Jahrhundert

Stichpunkte für Arbeiter Erwin W. (1853–1911):
Ältester von 11 Kindern – mit 12 Jahren in Ziegelei gearbeitet – Arbeitsbeginn dort 4.30 Uhr – mit 14 Lehre in der Gießerei – schwere Arbeit – immer wieder Unfälle – Pflicht zu Gehorsam und Pünktlichkeit – zweimal hintereinander Zuspätkommen ist Kündigungsgrund – Aufwiegelung zum Streik führt sofort zu Entlassung – Geldstrafen für kleinere Vergehen – zuerst 13 Stunden am Tag für 2 Mark Tageslohn, seit 1903 noch 11 Stunden – Sonn- und Feiertage frei – kein bezahlter Urlaub – Kollegen bei den Gaswerken haben drei Tage Urlaub pro Jahr, wenn mehr als fünf Jahre im Betrieb – im Notfall freinehmen, aber Lohnabzug – Lohn knapp, reicht kaum zum Leben – Frau muss mitarbeiten für 1,20 Tageslohn in der Steingutfabrik – mit 5 Kindern preiswerte Werkswohnung, Küche, zwei Zimmer, kleiner Garten für Gemüse und Kaninchen – Krankenversicherung und Altersrente – nicht viel, aber besser als früher

Rollenkarte 1
Metallarbeiter heute

Stichpunkte für Anlagenmechaniker Dirk M. (23):
Große Auswahl spezialisierter Metallberufe – gründliche Ausbildung – mit technischen Zeichnungen umgehen – Programmieren der Maschinen – viele technische Hilfsmittel erleichtern körperliche Arbeit – guter Unfallschutz – Lohn auch bei Krankheit – 5-Tage-Woche – Urlaubsreise dieses Jahr ungewiss – Weihnachtsgeld gekürzt – Hoffnung auf Lohnerhöhung, weil alles teurer wird – angesehene Firma, doch Gerüchte über Verkauf

M3 Eisengießerei in Bonn. Foto, um 1900.

Selbstarbeitsseite

Arbeitswelt im Wandel: Fabrikarbeiterin

1. Verfasst aus den Stichworten kurze Statements.
2. Stellt der Klasse die Lebensumstände der beiden Personen vor (zu zweit mit verteilten Rollen); achtet dabei besonders auf Folgendes:
   - Vermutet, wie Arbeitsplatz und Arbeitsbedingungen aussehen.
   - Gebt einen Überblick über den Stand der Technik.
   - Überlegt, wie Krankheit oder Arbeitsunfähigkeit abgesichert sind.
   - Beschreibt Familien- und Wohnverhältnisse.

M2 Doppelwebstuhl im Websaal einer Wollweberei. Foto, um 1915.

M1 Textilmaschinenführerin.

Rollenkarte 2
Fabrikarbeiterin im frühen 20. Jahrhundert

Stichpunkte für die Textilarbeiterin Agnes R. (1891–1974):
Keine Lehre, sofort an die Maschinen – Arbeitsbeginn um 7 Uhr, um 1/2 12 Uhr eine halbe Stunde Pause, dann ohne Unterbrechung weiter bis 4 Uhr – in der Weberei an zwei Stühlen gleichzeitig – immer wieder über einem der Stühle hängen und gerissene Fäden anknüpfen – ständig Rückenschmerzen, besonders hart, weil schwanger – nach Geburt schnell wieder zur Arbeit – nachmittags in einer halben Stunde zwei Webstühle reinigen, dabei Dreck, Leim und Stärkestaub schlucken – strenge Kontrolle: wenn nicht perfekt, neu machen – Bezahlung im Akkord – Lohnausfall bei Störungen – Mann Lagerverwalter – Dreizimmerwohnung mit vier Kindern und Großmutter

Rollenkarte 1
Fabrikarbeiterin heute

Stichpunkte für die Arbeiterin Nina L. (25):
Facharbeiterin mit Ausbildung – verheiratet – nach Mutterschutz ein Jahr Babypause – eine Tochter, tagsüber hier im Betriebskindergarten, der soll aber geschlossen werden; was dann? – Mitarbeit, weil sparen für Eigenheim – verantwortungsvolle Arbeit – Wechsel im Team möglich, nicht immer dieselben Handgriffe – Köpfchen statt Körperkräfte gefragt – Bezahlung wie männliche Kollegen, was nicht überall so ist

M3 Weberin beim Anknüpfen eines Fadens. Foto, um 1950.

Arbeitswelt im Wandel: Büroangestellte

1. Verfasst aus den Stichworten kurze Statements.
2. Stellt der Klasse die Lebensumstände der beiden Personen vor (zu zweit mit verteilten Rollen); achtet dabei besonders auf Folgendes:
   - Vermutet, wie Arbeitsplatz und Arbeitsbedingungen aussehen.
   - Gebt einen Überblick über den Stand der Technik.
   - Überlegt, wie Krankheit oder Arbeitsunfähigkeit abgesichert sind.
   - Beschreibt Familien- und Wohnverhältnisse.

M2 Kontor einer Weberei in Bielefeld. Foto, um 1900.

M1 Bürokauffrau. Foto.

Rollenkarte 2
Büroangestellte im 19. Jahrhundert

Stichpunkte für Wilhelm E. (1872–1930): Büroarbeit in seiner Jugend reine Männersache – Angestellte (= Privatbeamte) in schwarzen Anzügen an Stehpulten – Vermittler zwischen Direktion und Arbeiterschaft – bessere Arbeitszeit und mehr Geld als Arbeiter – Rente in Aussicht – Etage in gutem Wohnviertel – Ehefrau ohne Beruf – auch Tochter wird für Haushaltsführung erzogen – schreiben mit Stahlfedern und Tinte in die Geschäftsbücher – Arbeiter betreten „Kontor" nur bei wöchentlicher Lohnzahlung oder für Ermahnungen – seit einiger Zeit Schreibmaschinen als neue Erfindung im Kontor – Bedienung durch Frauen, weil untergeordnete Tätigkeit und schlecht bezahlt – in manchen Firmen neuerdings Schreibsäle mit Dutzenden von Tippfräulein, ähnlich wie die Säle für Telefonvermittlung

Rollenkarte 1
Büroangestellte heute

Stichpunkte für die Auszubildende Katharina S. (18): Zweites Ausbildungsjahr als Bürokauffrau in westfälischer Möbelfabrik – hohe Anforderungen – wohnt bei Eltern im Reihenhaus – Arbeitsplätze mit modernsten Computern ausgestattet – schlechte Auftragslage – Anstellung nach Prüfung ungewiss – verantwortungsvoller Beruf mit Verwaltung eines Sachbereichs z. B. im Einkauf oder im Personalbüro – Kolleginnen im Sekretariat sind Büromanagerinnen – bereiten Konferenzen vor, verwalten Termine und behalten gesamten Überblick

M3 Telefonistinnen. Foto, um 1910.

M4 Reiseschreibmaschine (Anfang 20. Jahrhundert). Foto.

Arbeitswelt im Wandel: Auszubildende

1. Verfasst aus den Stichworten kurze Statements.
2. Stellt der Klasse die Lebensumstände der beiden Personen vor (zu zweit mit verteilten Rollen); achtet dabei besonders auf Folgendes:
   - Vermutet, wie Arbeitsplatz und Arbeitsbedingungen aussehen.
   - Gebt einen Überblick über den Stand der Technik.
   - Überlegt, wie Krankheit oder Arbeitsunfähigkeit abgesichert sind.
   - Beschreibt Familien- und Wohnverhältnisse.

Stempelfrei nach § 131c der Gewerbe Ordnung für das Deutsche Reich.

PRÜFUNGS-ZEUGNIS

Der [illegible] Lehrling Franz Rohr
der Königlichen [illegible] geboren am
4ten Februar 1901 in Siegburg Kreis Sieg
hat vor dem unterzeichneten Prüfungsausschuß die Gesellenprüfung abgelegt.
Auf Grund der eigenhändigen Ausführung der ihm aufgetragenen Probearbeit, bestehend in [illegible]

M1 Lehrabschlusszeugnis von 1918.

Rollenkarte 1
Auszubildender heute

Stichpunkte für den Auszubildenden Udo M. (17), Automobilmechaniker:
Ausbildung wichtig, in der Produktion heute ca. 98 Prozent Facharbeiter – Ausbildungsdauer: $3\,^1/_2$ Jahre – gutes Zeugnis – hohe Anforderungen, viel Elektronik – ordentliche Ausbildungsvergütung – modernes Ausbildungszentrum mit komfortablen Einrichtungen – Arbeitsplätze von der Konjunktur abhängig, doch wo gibt es heutzutage schon Garantien – großer Freundeskreis – Wohngemeinschaft mit zwei anderen Azubis

Rollenkarte 2
Auszubildender frühes 20. Jahrhundert

Stichpunkte für den Auszubildenden Franz R. (1903–1982), Autoschlosser:
Mit 14 Jahren nach acht Jahren Volksschule in die Lehre zu Schlossermeister – nicht so gut in der Schule, aber starkes Interesse an Autos – Schlüsselindustrie geworden, daher Beruf mit Zukunft – Autoreparatur als neuer Gewerbezweig – erste Zapfsäule des Ortes vor der Werkstatt – großes handwerkliches Geschick gefragt – viel Kraft nötig – verantwortlich für Sauberkeit in der Werkstatt – holt Essen für Meister und Gesellen – morgens als Erster in der Werkstatt und Ofen anmachen – auch schon mal Ohrfeigen vom Meister – kleines Taschengeld – wohnt zu Hause mit sechs Geschwistern

1

2

3

M2–4 Autoproduktion gestern und heute. Bis weit in die 2. Hälfte des 20. Jahrhunderts war das von Henry Ford 1909 erstmals eingesetzte Fließband aus der Autoproduktion nicht wegzudenken. Heute beherrschen zwei Produktionsformen die Szene: Fertigung durch Roboter und Teams, die für den gesamten Ablauf oder für fest umrissene Produktionsabschnitte verantwortlich sind. Fotos.

Was wichtig war – was richtig bleibt

M1 Sind Gewerkschaften überflüssig?

„Die deutschen Gewerkschaften rechnen damit, weiter an Einfluss zu verlieren. Laut einer internen Studie des Deutschen Gewerkschaftsbundes (DGB) ist die Krise schärfer als bereits allgemein bekannt. 20 Prozent der DGB-Mitglieder seien Rentner, nur sechs Prozent gehörten der Gewerkschaftsjugend an. Da selbst in Traditionsbranchen und Betrieben die Fähigkeit abnehme, Mitglieder zu binden, gehe man für die kommenden Jahre von Mitgliederverlusten in Höhe von bis zu 4,5 Prozent jährlich aus."

So meldet es die „Tagesschau" am 1.3.2005.

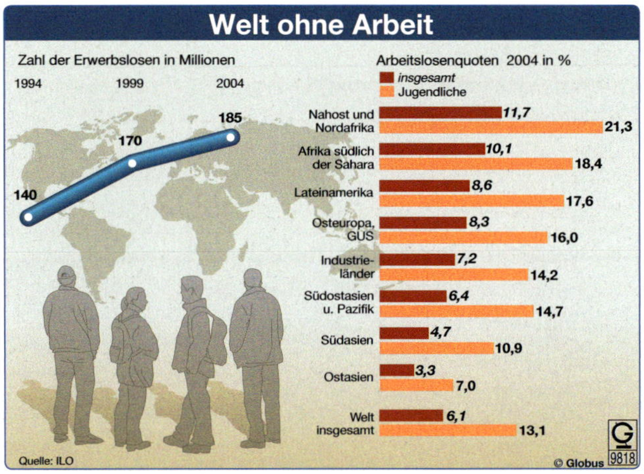

M2 Grafik zur Arbeitslosigkeit.

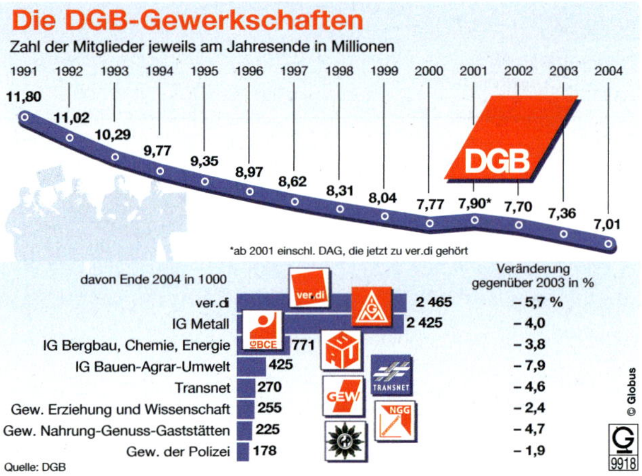

M3 Grafik zu Gewerkschaftsmitgliedern.

Sind 150 Jahre Einsatz und Kampf für die Interessen der Arbeitnehmer so einfach vergessen? Die alten Ziele der Gewerkschaften des 19. Jahrhunderts sind mehr oder weniger erreicht: Verbesserung der Arbeits- und Lebensbedingungen, Sicherung der Einkommen, Verkürzung der Arbeitszeiten und Mitgestaltung der sozialen Sicherungen.

Heute haben die Arbeitnehmer ein deutlich höheres Bildungsniveau und einen relativen Wohlstand erlangt. Die Arbeitswelt ist vielfältiger geworden. Entsprechend unterschiedlich sind die Interessen. Solidarität hat also keinen großen Stellenwert mehr.

Wenn die Gewerkschaften als Organisationen der Arbeitnehmer überleben wollen, müssen sie sich der modernen Arbeitswelt anpassen. Sie müssen ihr Augenmerk beispielsweise auf die Bedingungen für befristet Beschäftigte, Teilzeit-, Team- oder Gruppenarbeit richten. Auch müssen sie die Interessen der Arbeitslosen stärker beachten oder auf die Konflikte zwischen Arbeitswelt und anderen Lebensbereichen wie Kindererziehung eingehen.

Zukunftsweisende Bereiche wären z. B. der Einsatz für bezahlte Elternteilzeit oder mehr Flexibilität bei der Lebensarbeitszeit. Auch die Öffnung über die nationalen Grenzen hinaus mit Blick auf die europäischen Gegebenheiten wäre wichtig.

Entwerft und spielt ein Rollenspiel in Form einer Podiumsdiskussion (evtl. mit Publikumsbeteiligung).

- 2–3 Vertreter aus der Zeit um 1870, also der „alten" Gewerkschaft, treten gegen die gleiche Anzahl heutiger Gewerkschaftsvertreter an.
- Eine Moderatorin oder ein Moderator sorgt für den geordneten Ablauf.
- Argumente für die Gewerkschafter des 19. Jahrhunderts findet ihr in diesem Kapitel.
- Argumente für die heutige Zeit stehen im Text dieser Seite.
- Ergänzt die Argumente jeweils um eigene Ideen.

M4 **Nora (16) befragt ihre Urgroßmutter (87).** Foto.

Gespräch Oktober 2004

Nora (N): Wir sprechen in der Schule gerade über unsere Zukunft und informieren uns über Berufe. Einerseits gibt es viele tolle Möglichkeiten, aber andererseits sehen heute die Chancen auf einen Ausbildungs- oder Arbeitsplatz nicht so gut aus.
Urgroßmutter (U): Also ich finde es prima, dass ihr so was in der Schule besprecht. Zu unserer Zeit war das überhaupt kein Thema. Nur ganz wenige aus der Klasse dachten daran, mal einen Beruf zu ergreifen. Eine Freundin sollte auf die Handelsschule gehen. Das hätte mich auch interessiert, aber meine Eltern winkten gleich ab und meinten, dass ich wohl mal heirate und nicht arbeiten gehen muss.

N: Und was hast du gemacht, bis es soweit war?
U: Ich half im elterlichen Hotelbetrieb, durfte in einen Hauswirtschaftskurs gehen und musste weiter Klavierspielen lernen.

N: Damit kann man aber nicht viel anfangen.
U: Und genau das zeigte sich nach dem Krieg. Die was gelernt hatten, waren fein raus, aber andere Freundinnen, die ihre Ehemänner verloren hatten, standen da und mussten Gelegenheitsjobs annehmen oder als Ungelernte in die Fabrik gehen. Dementsprechend winzig waren dann später auch die Renten.

N: Und du? Dein Mann ist doch auch aus dem Krieg nicht mehr heimgekommen.
U: Zuerst ging ich mit deiner Oma, die damals ein Kleinkind war, zu den Eltern zurück. Dann hatte ich ja das Glück, mich wieder verheiraten zu können.

N: Aber ist das nicht total langweilig?
U: Das fand ich damals nicht. Aber wenn ich heute sehe, was die jungen Frauen alles erreichen können, wünsche ich mir schon, ich hätte was Ordentliches gelernt. Ein Büroberuf hätte mir bestimmt gefallen.

N: Wie war das eigentlich bei deiner Mutter oder Großmutter?
U: Im Grunde genau wie bei mir. Die haben jung geheiratet und weil sie auch in einem Geschäftshaushalt waren, haben sie ganz selbstverständlich mitgearbeitet. So war das sicher schon immer und ewig. Zwei unverheiratete Tanten lebten jeweils als billige Arbeitskräfte in den Familien ihrer Brüder. Eine Schwester meines Vaters durfte Krankenschwester werden, das war aber schon die Ausnahme.

N: Ich habe gelesen, dass heute immer noch in manchen Berufen Frauen schlechter bezahlt werden als Männer. Früher war das sicher nicht besser.
U: Richtig, auch wenn sie dieselbe Arbeit gemacht haben, gab es weniger Geld. Das war sogar im Haushalt so. Unser Hausbursche für Botengänge und andere Hilfsarbeiten bekam wesentlich mehr als ein Dienstmädchen, was den ganzen Tag wirklich schwere Arbeit machen musste ...

1. Wiederholt, was ihr im Kapitel über Frauenarbeit erfahren habt und vergleicht mit den Aussagen dieses Gesprächs.
2. Überlegt, was niedrige Löhne mit niedriger Rente zu tun haben.
3. Vergleicht Berufe und Verdienst der Frauen aus eurem Bekanntenkreis mit denen der Männer.

HEIL DIR IM SIEGERKRANZ

Der Staat als Kasernenhof

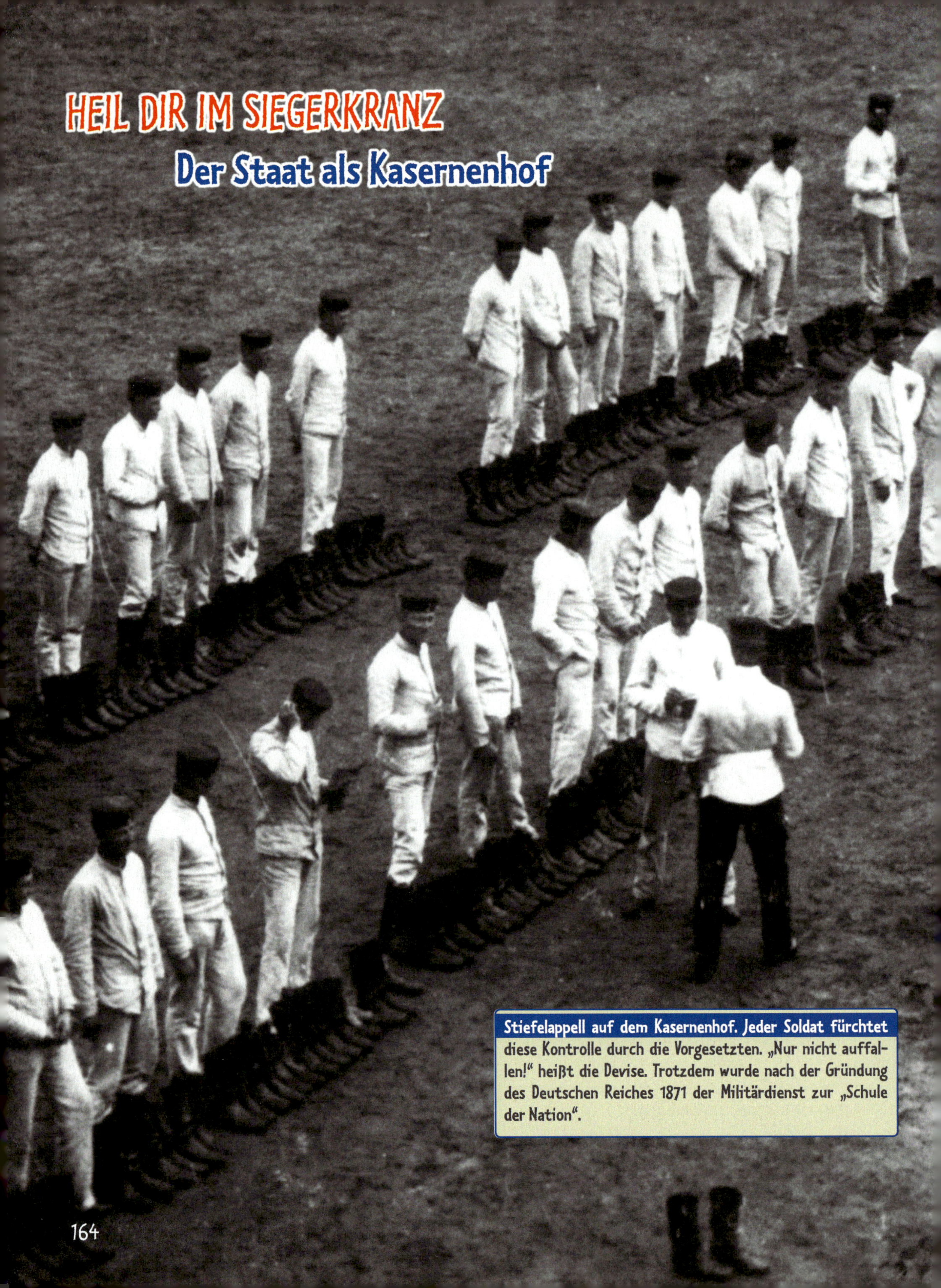

Stiefelappell auf dem Kasernenhof. Jeder Soldat fürchtet diese Kontrolle durch die Vorgesetzten. „Nur nicht auffallen!“ heißt die Devise. Trotzdem wurde nach der Gründung des Deutschen Reiches 1871 der Militärdienst zur „Schule der Nation“.

1. Beschreibt die Fotos:
   - Was geschieht gerade?
   - Welche Funktion haben die Personen dabei?
   - Welche Gefühle, welche Gedanken könnten sie gehabt haben?

Das Militär prägt das Stadtbild

M1 Drill auf dem Kasernenhof um 1880. Aquarell.

M2 Kasernengebäude in Bonn. Foto, um 1900.

Das Militär als „Schule der Nation"

Schon in Preußen spielte das Militär eine wichtige Rolle. Des „Königs Rock" (= Uniform) galt als „Ehrenkleid".

„Ungedienten Zivilisten" brachte man weniger Achtung entgegen. In vielen Betrieben wurden sie bei der Einstellung benachteiligt. Wenn Eltern ihre Söhne zu unordentlich oder aufsässig fanden, drohten sie ihnen: „Du wirst noch Ordnung und Gehorsam lernen, wenn du zum Militär kommst! Da machen sie einen richtigen Menschen aus dir!"

Militarismus: Verherrlichung des Militärs

Nicht nur die Uniform als Berufskleidung der Soldaten wurde bewundert. Soldatische Eigenschaften galten überhaupt als außerordentlich wichtig: Gehorsam gegenüber Befehlen (ohne nach dem Sinn zu fragen), Vertrauen in die Lösung von Konflikten mit Waffen, Tapferkeit, Unempfindlichkeit gegen Schmerzen („Ein Junge weint nicht!"), Treue zum Kaiser, Liebe zum Vaterland usw.

1. Zählt menschliche Eigenschaften auf, die ihr gut und wichtig findet, und vergleicht sie mit den „soldatischen Eigenschaften".
2. Erklärt das Wortspiel von Gustav Heinemann: „Die Schule der Nation ist die Schule".

Was ihr noch tun könnt:
Herausfinden, wo Militärisches heute noch eine Rolle spielt (Uniformen, Waffen, Militärflugzeuge). Untersucht Bereiche wie Filme, Mode, Comics usw.

Das Militär im Leben einzelner Menschen

3. Wertet die Materialien dieser Seite aus. Was erfahrt ihr über das Militär und die Einstellung Einzelner dazu?

M3 Brief eines Soldaten an seinen Bruder, 1910. Abschrift.

... mein lieber Willi,
ich bin jetzt schon ein, zwei Monate bei den Pionieren in Koblenz, aber du musst mir glauben – es ist wirklich schwer. Wir bekommen 200 g Brot, Suppe und Rüben ... und immer exerzieren [= üben]; wir Gemeinen werden von den Unteroffizieren nur angebrüllt und unser Leutnant von Wadersloh kann mich wohl ganz besonders wenig leiden. ... Deswegen musste ich gestern die Toiletten sauber machen. ... Ich habe solches Heimweh nach euch allen. ... Wäre doch meine Militärzeit schon um ...

dein Peter

M5 Paradeaufstellung der Kürassiere auf dem Schlossplatz in Münster, 1914. Foto.

M4 Abschiedsfoto, 1908.

M6 Brief, 1910. Abschrift.

Lieber Bruder ...,
dein Brief hat uns alle traurig gestimmt. Du willst doch sicher nicht der Einzige aus unserer Familie sein, der nicht gern das Ehrenkleid des Soldaten trägt ...
Bedenke, dass der Kaiser von Gottes Gnaden über uns herrscht. Und wir sind seine Untertanen und Soldaten.
Da musst du an deiner Stelle deine Pflicht für das Vaterland tun. Nur so bleiben wir stark genug, die Feinde Deutschlands wie die Hasen zu jagen ...
Gehorche deinen Vorgesetzen gern, denn wer später befehlen will, muss erst gehorchen lernen.
Du wirst sehen: Bald ist deine Dienstzeit herum und du kehrst ehrenvoll zu den Deinen zurück.
Ich habe dir das Bild meiner alten Kompanie beigelegt.
Sieh auf mein Beispiel und halte durch!
Vivat unserem Kaiser!
Grüße auch von den Eltern

dein Bruder Willi

Das Militär prägt die Gesellschaft

M1 „Guten Morgen, Majestät! Kompagnie zur Stelle!" Zeitgenössische Postkarte.

1. Wertet die Abbildungen der kaiserlichen Familie aus:
   Zu M1:
   - Was ist anders als in eurer Familie?
   - Was sollte die Verbreitung des Bildes als Postkarte bewirken?

   Zu M2:
   - Warum sind keine Kaiser-Töchter auf dem Bild?
   - Welche Rolle war für Frauen und Mädchen vorgesehen?

M2 „Der Kaiser mit seinen Söhnen auf dem Weg vom Schloss zur Fahnenweihe im Zeughaus". Foto, 1. Januar 1913.

M3 Holzschulschiff „Iltis" im Berliner Grunewald, auf dem Jungen in Matrosenanzügen „üben". Foto, 1910.

M4 Geschwisterpaar als Offizier und Rot-Kreuz-Feldschwester. Atelierfoto, 1915.

2. Versucht herauszufinden, mit welchen Mitteln Kinder und Jugendliche mit dem Militär vertraut gemacht wurden.
3. Überlegt, welche Gefahren durch die Gewöhnung an militärisches Denken entstehen können.
4. Findet aktuelle Beispiele, in denen Konflikte militärisch gelöst werden. Welche anderen Möglichkeiten außer Waffeneinsatz gäbe es noch?

Heute ist das Militär Teil der demokratischen Gesellschaft. Man spricht vom „Bürger in Uniform" – ein großer Unterschied zum militärischen Denken der Vergangenheit.

Was ihr noch tun könnt:
Informationen besorgen bei:
- Bundesministerium der Verteidigung, Stauffenbergstraße 18, 10785 Berlin, Telefon 01888 24 00 (www.bundeswehr.de)
- Für junge Männer, die nicht Soldat werden wollen: Bundesamt für den Zivildienst, Sibille-Hartmann-Straße 2–8, 50969 Köln, Tel. 02 21 36 73-0 (www.zivildienst.de)

Arbeitstechnik

Fotos auswerten

Methode: Fotos auswerten

Seit es die Fotografie gibt, sind Fotos wichtige Quellen. Viele Informationen sind in einem Bild enthalten - man muss sie nur herausfinden können! Am besten geht ihr wie folgt vor:

1. Schritt allgemeine Beschreibung

- Motiv?/Thema? (Was ist zu sehen?); Art? (farbig/schwarz-weiß); Format? (Wie groß?); Bilderklärung?

2. Schritt Gestaltung (Herstellung erklären)

- Aufnahmedatum oder Bildunterschrift?; Aufnahmeort? (Studio oder „vor Ort"?); „gestelltes Foto" oder „Schnapp-Schuss"?; Blickwinkel? (Bildausschnitt); Beleuchtung (Licht und Schatten, natürliches Licht oder Blitz usw.).

3. Schritt Deutung/ Erklärung

- Auftraggeber? (Wer wollte, dass das Foto gemacht wird?)
- Absicht? (Was soll gezeigt werden, was nicht? Warum?)

4. Schritt abschließende Beurteilung

- Was findet ihr interessant, traurig, witzig? Warum?
- Welche Information gibt das Foto, die vielleicht nicht beabsichtigt war (Geschichte „hinter dem Foto")?
- Was würdet ihr gern zusätzlich wissen?

1. Wertet auf ähnliche Weise Fotos aus, die ihr in Büchern, in Fotoalben der Familie usw. findet.

M 1 Im Hauptquartier von Versailles. Foto, 1871.

M 2 Zeittafel.

1866
Preußen besiegt Österreich bei Königgrätz und versucht damit, es in deutschen Fragen an den Rand zu drücken.

1870
Deutsch-Französischer Krieg;
Weil es gegen Frankreich geht, treten alle deutschen Staaten auf die Seite Preußens, das die Führung übernimmt;
bei der Stadt Sedan wird der französische Kaiser Napoleon III. gefangen genommen.
Deutsche Truppen beschießen Paris. Frankreich verliert den Krieg und muss demütigende Bedingungen hinnehmen.

1871
Im französischen Schloss Versailles wird der preußische König Wilhelm zum Deutschen Kaiser (Wilhelm I.) ausgerufen.

1871–1890
So genannte „Gründerzeit"; Deutschland erlebt einen großen wirtschaftlichen Aufstieg (Elektrotechnik, Motoren, Chemie usw.). Die Gesellschaft – vor allem auf dem Land – bleibt aber rückständig und undemokratisch.

In eigenen, nachfolgenden Kapiteln wird behandelt:
ca. 1880–1914
Zeitalter des Kolonialismus und Imperialismus.
1914
Ausbruch des Ersten Weltkriegs.

Preußen übernimmt die Führung

Der Wunsch nach nationaler Einheit

Die Revolution der Bürger von 1848/49 war gescheitert. Der Wunsch der Menschen nach demokratischen Freiheiten und einem einheitlichen deutschen Nationalstaat hatte sich nicht erfüllt.

In den Einzelstaaten schlug die „Obrigkeit" hart zurück: Berufsverbote für freiheitlich denkende Beamte und Lehrkräfte, Überwachung von Zeitungen und Vereinen – so sollten demokratische Gedanken verhindert werden. Deshalb verlagerte sich die politische Tätigkeit in zahlreiche Vereine, die sich oft als harmlose Schützen-, Turn- oder Gesangsvereine tarnten – ein Ausweg, um möglichen Verfolgungen zu entgehen.

M1 Schützenscheibe. Kronach, 1862. Auf den Spruchbändern links und rechts steht: Was ist das deutsche Vaterland? Das ganze Deutschland soll es sein!

1. Untersucht M1 und findet heraus:
   - Welche Vereine sind genannt?
   - Welche Aussage beschwört die Einheit aller Deutschen?

M2 Otto von Bismarck (1815–1898)

Preußen gegen Österreich

Zwei Kräfte standen sich in Deutschland gegenüber: Preußen als stärkste Macht in Nord- und Ostdeutschland und Österreich mit starkem Einfluss im Süden Deutschlands. Wer würde die Oberhand gewinnen?

Der preußische Ministerpräsident Bismarck führte die Geschäfte für seinen König äußerst geschickt. Durch eine Reihe von Bündnisverträgen sicherte er Preußen Macht und Einfluss. Auch Österreich bekam das zu spüren, als 1866 ein Krieg zwischen beiden Ländern ausbrach.

Preußisch-österreichischer Krieg (1866)

Die Rivalität (Konkurrenz) der beiden deutschen Staaten entlud sich 1866. Bei Königgrätz kam es zur Entscheidungsschlacht.

2. Wertet den nachgestellten Zeitungsartikel (M3) aus. Welches politische Ergebnis bringt der Krieg?

Preußens siegreicher Blitzfeldzug
Österreich will Waffenstillstand

Nach der großen Schlacht bei Königgrätz

Von unserem Sonderberichterstatter

Königgrätz, 5. Juli 1866 In einem beispiellosen Blitzkrieg, der die Welt zutiefst beeindruckte, hat die preußische Armee ihre Gegner niedergeworfen. Die Entscheidung in diesem Bruderkrieg zwischen Preußen und Österreich fiel vor zwei Tagen in der Schlacht bei Königgrätz in Böhmen, der größten Schlacht unseres Jahrhunderts. Dabei beklagten die Österreicher 300 000 Tote und Verwundete gegenüber nur 9000 bei den mit Zündnadelgewehren ausgerüsteten Preußen. Der Kampf um die Vorherrschaft in Deutschland ist entschieden. Österreich liegt am Boden.

M3 Kriegsbericht vom 5. Juli 1866. Nachgestellter Zeitungsausschnitt.

Preußen wird größer

Nach dem Sieg über Österreich nutzte Preußen seine Überlegenheit und erweiterte sein Staatsgebiet. Schleswig, Holstein, Hannover, Kurhessen, Nassau und Frankfurt wurden dem preußischen Besitz zugeschlagen.

Krieg mit Frankreich (1870/71)

Bismarck hatte die Auseinandersetzung mit Frankreich kommen sehen. Über diplomatische Verwicklungen kam es zum Krieg, der von beiden Seiten gewollt wurde. Jetzt stellten sich fast alle deutschen Staaten unter preußischen Oberbefehl – der Krieg gegen Frankreich wurde von nationaler Begeisterung getragen.

In der Schlacht von Sedan (2. September 1870) wurde der französische Kaiser gefangen genommen; die französische Niederlage war nur noch eine Frage der Zeit.

Frankreich verlor schließlich den Krieg und musste demütigende Bedingungen hinnehmen:

- Zahlung einer hohen Kriegsentschädigung,
- Verlust der an Deutschland grenzenden Gebiete Lothringen und Elsass.

Noch vor dem Kriegsende wurde der Preußenkönig Wilhelm als Deutscher Kaiser im Schloss von Versailles ausgerufen – ausgerechnet am wichtigsten Sitz der französischen Könige. Bismarck hatte die äußeren Hindernisse der Einigung beseitigen können. Selbst einige zögernde deutsche Fürsten – wie der bayerische König – konnten gewonnen werden.

M5 Karikatur auf Bismarcks Politik. „Morituri te salutant" heißt „Die Totgeweihten grüßen dich". Auf der Sense steht: „Mit Gott für König und Vaterland".

M4 Festschmuck des Brandenburger Tores zum 25. Jahrestag der Schlacht bei Sedan mit Zitat Kaiser Wilhelms I. Foto, 2. September 1895.

M6 Abschied. Französische Karikatur, 1872.
„Lebewohl!", sagt der übermütige deutsche Soldat. „Nein, wir treffen uns wieder. Besuche müssen erwidert werden!", antwortet der französische Soldat.

Urteile über die preußisch-deutsche Politik

3. Bearbeitet die Bildquellen M5/M6 und findet heraus, wie die „Einigungskriege" mit Österreich und Frankreich beurteilt werden.

4. Überlegt, welche Gefahr in M6 deutlich wird.

„Heil dir im Siegerkranz“

M1 Ausrufung des Kaisers in Versailles, 1871. Gemälde von Anton v. Werner, 1885 (Ausschnitt).

M2 „Reportage“ von Schülerinnen und Schülern der Hauptschule Hesshofstraße. Die Schülerinnen und Schüler haben in der Klasse über die Krönung des Kaisers im Schloss von Versailles gearbeitet. Daraus haben sie eine „Reportage“ gemacht, so als wäre damals ein Reporter dabei gewesen. Einiges mussten sie streichen. Ihre Lehrerin hat gesagt, so sei es nicht gewesen ...

Liebe Leute in Deutschland,
heute ist endlich der Tag gekommen, wo aus den vielen kleinen Ländern ein Superstaat entstanden ist. Das hatten sich viele Deutsche seit langem gewünscht. Alle machen mit: Bayern und Preußen, Rheinländer und Westfalen, Süddeutsche und

1

Norddeutsche. Der ewige Streit untereinander ist vergessen. Endlich können fast alle Menschen, die Deutsch als Muttersprache sprechen, auch in einem Reich leben. Besonders schön war es heute Morgen im französischen Schloss, das von deutschen Soldaten erobert worden war. Der

2

neue Kaiser Wilhelm stand hoch oben auf der Treppe. Um ihn herum alle Fürsten und Generäle in ihren besten Uniformen ~~und die Damen der Gesellschaft~~. ~~Eine Abordnung von Arbeitern war mit ihrer Fahne gekommen~~. Bismarck, der das alles ~~angeleiert~~ vorbereitet

3

hatte, stand in (weißer) Uniform mit Helm und Stiefeln vor der Treppe. Alle Mächtigen des neuen Reiches riefen: „Hoch lebe Kaiser Wilhelm.“ Sie sangen die Kaiserhymne „Heil dir im Siegerkranz“ und winkten mit Helmen und Degen ... Ein wirklich tolles Erlebnis ...

4

1. Beschreibt M1. Wie sind einzelne Personen hervorgehoben?
2. Lest M2 und überlegt, was an der Feier zu kritisieren wäre:
   - Welche Gruppen fehlen?
   - Wo findet sie statt?
   - Wen wird das ärgern?
   - Was mögen manche Fürsten gedacht haben?

Endlich Einheit – aber …

Die 1871 von den deutschen Fürsten herbeigeführte Neugründung des Deutschen Reiches machte den Traum vieler deutsch sprechender Menschen wahr. Mit der Errichtung des Kaiserreiches waren jetzt fast alle deutschsprachigen Länder und „Ländchen“ in einem Staat vereinigt – mit Ausnahme der deutschen Teile von Österreich und der Schweiz.

Aber: Es gab auch Enttäuschte. Sie hatten sich staatliche Einheit und demokratische Freiheit anders vorgestellt!

Hier sind sechs Stimmen zur „Vereinigung“ der Deutschen in einem Staat nachempfunden: Sie geben Meinungen wieder, die damals wirklich eine Rolle spielten.

3. Versucht herauszufinden, welche verschiedenen Meinungen vertreten werden.

4. Notiert Zustimmung und Vorbehalte im Heft.

Das wird gut gefunden:	Das wird kritisiert:
…	…

M3 Stimmen zur Reichsgründung von 1871.

Eine pfälzische Demokratin

Ein norddeutscher Arbeiter

Ein preußischer Bauer

Eine bayerische Lehrerin

Eine polnische Landarbeiterin aus Ostpreußen

Ein rheinischer Industrieller

Moderne Wirtschaft ...

Deutschland wird Industriestaat

Die Reichsgründung von 1871 wurde in Deutschland als bedeutender Erfolg empfunden. Nun knüpften sich große Hoffnungen an einen wirtschaftlichen Aufschwung. Die Kassen waren gut gefüllt, denn die unterlegenen Franzosen mussten die riesige Summe von 1,4 Milliarden Talern als Kriegsentschädigung zahlen. Geld konnte also billig geliehen werden und viele Unternehmer gründeten neue Betriebe oder erweiterten die alten Werkstätten („Gründerjahre").
Erfindungen wurden jetzt in großem Stil angewandt. Das Deutsche Reich wurde in kurzer Zeit die führende Wirtschaftsmacht in den neuen Zukunftsindustrien: Elektrotechnik, Verbrennungsmotoren und Chemie.
Der rasche Fortschritt weckte beides: Begeisterung und Ängste.

1. Schaut die Bilder an und überlegt, wie die dargestellten technischen Neuerungen das Leben der Menschen veränderten.

M1 Triumph der Elektrizität. Postkarte zur Elektrotechnischen Ausstellung, 1891.

M2 Kaiser Wilhelm I. besichtigt 1877 den Hammer „Fritz" bei Krupp in Essen. Zeitgenössische Zeichnung.

M3 Daimlers erstes Auto. Hinten: Gottlieb Daimler, am Steuer Sohn Adolf. Foto, 1910.

M4 Testfahrt der späteren Wuppertaler Schwebebahn auf dem Werksgelände der Firma Van der Zypen & Charlier in Köln-Deutz. Foto.

Standesunterschiede

Auch die schnelle Entwicklung neuer Industrien konnte nicht verhindern, dass es zwischen den verschiedenen Gesellschaftsschichten tiefe Gräben gab. Ein junger Leutnant von Adel galt stets mehr als ein erfolgreicher Handwerksmeister, eine Lehrerin oder ein Arzt.
Zwischen einem „Fabrikherrn" und seinen fast rechtlosen Arbeitern bestand ein himmelweiter Unterschied. Und ein Gutsherr („Junker") im Osten des Reiches bestimmte über seine Landarbeiter wie ein kleiner König.

Demokratische Gedanken in den unteren Schichten

Alle wichtigen Stellen im Staat (Heer, Verwaltung usw.) wurden noch lange mit Adligen besetzt. Auch neuerdings reich gewordene Bürger wollten wie der alte Adel leben. Sie hatten für demokratische Bestrebungen wenig übrig. Kaiser, Nation und Militär galten ihnen als wichtige Werte.
Ganz anders dachten die Arbeiter und viele Menschen der unteren Gesellschaftsschichten. Sie wollten politische Mitbestimmung mit einem gerechten Wahlrecht und Verbesserung ihrer Lage (Arbeitsrecht, Krankenversicherung usw.). In diesem Ziel wurden sie von den Gewerkschaften und der Sozialdemokratischen Partei Deutschlands unterstützt. 1889 gab es einen großen Streik von 10 000 Bergarbeitern im Ruhrgebiet.
Die Regierenden begannen nun nachzudenken, wie sie die Lage der arbeitenden Menschen verbessern könnten, damit es nicht zu größeren Unruhen kommen würde.
Einige Beispiele für die Lebensumstände im Kaiserreich findet ihr auf den Seiten 176–181. Diese Seiten können allein oder in Gruppen bearbeitet werden. Vergleicht anschließend die Lebensumstände der sechs Personen.

2. Findet anhand der nachstehenden Bilder heraus:
   - Welche Situation ist dargestellt?
   - Was tun und denken die abgebildeten Personen? Wie sind sie gekleidet? Wie fühlen sie sich möglicherweise?
   - Mit welcher Information aus dem Text der linken Spalte hat dies zu tun?

M5 Eine hochgestellte Persönlichkeit reist an.
Spielfilmausschnitt.

M6 Gutsherr und Landarbeiter.
Gemälde von E. Henseler, 1898.

M7 Besuch im Eisenwalzwerk.
Aquarell von Adolph v. Menzel, 1900.

Lebensumstände im Vergleich – Clara T., 36 Jahre, Arbeiterin

M1 **Clara T.** Foto, 1905.

M2 **Demonstrierende Arbeiter.** Foto, um 1900.

1. Familie

Clara kommt aus einer Arbeiterfamilie. Ihre Eltern haben sich bei einer Parteiversammlung der SPD kennen gelernt. Sie ist – wie ihr Mann Gustav – in der Gewerkschaft aktiv. Clara T. hat drei Kinder (Jungen). Die beiden Ältesten arbeiten in einem Stahlwerk, der Jüngste geht noch zur Schule.

2. Wohnung

2 $^1/_2$-Zimmer-Wohnung in der Schwelmer Straße. Wohnküche, Schlafzimmer, Kammer, Toilette im Hof.

3. Arbeit

Clara hat in ihrer Textilfabrik seit kurzem Schichtdienst, was vorher für Frauen verboten war. Das bringt sie in ziemliche Schwierigkeiten: „Ich weiß nicht, wie ich's schaffen soll. Neben der Arbeit im Betrieb bleibt auch die meiste Hausarbeit an mir hängen." Sie versucht wenigstens noch, von Zeit zu Zeit an den Gewerkschaftsversammlungen teilzunehmen. Ihr Arbeitgeber hat ihr mit Entlassung gedroht, wenn sie in der Firma für die Gewerkschaft wirbt.

4. Freizeit / Urlaub

Sonntagsspaziergänge oder kurze Wanderungen ins Umland. Hin und wieder Ausflüge mit dem Arbeiterbildungsverein oder ihrer Gewerkschaftsgruppe.
Während des letzten Urlaubs hat sie mit ihrem Mann die Wohnung renoviert.

5. Einstellung zu Gesellschaft und Politik

Clara findet vieles im Staat ungerecht und falsch: „Wir werden zu schlecht bezahlt und arbeiten zu lange! Das Sagen haben die verkehrten Leute! Der Kaiser hat kein Gefühl für die arbeitende Bevölkerung! Die Militär-Köppe lenken mit ihrem Rüstungsfimmel nur von unseren Problemen ab." Dass ihr Mann nach einer Demonstration verhaftet wurde, findet sie einen Skandal.

6. Wichtigste Anliegen für die Zukunft

- Abschaffung des Kaisertums und des Adels; demokratische Freiheiten.
- Gleichberechtigung für die arbeitenden Menschen in allen Lebensbereichen.
- Verbesserung der Arbeitsbedingungen.
- Frieden mit den Nachbarn in Europa.

Ihr sollt der Klasse erklären, wie das Leben aus dem Blickwinkel der vorgestellten Person aussieht (Texte und Bilder auswerten):

1. Was wird über die Lebensumstände deutlich (Familie/Wohnung/Arbeit/Freizeit)? Worüber erfährt man nichts?
2. Welche Einstellungen zu Politik und Gesellschaft werden deutlich oder können vermutet werden?

In einer anschließenden Diskussion könnt ihr überlegen:
- Wird die Person im politischen Konfliktfall eher zu friedlichem Ausgleich oder zu kriegerischer Auseinandersetzung neigen?
- Was kann man aus persönlichen Lebensgeschichten über eine Zeit lernen? Gibt es Probleme, wenn man die Welt nur aus der Sicht einzelner Personen sieht?

M3 Konrad von W. Foto, 1913.

1. Familie
Konrad von W. stammt von einem großen Gut in Westfalen. Sein Vater war bis zu seinem Tod Mitglied des preußischen Herrenhauses. Ein Bruder ist hoher Beamter in der Verwaltung, ein anderer ebenfalls Offizier. Bis auf die jüngste sind alle Schwestern verheiratet – üben aber keinen Beruf aus.

2. Wohnung
Konrad von W. ist in mehreren Wohnungen zu Hause. Beim Militärdienst in Berlin wohnt er entweder in der Kaserne oder in der Pension der Freifrau von Hagen. Sonst lebt er auf dem Gut seiner Eltern.

3. Arbeit
Berufsmilitär. Ausbilder von Kavalleriesoldaten (berittene Soldaten). Die Arbeit langweilt ihn. Lieber geht er seinem Hauptmann zur Hand, wenn es um die Planung von Reitübungen oder Turnieren geht. Konrad weiß noch nicht, ob er immer Soldat bleiben oder als Privatmann das elterliche Gut verwalten soll.

4. Freizeit / Urlaub
In der freien Zeit lebt Leutnant von W. so richtig auf: Ausreiten zur Jagd und Sauftouren mit seinen „Kameraden“ findet er am schönsten. Er besucht gern Bälle (Tanzveranstaltungen) und spielt Karten. Im letzten Jahr hatte er bei einer Pechsträhne einen ganzen Monatssold und sein Lieblingspferd verspielt.

5. Einstellung zu Gesellschaft und Politik
Konrad von W. findet Bürgerliche verachtenswert. In Militär und Gesellschaft soll seiner Meinung nach der Adel den Ton angeben („... Adel kommt von edel!“). Politiker findet er überflüssig und feige („... laufen wahrscheinlich beim ersten Schuss meilenweit“). Er findet, dass er für seine „Klasse“ zu sparsam leben muss. Deshalb hofft er auf eine „gute Partie“, eine reiche Heirat.

6. Wichtigste Anliegen für die Zukunft
- Alle Offiziere müssen absolut kaisertreu sein.
- Sozialdemokraten nennt er „vaterlandslose Gesellen“. Ihre Partei soll schnellstens wieder verboten werden.
- Deutschland soll militärisch gegen Gegner vorgehen („... dem Franzmann das Fell verhauen!“).

Ihr sollt der Klasse erklären, wie das Leben aus dem Blickwinkel der vorgestellten Person aussieht: (Texte und Bilder auswerten):

3. Was wird über die Lebensumstände deutlich (Familie/Wohnung/Arbeit/Freizeit)? Worüber erfährt man nichts?
4. Welche Einstellungen zu Politik und Gesellschaft werden deutlich oder können vermutet werden?

In einer anschließenden Diskussion könnt ihr überlegen:
- Wird die Person im politischen Konfliktfall eher zu friedlichem Ausgleich oder zu kriegerischer Auseinandersetzung neigen?
- Was kann man aus persönlichen Lebensgeschichten über eine Zeit lernen? Gibt es Probleme, wenn man die Welt nur aus der Sicht einzelner Personen sieht?

M4 Verbindungsstudenten fechten mit dem blanken Säbel. Foto, um 1900.

Lebensumstände im Vergleich – Dora W., 17 Jahre, Dienstmädchen

M1 Dora W. Foto, 1911.

1. Familie
Dora ist das achte Kind einer Landarbeiterfamilie in der Eifel. Die Mutter starb bei Doras Geburt. Zu Hause herrschte verzweifelte Armut. Dora musste immer mitarbeiten. Mit 16 Jahren ging sie nach Düsseldorf, um eine Stelle als Dienstmädchen anzunehmen (Haushalt des Generaloberarztes Gerhard Z.).

2. Wohnung
Ihre „Herrschaft" bewohnt in der Graf-Adolf-Straße in Düsseldorf die 2. Etage. Hier hat Dora einen Schlafplatz auf dem „Hängeboden" im Flur des Hinterhauses (M2).

3. Arbeit
Dora erledigt alle Hausarbeiten und betreut die Kinder des Ehepaares Z. Die Arbeit beginnt mit dem Anheizen der Öfen um 6 Uhr morgens und endet gegen 22.30 Uhr, wenn alles aufgeräumt ist und die Herrschaft keinen Wunsch mehr hat. Wenn Besuch kommt oder die Z.s ausgehen, dauert der Dienst auch schon mal bis 2 Uhr.

4. Freizeit / Urlaub
Wenn nichts zu tun ist, bekommt Dora sonntags nach dem Mittagessen bis 22 Uhr frei. Sie trifft sich dann mit anderen Mädchen zum Spaziergang am Rhein. („Am tollsten finde ich, mit meiner Freundin Beate zu bummeln. Heimlich gucken wir dann nach jungen Männern. ... Wenn es eine Kirmes gibt, gebe ich mein Taschengeld zum Karusselfahren aus.")
Urlaub gibt es nicht. Einmal durfte sie ihre „Herrschaft" ins Sauerland begleiten, um auf die Kinder aufzupassen.

5. Einstellung zu Gesellschaft und Politik
Dora findet den Kaiser toll, seit sie ihn bei einer Parade gesehen hat. Auf Gewerkschaftsversammlungen für Dienstmädchen geht sie nicht („Bin ich viel zu müde für ..."). Politik findet sie langweilig („Die machen ja doch, was sie wollen!").

6. Wichtigste Anliegen für die Zukunft
- Gesundheit.
- Ihre Stelle aufgeben können („Raus aus der Schufterei für die paar Pfennige!").
- Einen netten jungen Mann heiraten und eine eigene Familie gründen.

Ihr sollt der Klasse erklären, wie das Leben aus dem Blickwinkel der vorgestellten Person aussieht (Texte und Bilder auswerten):

M2 Zwischenboden. Foto, um 1906.

1. Was wird über die Lebensumstände deutlich (Familie/Wohnung/Arbeit/Freizeit)? Worüber erfährt man nichts?
2. Welche Einstellungen zu Politik und Gesellschaft werden deutlich oder können vermutet werden?

In einer anschließenden Diskussion könnt ihr überlegen:
- Wird die Person im politischen Konfliktfall eher zu friedlichem Ausgleich oder zu kriegerischer Auseinandersetzung neigen?
- Was kann man aus persönlichen Lebensgeschichten über eine Zeit lernen? Gibt es Probleme, wenn man die Welt nur aus der Sicht einzelner Personen sieht?

... – Friedrich K., 52 Jahre, Industrieller

M3 **Friedrich K.** Foto, 1902.

1. Familie

Friedrichs Vater Wilhelm K. war Inhaber einer Schmiede und Drahtzieherei. Durch Heirat mit der wohlhabenden Luise N. hatte er den Betrieb erheblich vergrößern können. Die Väter des Paares kannten sich durch ihre gemeinsame Zeit in einem Studentenverein. Friedrich N. ist verheiratet. Die Familie hat fünf Kinder, zwei Söhne und drei Töchter. Hauspersonal erledigt fast alle Arbeiten.

2. Wohnung

Villa „Rosenthal", Nähe Stadtpark. Die Villa (19 Zimmer) liegt in unmittelbarer Nähe der Fabrik. Friedrich K. kann zu Fuß durch den Park in sein Firmenbüro gehen.

3. Arbeit

Er leitet die Fabrik zusammen mit einigen Direktoren und vielen Angestellten. Bei Schwierigkeiten sagt er oft: „Ich bin immer noch der Herr im Haus!" Durch Staatsaufträge für Eisenbahn, Schiffsbau und Militär sind enorme Gewinne gemacht worden. Mit über 7000 Beschäftigten gehört Friedrich K. zu den Großunternehmern.

4. Freizeit / Urlaub

Die wenige Freizeit nutzt Friedrich K. zum Treffen mit Politikern und Geschäftsfreunden. Er ist Mitglied im „Alldeutschen Verband" und im „Kolonialverein". Mit seiner Frau besucht er Empfänge. Die Familie fährt einmal im Jahr zum Skiurlaub nach St. Moritz (Schweiz), im Sommer an den Rhein (eigenes Ferienhaus bei Rüdesheim).

5. Einstellung zu Gesellschaft und Politik

Friedrich K. findet, dass die Sozialgesetze der Arbeiterschaft zu weit entgegenkommen („Demnächst blasen wir denen noch Zucker in den Hintern ...").
Wie in der Fabrik muss auch im Staat mit harter Hand regiert werden („Es müsste laufen wie beim Militärdienst: schnelle Ausführung, klare Befehle. Wer da meckert, fliegt raus!").

6. Wichtigste Anliegen für die Zukunft

- Der eigene Betrieb soll weiterwachsen.
- Die Partei der Sozialdemokraten soll wieder verboten werden.
- Deutschland muss seinen Platz in der Welt verteidigen („Uns soll keiner herumschubsen!").

Ihr sollt der Klasse erklären, wie das Leben aus dem Blickwinkel der vorgestellten Person aussieht (Texte und Bilder auswerten):

M4 **„Herrenabend".** Foto, 1911.

3. Was wird über die Lebensumstände deutlich (Familie/Wohnung/Arbeit/Freizeit)? Worüber erfährt man nichts?
4. Welche Einstellungen zu Politik und Gesellschaft werden deutlich oder können vermutet werden?

In einer anschließenden Diskussion könnt ihr überlegen:
- Wird die Person im politischen Konfliktfall eher zu friedlichem Ausgleich oder zu kriegerischer Auseinandersetzung neigen?
- Was kann man aus persönlichen Lebensgeschichten über eine Zeit lernen? Gibt es Probleme, wenn man die Welt nur aus der Sicht einzelner Personen sieht?

Lebensumstände im Vergleich – Gisela B., 17 Jahre, Verkäuferin

M1 Gisela B., für ein Kostümfest zurechtgemacht. Foto, 1911.

1. Familie
Giselas Vater ist Eisenbahnschaffner. Die Mutter war bis zu ihrer Heirat Kontoristin (Büroangestellte), musste sich dann aber um den Haushalt kümmern. Weil Geld knapp ist, näht sie die Kleidung für die Kinder selbst. Zur Familie gehören noch vier Kinder und die verwitwete Mutter des Vaters. Oma B. strickt und häkelt viel.

2. Wohnung
Die Familie selbst wohnt in Lippstadt. Gisela hat eine Stelle im weiter entfernten Bielefeld gefunden. Deshalb wohnt sie dort in einer billigen Pension im Hinterhaus des 2. Stocks. Das Zimmer teilt sie mit einer Kollegin aus derselben Firma.

3. Arbeit
Gisela ist Verkäuferin in einem Kolonialwarengeschäft. Als eine der Jüngsten gehört zu ihren Aufgaben, immer wieder Lebensmittel aus dem kühlen Keller herauf ins Geschäft zu holen. Oft ist sie müde und traurig: „Das viele Stehen den ganzen Tag macht mich fertig. Mir tun oft die Beine und Füße weh. Ich ärgere mich über die älteren Verkäuferinnen. Sie schnappen einem die besten Kunden weg und mir fehlt dann die Provision."

4. Freizeit / Urlaub
An Wochenenden geht Gisela in den kirchlichen „Jungfrauen-Verein". Ende des Monats – wenn es Lohn gibt – geht's zum Kaffeetrinken ins Café am Markt. Urlaub hat sie noch nie gemacht.

5. Einstellung zu Gesellschaft und Politik
Gisela findet richtig, was in ihrer Kirchengemeinde gesagt wird. Der Pfarrer erklärte, dass die Katholiken in Deutschland schlecht behandelt werden. Der Kaiser und fast die gesamte Regierung seien evangelisch. Empörend findet Gisela, dass man den Kölner Erzbischof sogar verhaftet und ins Gefängnis gesteckt hat, weil er die staatliche Eheschließung nicht anerkennen wollte.

6. Wichtigste Anliegen für die Zukunft
- Gisela will möglichst viel Geld für ihre Aussteuer sparen.
- In den Kolonien sollen möglichst viele Menschen von Missionaren bekehrt werden.
- Alle Menschen auf der Welt sollen sich verstehen.

Ihr sollt der Klasse erklären, wie das Leben aus dem Blickwinkel der vorgestellten Person aussieht (Texte und Bilder auswerten):

1. Was wird über die Lebensumstände deutlich (Familie/Wohnung/Arbeit/Freizeit)? Worüber erfährt man nichts?
2. Welche Einstellungen zu Politik und Gesellschaft werden deutlich oder können vermutet werden?

In einer anschließenden Diskussion könnt ihr überlegen:
- Wird die Person im politischen Konfliktfall eher zu friedlichem Ausgleich oder zu kriegerischer Auseinandersetzung neigen?
- Was kann man aus persönlichen Lebensgeschichten über eine Zeit lernen? Gibt es Probleme, wenn man die Welt nur aus der Sicht einzelner Personen sieht?

M2 Kolonialwarengeschäft. Foto, um 1912.

... – Helmut N., 17 Jahre, Schüler (und Soldat)

M3 **Helmut N.** Foto, 1915.

1. Familie

Helmut ist das einzige Kind eines Berliner Baurats und seiner Frau. Beide Eltern reden ihm zu, sich für „Deutschlands Größe" einzusetzen. Als er sich freiwillig zur Armee melden will, geben sie gern ihre Erlaubnis.

2. Wohnung

Große Wohnung in Münster, Prinzipalmarkt. Helmut hat ein eigenes Zimmer.

3. Arbeit

Helmut ist Schüler. Damit ist er aber unzufrieden. Als 15-Jähriger hat er in sein Tagebuch geschrieben: „Wo werde ich nächstes Jahr sein? Noch hier? ... Offizier? Pennäler [= Schüler]?
Ich weiß, dass ich einen Beruf brauche, in dem ich Erzieher des Volkes werden kann: den Offiziersberuf! Ich weiß außerdem, dass ich ... mit gutem Beispiel vorangehen muss ... Deshalb bin ich völliger Antialkoholiker geworden." (31.12.1915)

4. Freizeit / Urlaub

Seit er 13 Jahre alt ist, gehört Helmut zu den „Wandervögeln". Mit dieser Gruppe fährt er am Wochenende ins Grüne, um „Wanderfahrten", „Tanzfahrten" und Kriegsspiele zu unternehmen. Mit seiner Freundin macht er Schluss, weil er ihr nicht ohne Wissen der Eltern Briefe schreiben will. Das verträgt sich nicht mit seiner „Ehre". Er trennte sich auch von seinem besten Freund, weil der „Verräter" Alkohol trank und Zigaretten rauchte.

5. Einstellung zu Gesellschaft und Politik

Helmut findet die ganze Gesellschaft zu schlapp. Er verachtet alle, die nicht an seine Ziele glauben. In einem Aufsatz schreibt er: „Nicht die Technik wird Deutschland wieder hochbringen, nicht Kunst und Wissenschaft, nicht Politik und Handel, sondern die eigene Selbsterziehung zu einem festen und starken Charakter." Helmut kämpft als 17-Jähriger in Frankreich, dort wird er verwundet.

6. Wichtigste Anliegen für die Zukunft

- Deutschlands Größe gegen seine Feinde wiederherstellen, wenn nötig mit der Waffe in der Hand.
- Hass auf die Demokratie.

(Bei einem Einsatz in späteren Jahren [1919] wird er getötet.)

Ihr sollt der Klasse erklären, wie das Leben aus dem Blickwinkel der vorgestellten Person aussieht (Texte und Bilder auswerten):

3. Was wird über die Lebensumstände deutlich (Familie/Wohnung/Arbeit/Freizeit)? Worüber erfährt man nichts?
4. Welche Einstellungen zu Politik und Gesellschaft werden deutlich oder können vermutet werden?

In einer anschließenden Diskussion könnt ihr überlegen:

- Wird die Person im politischen Konfliktfall eher zu friedlichem Ausgleich oder zu kriegerischer Auseinandersetzung neigen?
- Was kann man aus persönlichen Lebensgeschichten über eine Zeit lernen? Gibt es Probleme, wenn man die Welt nur aus der Sicht einzelner Personen sieht?

M4 **Helmut N.s Zimmer.** Foto, 1918.

Misstrauen und Ängste

M1 Europäische Mächte 1840–1914.

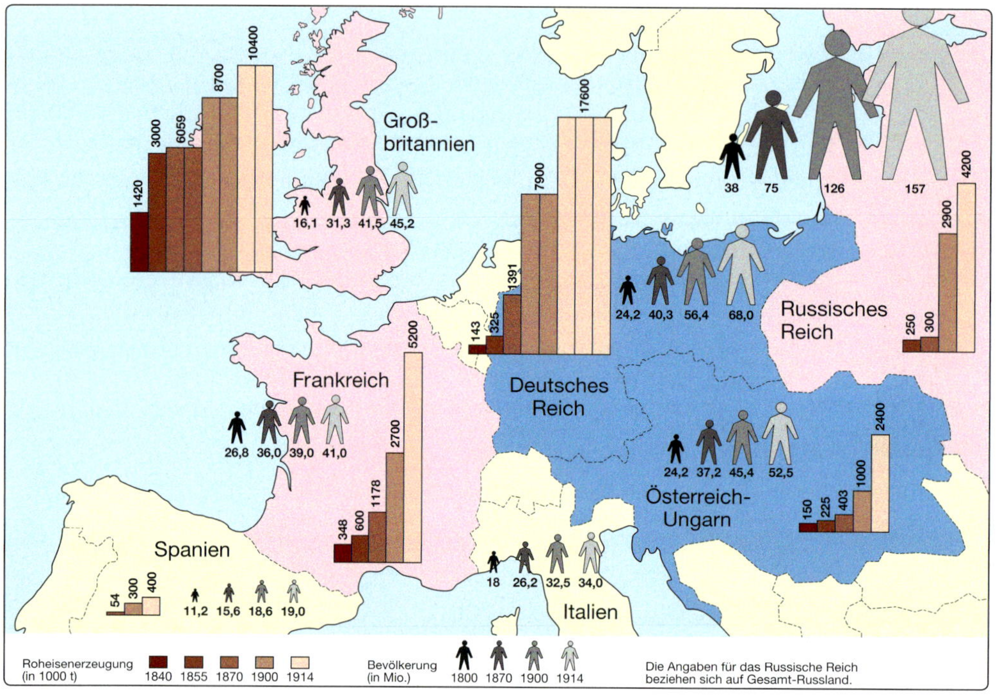

Deutschland – eine „verspätete“ Nation?

Die Völker in Mitteleuropa hatten sich daran gewöhnt, dass zwischen Frankreich, England, Russland und Österreich kein weiterer großer Staat existierte.
Deutschland war bis 1871 kein einheitlicher Nationalstaat gewesen. Die verschiedensten deutschen Königreiche und Herrschaften ergaben einen bunten Flickenteppich von „Ländchen“.
Als die alte Aufteilung zur Freude der Deutschen überwunden war, löste dies große Befürchtungen bei den europäischen Nachbarn aus: Wie würde die neue „Großmacht“ sich verhalten? Wie würde man ein europäisches Gleichgewicht herstellen können?
Und auch die deutschen Politiker schauten sorgenvoll in die Runde: Deutschland war umgeben von anderen großen Staaten, von denen man nicht wissen konnte, ob sie sich freundschaftlich verhalten würden.

1. Versucht die Situation zu verstehen, indem ihr einen Vergleich aus dem Alltag zu Ende denkt: In einem Verein taucht ein Junge/ein Mädchen auf, den ihr nicht kennt. Er/sie will mitspielen, vielleicht sogar Spielführer(in) werden. Überlegt, was passieren kann ...

Bevölkerungszahl und Wirtschaftskraft

2. Wertet die Karte M1 aus und erklärt auch hieraus die Ängste der europäischen Nachbarn. Achtet auf
   a) Bevölkerungsgröße/Größe,
   b) wirtschaftliche Entwicklung und
   c) Situation 1914.

M2 Der Staatssekretär des Äußeren v. Bülow vertrat am 11. 12. 1889 im Reichstag die Einstellung der deutschen Regierung:

„... wir wollen uns von keiner Macht beiseite schieben lassen, weder in politischer noch in wirtschaftlicher Beziehung (...) Die Zeiten politischer Ohnmacht und wirtschaftlicher und politischer Demut sollen nicht wiederkehren: Wir wollen nicht wieder (...) die Knechte der Menschheit werden.“

3. Erklärt den Ausspruch v. Bülows. Welche Einschätzung kann man herauslesen? Wie könnten die Nachbarstaaten diese Rede verstanden haben?

Wie sich die neuen Nachbarn in Europa gegenseitig einschätzten ...

Ihr wisst bereits, dass Karikaturen eine Meinung in Kürze und überspitzter Form ausdrücken können (siehe Seite 68).

M3 **Aus französischen Zeitungen.**

M4 **Aus deutschen Zeitungen.**

4. Wertet die Beispiele M3 und M4 aus, um etwas über die Stimmung zwischen den europäischen Nachbarn aussagen zu können.

Hallo – alles behalten?
Was gehört zusammen?

Macht eine Liste, bei der zu den Begriffen mit Ziffern die Erklärungen in Kleinbuchstaben hinzugefügt werden:

1. Des „Königs Rock" =
2. Militarismus =
3. Bismarck =
4. Königgrätz =
5. Sedan =
6. Versailles =
7. „Gründerjahre" =
8. Standesunterschiede =
9. „verspätete Nation" =
10. Mittel-Lage =

a) Zeit großen wirtschaftlichen Aufschwungs (Gründung von Unternehmen) nach 1871.
b) Das Deutsche Reich von 1871 liegt zwischen alten Großmächten in der Mitte Europas; das hatte damals Vor- und Nachteile.
c) Unterschiede im Ansehen einer Person, die nur durch die Zugehörigkeit zu einem „Stand" (Adel, Arbeiter usw.) bedingt sind.
d) Uniform.
e) Deutschland wird erst 1871 aus vielen kleinen Einzelstaaten ein Nationalstaat; das ist im Vergleich zu anderen Staaten (Frankreich, England) „verspätet".
f) Zuerst preußischer Ministerpräsident, nach der Reichsgründung Reichskanzler.
g) Übertriebene Betonung des Militärischen in allen Lebenslagen.
h) Ort der Entscheidungsschlacht zwischen Österreich und Preußen 1866.
i) Hier wird während des deutsch-französischen Krieges Kaiser Napoleon III. gefangen genommen.
j) Schloss in Frankreich und Ort der Krönung des deutschen Kaisers Wilhelm I. (1871).

ARME WELT – REICHE WELT

In einer Handelsstation einer deutschen Kolonie

M1 Die Handelsstation.

M2 Ein Frachter der Woermann-Linie ist aus Hamburg eingetroffe

M3 Fahne der Kolonie Deutsch-Ostafrika.

M4 Verladearbeiten am Strand.

M5 Deutsche Kolonisatoren gehen an Land.

1 Verbindet die Bilder zu einer erfundenen Geschichte; verwendet Vorkenntnisse, die ihr zur Kolonialzeit bereits habt.

In der Handelsstation

Europäer und Afrikaner trafen in Handelsstationen (aber auch in Missionsniederlassungen und Farmen) aufeinander.
Das war für beide Seiten eine Situation, die von vielen Missverständnissen geprägt war:
Es gab unter den Weißen edelmütige Menschen. Diese dachten, sie würden das Beste für die Afrikaner tun, wenn sie den „Wilden" europäische Lebens- und Verhaltensweisen beibringen würden. Andere Europäer waren üble Geschäftemacher, die Afrikaner verachteten. Sie behandelten sie oft grausam und versuchten, sie zu betrügen.
Auch die afrikanischen Menschen verhielten sich unterschiedlich: die einen bewunderten die Weißen, weil sie bis dahin in Afrika unbekannte Maschinen und Waffen mitbrachten und glaubten an eine gute Zusammenarbeit - andere verhielten sich misstrauisch und wehrten sich von Anfang an gegen die weißen „Landdiebe" und Unterdrücker.

M1 Träger bringen weiße Besucher in einer Sänfte. Foto, um 1910.

M2 Eine Missionsschwester mit schwarzen Helferinnen. Foto, um 1910.

M3 Deutsche Schutztruppen in Afrika. Foto, um 1910.

M4 Afrikanisches Kind mit europäischer Kleidung und Rosenkranz (= katholische Gebetskette) um den Hals. Foto, 1906.

M5 Farmerin mit namibischen Frauen. Foto, 2004.

M8 Siedlung „Kolmannskuppe". Foto, 2003.

M6 Europäer genießen ihre Freizeit. Foto, 1905.

1. Stellt euch vor, ihr wäret vor 100 Jahren als Besucher in die Handelsstationen gekommen
   a) Versucht herauszufinden, was auf den einzelnen Fotos abgebildet ist.
   b) Erzählt eine Geschichte/schreibt einen Brief, in dem ihr eure Erlebnisse schildert. Ihr könnt wie folgt beginnen: „Wir waren gerade angekommen, da hörten wir draußen aufgeregte Stimmen. ..."

Namibia
Früheres Deutsch-Südwest-Afrika

M7 Gefangene, die häufig zur Zwangsarbeit (Straßenbau) eingesetzt wurden.
Foto, 1905.

M9 Schmalspurbahn. Foto, 1911.

In einer Handelsstation einer deutschen Kolonie

Zeitliche und räumliche Orientierung

M1 Zeittafel.

1600
Gründung der englischen „East India Company“ in London.

1602
Gründung der niederländischen Vereinigten Ostindischen Companie.

1682
Das Kurfürstentum Brandenburg (später Preußen) gründet Kolonien in Afrika (Küsten von Guinea, Mauretanien).

1871
Gründung des Deutschen Reichs.

1881
Tunesien wird französische Kolonie, der Kongo Besitz des belgischen Königs.

1882
Ägypten wird britische Kolonie.

1884/85
Das Deutsche Reich erwirbt Kolonien (Afrika/Pazifik).
Afrikakonferenz in Berlin.

1898
Das Deutsche Reich rüstet seine Flotte auf.

1900
Fremdenfeindlicher Aufstand in China; Niederschlagung u. a. durch deutsche Truppen.

1912/13
Krisen auf dem Balkan: Europäische Großmächte rüsten auf.

1914
Beginn des Ersten Weltkriegs.

1945
Nach dem Zweiten Weltkrieg beginnt die „Entkolonialisierung“;
ehemalige Kolonien werden unabhängig.

Imperium
(Plural: Imperien)
lat. Herrschaft, Reich

Imperialismus
Industrialisierte Staaten beherrschen weniger entwickelte Länder. Der Begriff wird meist für die Epoche von 1880 bis ca. 1918 verwendet.
Bestrebung eines Staates, seinen Macht- und Einflussbereich auszudehnen.

Eine alte Idee lebt wieder auf

Immer wieder in der Geschichte wollten Staaten ihre Macht erweitern und sich ausdehnen. Sie gründeten Kolonien und gliederten eroberte Gebiete als neue Provinzen an. Dies nennt man Imperialismus.
Zu Beginn des 19. Jahrhunderts erwachte besonders bei den europäischen Staaten der Wunsch, sich nach Übersee auszudehnen. Genauso wie die Spanier, Portugiesen, Briten und Franzosen wollten nun auch Russland, USA, Japan, Belgien und auch Deutschland Kolonien besitzen. Nicht nur die Vorteile für Handel und Wirtschaft des eigenen Landes lockten, Kolonien bereicherten auch das Ansehen der Nation in der Welt.
Wissenschaftler, Politiker, Kirchenleute und Interessenvertreter von Handel und Industrie machten sich daran, Begründungen für die Vergrößerung des eigenen Herrschaftsbereichs zu formulieren.

Gründe zur Schaffung von Imperien:

- Politische: Macht- und Eroberungsstreben
- Militärische: Wunsch nach Absicherung der Kerngebiete durch Herausschieben der Außengrenzen; Sicherung von Verbindungswegen
- Wirtschaftliche: Absicht, andere Völker auszubeuten; Schaffung von Absatzmärkten
- Bevölkerungspolitische:Raum für die eigene Bevölkerung in neuen Gebiete finden
- Weltanschauliche: Sendungsbewusstsein (z. B. Überzeugung, die

eigene Lebensart oder Religion würden auch andere Völker glücklich machen)

1. Gebt die Gründe mit euren Worten wieder und überlegt, welche Auswirkungen dies wohl für die einheimische Bevölkerung haben könnte.

2. Wertet die Karten M2/M3 nach den Arbeitsschritten von S. 14 aus. Berücksichtigt besonders folgende Fragen:
- Was ist jeweils dargestellt?
- Welche Erdteile sind betroffen?
- Welche Staaten besaßen wo Kolonien?
- Fasst die Veränderungen nach 1830 zusammen.

M2/M3 Die außereuropäischen Besitzungen in Afrika und Asien bis 1830 (oben). Veränderung der Landkarte in den Jahren von 1830 bis 1914 (unten).

Exotische Produkte und neue Märkte

Exotische Produkte und neue Märkte

Viele Produkte sind uns heute alltäglich geworden, die im 19. Jahrhundert unerhört neu und exotisch wirkten.
Weitsichtige Geschäftsleute erkannten schnell, dass damit gute Geschäfte zu machen waren. Mit Feuereifer ging man nun daran, Handelsstationen zu eröffnen und die Plantagenwirtschaft auszubauen.

M1 **Produkte französischer Kolonien.** Informations- und Propagandabild, Ende des 19. Jahrhunderts.

M2 **Kolonialwaren.**

M3 **Kolonialwarenladen, 1898.** Foto.

Die Nachfrage nach den neuen Produkten boomt in Europa

In Stadt und Land tauchten jetzt „Kolonialwaren“ auf, die man in Europa entweder bis dahin nicht kannte oder die als sehr teure Luxusgüter nicht für jedermann erschwinglich waren.

M4 **Werbeplakat für Fry's Cocoa, um 1910.**

1. Überprüft, welche der in den Bildern M1 und M2 aufgeführten Produkte ihr kennt. Informiert euch im Lexikon, zu welchen Endprodukten einige von ihnen verarbeitet werden.
2. Kennt ihr noch weitere „Kolonialwaren“?

Die Bedeutung der Kolonien

Deutschland – erst seit kurzem ein einheitlicher Staat – war spät unter die Großmächte Europas aufgerückt. England und Frankreich hatten schon vorher Handelsbeziehungen in alle Welt aufgebaut. Rohstoffe wurden aus Überseegebieten eingeführt (importiert), Fertigwaren nach dorthin verkauft (exportiert).

Aus ehemaligen Handelsstützpunkten wurden „Kolonien“, die man entweder kaufte oder sich durch Eroberungen aneignete.

Die wirtschaftlichen und politischen Gründe verschleierte man gern. Zu Beginn der Kolonialbewegung hieß es, man wolle den Menschen in Übersee das Christentum bringen, sie medizinisch betreuen und ihnen helfen, „Ordnung und Gerechtigkeit einzuführen“.

Bald wurde aber klar, dass ganz andere Gründe eine wichtige Rolle beim Erwerb der Kolonien spielten. Einige findet ihr in M3.

3. Lest die Texte in M5 durch und stellt fest:
- Zu welcher gesellschaftlichen Gruppe gehören die Sprecher bzw. die Sprecherin?
- Welche Interessen werden genannt?

4. Entschlüsselt die Karikaturen M6.

M5 **Mögliche Meinungen zum Imperialismus um 1890.**

„So kolonisiert der Deutsche.“

„So kolonisiert der Engländer.“

M6 **Karikaturen von Th. Th. Heine in der satirischen Zeitschrift „Simplicissimus“.**

Deutschland besteht auf seinem „Platz an der Sonne“

Angst, zu kurz zu kommen

Immer lauter wurden die Stimmen, die forderten, Deutschland müsse als Großmacht überall in der Welt etwas zu sagen haben. Verbunden damit war die Angst, bei der Verteilung der „Interessensphären“ (Gebiete, auf die man Anspruch erhebt) zu kurz zu kommen.

1. Lest die Auszüge aus den Reichstagsreden der Politiker von Bülow (Regierung) und Bebel (SPD) und stellt die Meinungen gegenüber. Was glaubt ihr, wer Recht haben könnte? Beachtet M4.
2. Deutet dann die Aussage der Postkarte der Zentrumspartei (M2). Welche Länder schneiden sich ein Stück vom „Kuchen“ ab? Vergleicht die Argumente der Zentrumspartei mit denen der SPD in M3.

M1 Rede von Bülows (1899):

„... Träumend beiseite stehen, während andere Leute sich den Kuchen teilen, das können wir nicht ... weil wir jetzt Interessen haben in allen Weltteilen. ... Die gewaltige Lebenskraft des deutschen Volkes hat uns in die Weltpolitik hineingezogen. Die Zeiten politischer Ohnmacht und Demut sollen nicht wiederkehren. Wir wollen nicht wieder die Knechte der Menschheit werden. ...“

Michael Behnen (Hrsg.), Quellen zur deutschen Außenpolitik im Zeitalter des Imperialismus. 1890–1911, Darmstadt 1977, S. 231 ff.

M2 Postkarte der Zentrumspartei zur Wahl 1912.

Text auf der Rückseite:
Verzichtet Deutschland auf die Erweiterung seines Wirtschaftsgebietes, so heißt dies: Deutschland kann nicht nur als politisch maßgebendes Land abdanken, sondern es geht auch wirtschaftlich zurück, und damit ist die Lage der Arbeiter-Bevölkerung bedroht. ... Das Zentrum tritt ein für eine solide Welt- und Kolonialpolitik, damit sich Deutschland eigenes Land für seinen Bevölkerungsüberschuss, neue Absatzgebiete und Bezugsquellen für Handel und Industrie erschließen kann.

M3 Rede Bebels (1894):

„Meine Herren, was bedeutet denn in Wahrheit Ihre christliche Zivilisation in Afrika? Äußerlich Christentum, innerlich und in Wahrheit Prügelstrafe, Weibermisshandlung, Schnapspest, Niedermetzelung mit Feuer und Schwert, mit Säbel und Flinte. Das ist Ihre Kultur. Es handelt sich um ganz gemeine Interessen, ums Geschäftemachen und um nichts weiter. ...“

Manfred D. Hinz, Helgard Patemann, Armin Meier (Hrsg.), Weiß auf Schwarz. 100 Jahre Einmischung in Afrika, Berlin 1984, S. 121.

M4 Körperstrafe an einem Einheimischen, durch den Kolonialherrn angeordnet. Kongo, 1907. Foto.

M5 Kreuzer und Kanonenboot hissen auf Ponape (Karolinen) die deutsche Flagge. Lithographie, 1902.

Afrikaner werden deutsche Untertanen

3. Wertet die Materialien dieser Seite aus:
   - Wie wurden Gebiete afrikanischer Völker in Besitz genommen?
   - Wie treten die Weißen auf und wie behandeln sie die afrikanische Bevölkerung?

M6 Der deutsche Geograph und Kolonialpolitiker Carl Peters beschreibt die Inbesitznahme von Gebieten in Afrika:

... wir (knüpften) sofort ein recht ... herzliches Verhältnis an, indem wir den Sultan zwischen uns auf ein Lager nahmen. ... Wir tranken dann einen Trunk guten Grogs und brachten Seine Hoheit von vornherein in vergnüglichste Stimmung. ... Alsdann begannen auch die diplomatischen Verhandlungen, und aufgrund derselben wurde der ... Vertrag abgeschlossen. Als dies geschehen war, wurden die Fahnen ... gehisst, der Vertrag in deutschem Text ... verlesen, ich hielt eine kurze Ansprache, wodurch ich die Besitzergreifung vornahm, die mit einem Hoch auf Seine Majestät den deutschen Kaiser endete, und drei Salven, von uns und den Dienern abgegeben, demonstrierten den Schwarzen ..., was sie im Fall eines Vertragsbruchs zu erwarten hätten. ...

Bearbeitet nach: Carl Peters, Wie Deutsch-Ostafrika entstand, Leipzig 1912, S. 27.

M7 Deutsche Kolonialsoldaten bekämpfen den afrikanischen Stamm der Hereros (1904).
Zeitgenössische Lithographie aus Frankreich.

M8 Carl Peters bei einer Besichtigungsfahrt.
Foto, um 1890.

M9 Kölner Stadt-Anzeiger vom 11. Oktober 1990.

Zwei Straßen im „Afrika-Viertel" in Nippes sollen auf Beschluss der Bezirksvertretung neue Namen erhalten

Kolonie mit betrügerischem Vertrag erlangt

Von Ulli Lepartz

Nippes – Zwei Straßen in Nippes sollen neue Namen erhalten. Die Carl-Peters-Straße wird künftig Namibiastraße heißen, die Lüderitzstraße wird in Usambarastraße umbenannt. ... Der Grund: Carl Peters und Franz-Adolf Lüderitz hatten sich in den 80er-Jahren des letzten Jahrhunderts als Kolonialisten in Afrika einen höchst zweifelhaften Ruhm erworben.
Der Kaufmann Lüderitz habe mit betrügerischen Verträgen das heutige Namibia in Besitz genommen, hieß es in der Begründung der Grünen. Peters, der schon von seinen Zeitgenossen „Hängepeters" genannt wurde, war für seine brutale Behandlung der einheimischen Bevölkerung in der damaligen deutschen Kolonie Deutsch-Ostafrika bekannt. Bezeichnenderweise waren es die Nationalsozialisten, die 1937 den beiden mit der Straßenbenennung ein Denkmal setzten.

Was ihr noch tun könnt:
Überlegen, was Imperialismus für die betroffenen Völker bedeutete. Versetzt euch dazu in ihre Lage: Entwerft einen Text oder ein Spiel, in dem es um die Absicht fremder Mächte geht, euren Heimatort zu erobern („Hilfe, unser Ort ist umstellt ...!").

Arbeitstechnik

Werbebotschaften entschlüsseln

Bilder von Menschen und Völkern

Seit Tausenden von Jahren spielen Kaufen und Verkaufen eine große Rolle. Mitte des 19. Jahrhunderts begannen die Kaufleute, Werbung für Produkte, Reisen usw. in großem Stil zu machen. Aus der hergestellten Bild- und Textwerbung können viele wichtige Informationen herausgelesen werden – oft ganz andere, als die Werbebotschaft vordergründig meinte.

1. Entschlüsselt und deutet die in der Werbung enthaltenen Meinungen und Einstellungen mithilfe der Schritte 1 – 4; arbeitet in Gruppen (wählt je eines der Beispiele und vergleicht eure Ergebnisse).

Werbebotschaften entschlüsseln

Die folgenden Fragen können euch helfen, Textquellen besser zu verstehen:

1. Schritt Form/Inhalt

– Form: Plakat, Zeitungswerbung, Aufdruck auf Verpackungen, Sammelbilder usw.
– Inhalt: Was ist dargestellt? Wofür wird geworben?
– Darstellungstechnik: Zeichnung, Bild, Foto; farbig/schwarz-weiß

2. Schritt Werbebotschaft

– Auftraggeber: Welche Firma, welcher Verein usw. wirbt?
– Aussage: Was wird gesagt, behauptet, unterstellt, „eingeflüstert“?

3. Schritt „verdeckte“ Einstellungen

– Mit welchen Mitteln/Methoden wird gearbeitet? Wird belehrt, wird jemand angegriffen, lächerlich gemacht, herabgesetzt? Wird jemand als besonders klug, sorgsam usw. dargestellt?

4. Schritt Beurteilung

– Wirksamkeit: Haltet ihr die Werbung für wirksam (damals/heute)?
– Geschmack: Gefällt euch die Werbung?
– Moral: Haltet ihr die jeweilige offene und die verdeckte Aussage für gut und richtig?

M1 Klebemarke für ein Sammelalbum. Firmenreklame, um 1920.

M2 Seifenreklame. Zeitschriftenbild, 1885.

M3 Plakat zu einer der vielen „Völkerschauen“ in der Passage Panopticum, Berlin, 1913. Farblithographie.

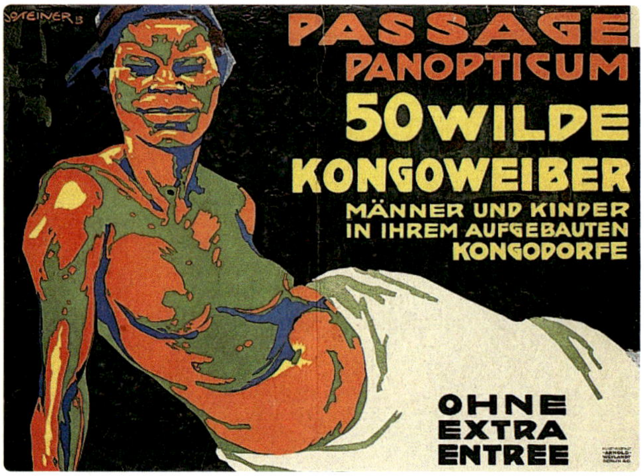

M4 Nähmaschinenwerbung der Firma Pfaff, Kaiserslautern, 1954.

M7 „Negerfreuden“. Sammelbild, um 1910.

M5 Drei farbige Models. Foto, 2002.

M8 Werbung für Lotterielose, Belgien, um 1910.

M6 Richard M., IT-Manager. Foto, 2001.

M9 Werbung für Seifenpulver, Anfang 20. Jahrhundert.

Alte Reiche und ihre Kulturleistungen

Vor der kolonialen Epoche (im 19. Jahrhundert) blickten Europäer mit Respekt auf die reichen, entwickelten Völker in Afrika und Asien. Wesentliche Anregungen übernahmen die Europäer von den Völkern des Ostens und Südens. Hier gab es Königreiche mit Herrscherfamilien, die auf eine längere Tradition als europäische Adelsfamilien zurückblicken konnten, erlesene Architektur, wunderbare Kunstwerke, entwickelte Sprachen, elegante Mode und raffinierte Speisen.

1. Gebt mit euren eigenen Worten wieder, was der Forscher Kolb 1705 über das Volk der Nama berichtet.
2. Beschreibt seine Einstellung zu den Nama.
3. Schaut euch die Beispiele afrikanischer und asiatischer Kunst und Architektur an und stellt mithilfe eines Atlasses und eines Lexikons fest, wo sich die Herkunftsländer befinden.
4. Sammelt Argumente gegen die Meinung vieler Europäer im 19. Jahrhundert, Afrika sei ein kulturloses Land.

M1 1705 berichtete der Forscher Peter Kolb über das Leben der Nama, einem Volk im südlichen Afrika (später Deutsch-Südwestafrika):
Bei jedem Kral oder Dorf gibt es eine Herde von Großvieh wie Ochsen, Kühe, Kälber, die aber nicht einem allein ... gehört ..., sondern jeder, der in dem Kral wohnt, hat seinen Anteil daran ...

M2 Zum Kürschner-, Riemenschneiderhandwerk und zur Eisenverarbeitung schrieb Kolb:
Sie können die Schaf- und andere Felle wenigstens ebenso gut bereiten, sich diese so nett und zierlich zusammennähen und ihnen die richtige Form geben, wie es ein Kürschner in Deutschland oder anderswo in Europa machen kann ...
Sie nehmen ein Stück Eisen und suchen einen Stein, der sehr fest und hart ist. Auf diesen legen sie das Eisen und schlagen es so lange mit einem anderen Stein ..., bis sie es in die ihnen beliebige Form gebracht haben. Sodann schleifen sie es an einem Stein und polieren es so schön, dass man meinen möchte, es habe ein rechter deutscher Waffenschmied verfertigt.

Beide Quellen aus: Helgard Patemann, Lernbuch Namibia, Wuppertal (Hammer) 1984, S. 23 f.

M3 Loango (Hauptstadt des afrikanischen Königreichs Lovango). Stadtbild nach O. Dappert, 1668.

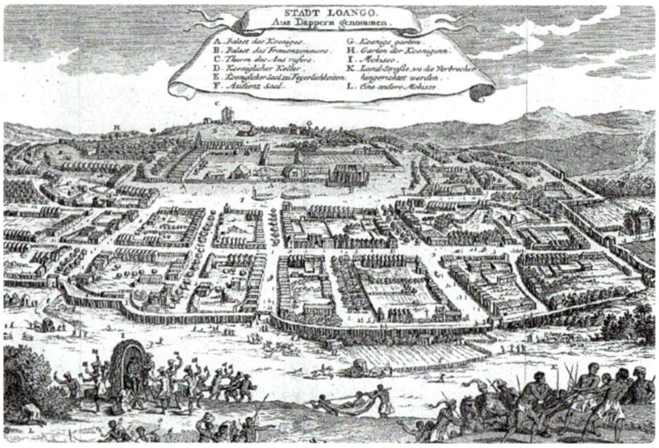

M4 Teil der Tempelruinen des Khmer-Reiches in Angkor (Kambodscha). Der Tempelkomplex – einer der größten der Welt – bedeckte im 12. Jahrhundert ca. 80 km^2 mit mehr als 600 Tempeln und über 1 Mio. Einwohnern. Nur ein Teil ist bis heute ausgegraben. Foto, 2002.

Was ihr noch tun könnt:
- Sammelt aus Reisekatalogen weitere kulturelle Beispiele ehemaliger Kolonialländer und gestaltet damit zu dem Thema eine Wandzeitung.
- Informiert euch in Lexika, Büchern und Zeitschriften über alte Kulturen in Afrika.
- Erkundigt euch auch über Kunst und Kultur in Europa zur gleichen Zeit.

Mission

M 1 Die Mission als Kulturbringer. Foto, 1915.

M2 Missionar wird in einer Art Rikscha gefahren. Foto, ca. 1898.

Mission – Ausbreitung des Christentums bei den „Heiden"

1. Führt ein Brainstorming zu den nachstehenden Begriffen durch und tauscht euer Vorwissen und eure Gedanken dazu aus: Heiden, Naturreligionen, Voodoo, Fetisch, Medizinmann, Animismus, Missionar.

Gute Absichten – mit den Augen von heute betrachtet

2. Wertet Bild M1 und Text M3 aus und ermittelt, welche Einstellung zu Glaubensvorstellungen und Kultur der afrikanischen Menschen sichtbar wird.

M3 Weltanschaulicher Hintergrund der Mission im 19. Jahrhundert:

Die Missionare [waren] von der Einzigartigkeit der europäisch-christlichen Kultur überzeugt und kamen um die Jahrhundertwende mit den Kaufleuten und Kolonisatoren nach Afrika, um die Afrikaner zu bekehren ... Sie wollten den „finsteren Aberglauben" mit dem „Licht des Evangeliums" besiegen.

Kolonialbeamte und Kaufleute kamen aus Ländern, die sie zivilisiert und kultiviert nannten.

Sie waren am Profit oder an der Macht interessiert. Von diesem Standpunkt aus betrachteten sie die Gebiete Afrikas, die sich Europa angeeignet hatte und deren Menschen sie versklavt hatten ...

Regina und Gerd Riepe, Gott war bei allen Menschen. Afrikanische Religionen, Aachen (Missio) 1993, S. 9.

Mission pro und kontra

Zwei Standpunkte stehen sich heute wie damals gegenüber:

a) Mission war und ist positiv:
Wenn man von der Richtigkeit seines Glaubens überzeugt ist, muss man auch andere Menschen an dieser Gnade teilhaben lassen;
die Missionarinnen und Missionare waren selbstlose Idealisten, die viele Strapazen und Risiken auf sich nahmen, um Menschen zu unterrichten und ihnen (z.B. medizinisch) zu helfen.

b) Mission war und ist negativ:
Keine Glaubensrichtung darf sich über eine andere erheben;
die Mission war – möglicherweise ohne dies zu wollen – Wegbereiter des Kolonialismus. Missionare waren oft die Ersten, die in spätere Kolonialgebiete vordrangen und so die „Tür öffneten"; westlichem Denken wurde und wird der Weg geebnet, was die Menschen ihrer Kultur entfremdet und zur Entwurzelung beiträgt.

3. Vergleicht in der Klasse die Meinungen zu den obigen Standpunkten.

Was ihr noch tun könnt:

- Herausfinden, welche Missionsbestrebungen in der Vergangenheit von nordrhein-westfälischem Boden ausgingen (z.B. Barmer Baptisten, Weiße Väter, Steyler Missionare).
- Euch über aktuelle Vorhaben der Mission informieren. Achtet dabei auf die Berücksichtigung aller großen Weltreligionen.

„Was wir tun, ist richtig!“

M1 Der deutsche Kaiser Wilhelm II. im Kreis der „Kolonialvölker“. Zeitschriftenbild, 1913.

Europäische Gefühle der Überlegenheit

1. Betrachtet das Bild M1. Wie verhalten sich (nach Ansicht des Zeichners) die Völker in den deutschen Kolonien gegenüber ihrem neuen Herrscher (Kaiser Wilhelm II.)? Beschreibt die Haltung der einzelnen Personen.
2. Vermutet, woher die Europäer das Recht nahmen, über andere Völker zu herrschen.

Es gibt Menschen, die sich den Bewohnern weniger entwickelter Länder überlegen fühlen. Wissenschaftliche Fortschritte, größere Wirtschaftskraft und wirksamere Waffen gelten als Beweis für diese Überlegenheit. Zu wenig wird darüber nachgedacht, ob andere Völker nicht glücklicher leben ohne den „Segen“ der europäischen Lebensweise.

Das war erst recht im 19. Jahrhundert so, als Stolz auf eigene neue Entwicklungen die Eroberer erfüllte. Aus dieser Einstellung leiteten Politiker, Generäle und Kaufleute, aber auch Frauen und Männer in Deutschland und Europa das Recht ab, fremde Völker zu unterwerfen.

3. Notiert die Argumente, die in dem Brief (M2) erwähnt werden, und diskutiert in der Klasse darüber, ob die Schreiberin Recht hat oder nicht.

M2 Aus einem Brief einer Kaffeeplantagen-Besitzerin an ihre Mutter in Deutschland (1913):

„... zu den Vorhaltungen manch ahnungsloser Zeitgenossen kann ich nur sagen: Unsere Truppen bringen Recht und Ordnung in das Land, wir Farmer holen aus ungenutztem Boden gute Erträge, unsere Missionsschwestern lehren die schwarzen Kinder den rechten Glauben und unsere Ärzte tun alles, um die bösartigen Tropenkrankheiten auszurotten. Ich weiß nicht, wie man dagegen einen Einwand machen kann ...“

M3 Mutterland und Kolonien. Deutschland, 1928. Plakat.

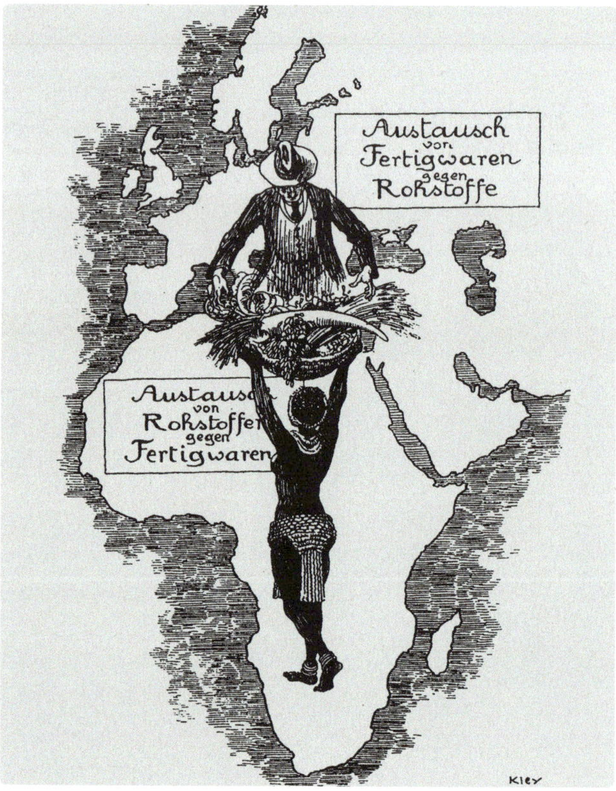

4. Betrachtet das Plakat und überlegt, ob die Darstellung über die Zusammenarbeit von Mutterland und Kolonien stimmt.

„Was ihr getan habt, war falsch!“

M4 Soldaten der deutschen Schutztruppen mit afrikanischen Gefangenen. Foto, 1905.

M6 Auftreten deutscher Kolonialsoldaten in Neuguinea, 1911. Karikatur.

Afrikanische Stimmen

M5 Herero-Chief Daniel Kariko über die weißen Händler:
„Die Händler kamen des Weges und boten Waren an. Wenn wir sagten, dass wir kein Vieh entbehren können, da die Rinderpest viel Vieh vernichtet hatte, sagten sie, sie würden uns Kredit geben. Wenn wir ablehnten, Waren zu kaufen, auch auf Kredit, geschah es oft, dass der Händler einfach die Waren ablud und daließ. Er sagte, wir könnten bezahlen, wann wir wollten. Er kam jedoch nach wenigen Wochen wieder und forderte Geld oder stattdessen Vieh. Er suchte sich dann die besten Rinder aus. Häufig wurde das Vieh irgendeines Mannes genommen, um damit anderer Leute Schulden einzutreiben. Wenn wir Einspruch erhoben und uns zu wehren versuchten, wurde die Polizei geholt, die mit Prügel und Erschießungen drohte.“

Daniel Kariko. Zitiert nach: Helgard Patemann (Hrsg.), Lernbuch Namibia. Ein Lese- und Arbeitsbuch, Wuppertal 1985, S. 104.

5. Tragt die in den Texten und Bildern sichtbaren Kritikpunkte aus M4 – M8 in einer Stichwortliste zusammen und vergleicht mit den Argumenten für die Kolonialisierung auf der linken Seite.

M7 Der farbige Schriftsteller Aimé Césaire kritisierte (1968) den Kolonialismus:
„Ich spreche aber von Gesellschaften, die um sich selbst gebracht worden sind, von zertretenen Kulturen, von beschlagnahmtem Land, von ermordeten Religionen, von vernichteter Kunst. Ich spreche von Tausenden hingeopferter Menschen, ... vom Raubbau an Erzeugnissen und Grundstoffen ...“

6. Überlegt, ob es wahrscheinlich ist, dass die Afrikaner, ehe die Weißen kamen, nur „Glück und Frieden“ hatten. Welche inner-afrikanischen Konflikte sind denkbar.

M8 Gedicht des Namibiers Shivute Shanumbundu (1982), Auszug:
„Bevor die Weißen kamen,
Lebte mein Volk in Glück und Frieden. ...
Die Weißen zerstörten das Glück und
Brachten Krieg.
Mein Volk kämpfte und kämpft bis heute.
Es opfert sein Blut
Für Glück und Frieden, die es hatte,
Bevor die Weißen kamen.“

Manfred D. Hinz, Helgard Patemann, Armin Meier (Hrsg.), Weiß auf Schwarz. 100 Jahre Einmischung in Afrika. Berlin 1984, S. 9.

Wer trägt die Verantwortung für aktuelle Schwierigkeiten?

Viele ehemaligen Kolonialstaaten leiden heute unter Hunger, Armut, Krieg, Ausbeutung und Zerstörung der Umwelt. Die Doppelseite will Material liefern zu der Frage: Wer trägt die „Schuld“ an der schwierigen Situation heute?

Die Schuld wird bei den Kolonialmächten gesucht

M1 „Wir fordern Wiedergutmachung des Unrechts, das unseren Vätern angetan wurde!“ Der Herero-Chief Riruako meinte 2001:
„Eine Entschuldigung ohne Entschädigung ist bedeutungslos. Ich habe vor einem Gericht in Washington ein Verfahren angestrengt – einmal für Besitztümer, die meinem Volk gestohlen wurden, zum anderen wegen des Völkermords ...
Recherchen zufolge wären wir heute ein Volk von zwei Millionen Menschen, stattdessen sind wir heute ein Volk von 400 000 bis 550 000. Die deutsche Regierung hat damals Verbrechen gegen die Menschheit begangen, denn sie töteten drei Viertel der Herero und ihre Rinder, machten sie zu Sklaven auf ihrem eigenen Land – das ist Zerstörung einer ganzen Gesellschaft, einer ganzen Kultur.“

Zit. nach: „Die Welt“, 3.9.2001.

Die inzwischen auf ca. 4 Milliarden Dollar bezifferte Entschädigungsforderung wird von der deutschen Regierung abgelehnt. Sie hat sich aber zu Entwicklungshilfe-Leistungen bereit gefunden.

M2 Der Herero-Häuptling Kuaima Riruako mit dem deutschen Botschafter Wolfgang Massing. Foto, 2004.

„Ich bitte Sie (...) um Vergebung unserer Schuld“

M3 Heidemarie Wiczorek-Zeul, Bundesentwicklungsministerin mit Vertretern der Herero neben einem Bild des Herero-Chiefs Samuel Maharero. Foto, 2004.

Im Sommer 2004 reiste die Bundesministerin als erstes deutsches Regierungsmitglied zu einer Gedenkveranstaltung für die Opfer der Schlacht am Waterberg (August 1904). Damals waren die Freiheitskämpfer der Herero von den deutschen Kolonialtruppen vernichtend geschlagen worden. Sie sagte unter anderem:

M4 Bitte um Vergebung:
„Vor hundert Jahren wurden die Unterdrücker – verblendet vom kolonialen Wahn – im deutschen Namen zu Sendboten von Gewalt, Diskriminierung, Rassismus und Vernichtung.
Die damaligen Gräueltaten waren das, was heute als Völkermord bezeichnet würde – für den ein General von Throta heutzutage vor Gericht gebracht und verurteilt würde. Wir Deutschen bekennen uns zu unserer (...) Verantwortung (...) Ich bitte Sie im Sinne des gemeinsamen Vaterunser um Vergebung unserer Schuld. Ohne bewusste Erinnerung, ohne tiefe Trauer kann es keine Versöhnung geben (...).“

Zit. in: Begleitmaterial zur Ausstellung Namibia-Deutschland, DHM, Berlin 2004, S. 15.

Die Vertreter der Herero nahmen diese Entschuldigung an und versicherten, gemeinsam den Weg zur Versöhnung beschreiten zu wollen.

Anregungen zur Diskussion:

1. Was gehen uns Taten unserer Ururgroßeltern an? Sind wir heute noch verantwortlich?
2. Auch andere Weltmächte haben in der Zeit des Kolonialismus fremde Völker ausgebeutet und unterdrückt. Ist das eine Entschuldigung für Deutschland?

Die Probleme werden den Afrikanern angelastet

In Afrika selbst – aber auch weltweit – mehren sich Stimmen, die den Afrikanern Mitschuld an der gegenwärtigen Lage geben.
Korrupte (= bestechliche) und schlechte Politiker, undemokratische Staatsorganisation, Vergeudung von öffentlichen Geldern für Waffenkäufe und persönliche Bereicherung sowie Stammesfeindschaften würden immer mehr einfachen Menschen Tod und Elend bringen. Spannungen zwischen einzelnen Volksgruppen würden von manchen afrikanischen Führern absichtlich geschürt, um den Zugriff auf wertvolle Rohstoffe zu bekommen (Gold, Diamanten, Öl usw.)
Hinzu kommen Abhängigkeit und Gewöhnung an Hilfslieferungen und -zahlungen aus dem Ausland. Dadurch würden eigene Anstrengungen anscheinend überflüssig.

M5 Nahrungsmittelhilfe im Sudan. Foto, ca. 2001.

M6 Die Afrika-Experten Regina und Gerd Riepe wohnen in Haan/NRW. Sie haben beide lange in Kamerun gelebt und andere afrikanische Länder bereist. Sie sehen das Problem wie folgt:

Welche Voraussetzungen bestehen?
Man muss jedenfalls bedenken:
- dass die Kolonialzeit Strukturen (= Ordnungen, innerer Aufbau) hinterlassen hat, die heute noch nachwirken. Zum Beispiel gab es in den afrikanischen Kolonien kaum Industrie, keine technische Ausbildung, nur wenige Universitäten. Als die neuen Staaten vor 50 Jahren ihre Unabhängigkeit erkämpft hatten, bekamen sie kaum Starthilfen.
- dass es den Weltmarkt gibt, auf dem die Industrienationen die Spielregeln bestimmen, denn die so genannten Entwicklungsländer haben hier keine Macht.

Wie können Entwicklungsländer am besten gefördert werden bzw. was ist schädlich für ihre Entwicklung?
Ihre Entwicklung müssen die Menschen selbst bewirken. Bei so vielen verschiedenen Ländern, Kulturen, Bodenverhältnissen, Klimazonen kann es kein allgemein gültiges Rezept geben. Doch das heißt nicht, dass wir uns raushalten sollen. Unfair niedrige Rohstoffpreise, Handelssperren für Waren aus Entwicklungsländern, die Unterstützung von raffgierigen Diktatoren, die nur überleben können, wenn sie von den Industrienationen gedeckt werden, sind Beispiele dafür, dass die Menschen in Afrika alleine nur wenig erreichen können.

Wie können Schülerinnen und Schüler zu einer guten Entwicklung beitragen?
- Aktionen von Gruppen wie „amnesty international“, „Brot für die Welt“, „Misereor“ unterstützen.
- Gruppen in der so genannten Dritten Welt unterstützen, indem man ihre Produkte kauft („Transfair“, „Gepa“).
- Die öffentliche Meinung hier bei uns durch Gespräche, Infostände und Aktionen in der Schule beeinflussen. Wer weiß denn schon um die Zusammenhänge in Afrika, Asien und Lateinamerika?
- Politiker und international tätige Unternehmer – gibt es in fast jeder Stadt – „unter Druck“ setzen, indem man sie immer wieder nach ihrem Einsatz für eine gerechte Welt fragt. Nur wenn sie den Eindruck haben, dass Kunden und Wähler das Thema wichtig finden, werden sie es in ihrer Arbeit ernst nehmen.

Positive Ansätze

Die westliche Welt sucht nach neuen Antworten auf die Fragen der so genannten Dritten Welt.
Wir ihr gesehen habt, hat sich der Meinungsstreit um die Bedeutung von Kolonialismus und Imperialismus in letzter Zeit anderen Schwerpunkten zugewandt. Es geht um die „Eine Welt“, in der wir alle leben.

M1 Aktionsplakat der Misereor-Fastenaktion 2003.

Nicht nur Not und Elend!

Viele Entwicklungen in den ehemaligen Kolonialgebieten werden im Westen Europas und in den USA ein wenig voreingenommen beobachtet. In Presse und Fernsehen wird häufig ein dunkles Bild gezeichnet, bei dem politische und wirtschaftliche Krisen, Bürgerkriege, Hungersnöte und Naturkatastrophen im Vordergrund stehen.

1. Überlegt, welche Gründe diese Sichtweise haben könnte.
2. Seht euch das Plakat von Misereor an. Diskutiert in der Klasse darüber, welche Antwort auf die von der kirchlichen Aktion gestellte Frage die richtige wäre und welche Konsequenzen das haben müsste.

Vorbildliche Beispiele, von denen wir lernen können ...

So wie nicht alle Auswirkungen der Kolonialzeit schädlich waren, gibt es bei den ehemals kolonialisierten Völkern interessante Beispiele, wie privates und öffentliches Leben positiv organisiert werden können.

Zum Beispiel: Versöhnung und Befriedung ohne Rache und juristischen Streit – die Wahrheitskommissionen

Es gab in der Vergangenheit viele blutige Konflikte in Afrika, z. B. die Opfer des Regimes der Rassentrennung in Südafrika (Apartheid) und der Völkermord an den Tutsi in Ruanda 1994. In beiden Ländern bemüht man sich nun mithilfe von „Wahrheitskommissionen“ um Aufklärung und Verständigung. In Südafrika stellte man dabei die Aufklärung über die Bestrafung. Alle Täter, die aus politischen Motiven zwischen 1960 und 1993 eine Menschenrechtsverletzung wie Tötung, Entführung, schwere Misshandlung, Folter oder die Anstiftung zu einem solchen Verbrechen begangen hatten, sollten straffrei davonkommen, wenn sie bereit waren, ihre Missetaten vor der Wahrheitskommission öffentlich zu gestehen. So wollte man den Opfern helfen, indem noch ungeklärte Verbrechen endlich verhandelt würden. Gleichzeitig zwang man die Täter, sich öffentlich zu ihren Taten zu bekennen, denn die Straffreiheit galt nur, wenn sie ihr Geständnis innerhalb von 18 Monaten nach der Verkündung des Gesetzes öffentlich machten.
In Ruanda möchte man mithilfe eines traditionellen Laiengerichts einen ähnlichen Weg gehen, in der der Aspekt der Anhörung und Versöhnung im Vordergrund steht.

Zum Beispiel: Praktische Hilfen, selbstbestimmt und ohne große Organisation – Tontines, die Sparkasse der Frauen

In die selbst verwalteten Kassen zahlen Frauen wöchentlich oder monatlich einen vorher festgelegten kleinen Betrag ein; der Reihe nach bekommt eine der Einzahlerinnen einen größeren Betrag, von dem sie dann wichtige Anschaffungen tätigen kann.

Was ihr noch tun könnt:
- Erkundigt euch bei Organisationen, die sich in der Frage „Eine Welt“ engagieren, z. B. Misereor, Brot für die Welt, Terre des Hommes, VENRO (Verband für Entwicklungspolitik deutscher Nichtregierungsorganisationen).
- Informiert euch in Büchern oder im Internet über die Wahrheitskommissionen in Südafrika oder Ruanda und über die Tontines.

Zusammenfassung und Ausblick

Anregungen zu weiteren Projekten und Untersuchungen in der Klasse

(vielleicht auch in Zusammenarbeit mit den Fächern Erdkunde, Religion und Kunst):

- Alltag von gleichaltrigen Jugendlichen in einem ehemaligen Kolonialgebiet
- Kindersoldaten
- Ethno-Look in der Mode
- afrikanische Masken und ihre Bedeutung (auch Selbstentwurf oder Nachbau von Masken)
- Menschen aus Afrika und Asien als Nachbarn in Deutschland
- Kinderrechte – Mädchenrechte
- Aids – eine Seuche, die die Armen trifft?
- Religionen der Welt und Mission
- Frauen als Forschungsreisende im 19. Jahrhundert
- Genitalverstümmlung und ihre Bekämpfung
- europäischer Tourismus in die Dritte Welt und seine Vor- und Nachteile
- moderne Entwicklungen in Afrika

M1 Internet-Café in Benin. Foto, ca. 2001.

M2 Eine ganz andere Meinung:
Afrika hat die einmalige Chance, die Industrialisierung zu überspringen und in der Informationsgesellschaft zu landen ...

Rüdiger Eisele, Bundesverb. mittelständ. Wirtschaft. Zit. in Information zur politischen Bildung, Heft 272, Bonn 2001, S. XX.

Wo ihr weitere Informationen einholen könnt:
www.eine-welt-netz.de
www.entwicklungshilfe.de
www.venro.de
www.misereor.de

Na, habt ihr aufgepasst und aufmerksam hingesehen?

A) ein Silbenrätsel für schlaue Füchse

A- BA - DELS- FRANK - GO - HAN - HE - IM - KA - KA - KO - LIS - LO - MI - MUS - NA - NE- NIE - O - OR - LO - PE - PE -RE - REICH - RI - RI - RO - SE - STA - TERS - TION -VAN

1. Ort, an dem es zum (Waren-)Austausch zwischen Europäern und Afrikanern kam
2. Name für ein Gebiet in Übersee, das ein anderer Staat für sich beansprucht
3. Deutscher Kaufmann, der mit zweifelhaften Methoden Gebiete erwarb
4. Stamm in Südwest-Afrika, der von den deutschen Kolonialtruppen bekämpft und fast vernichtet wurde
5. Tropische Frucht
6. Getränk aus der Frucht eines afrikanischen Baums
7. Hilfsorganisation einer christlichen Kirche
8. altafrikanisches Königreich
9. Bestrebung eines Staates, seinen Machtbereich auszudehnen und andere Länder seinem Reich hinzuzufügen
10. europäische Kolonialmacht (nicht: Deutschland)

B) Fehlersuche
Was ist falsch? Findet ihr den Fehler?

a) Flugzeuge der Hereros bombardierten die deutschen Kolonialsoldaten.
b) Deutschland lieferte Kokosnüsse und Kaffee an verschiedene afrikanische Stämme und bekam dafür Waffen und Geräte.
c) Der heutige Staat Namibia war früher eine englische Kolonie.
d) Afrikanische Menschen wurden als gleichberechtigte Bürger angesehen.

ERSTER WELTKRIEG

Schlachtfeld Verdun

1. Schaut die Bilder dieser Seite an und versucht, damit eine Geschichte zu erzählen:
„Als der Dortmunder Bergarbeitersohn Walter Wirtz hörte, dass es zum Krieg gegen Frankreich kommen würde, dachte er …“
2. Tauscht aus, was ihr über den Ersten Weltkrieg und die Schlacht von Verdun gehört habt.

„Feld der Ehre“ oder „Schauplatz der Unmenschlichkeit“?

M1 General Falkenhayn plant die „Blutpumpe“ vor Verdun.
Seit eineinhalb Jahren waren die Kämpfe an der Westfront in einem „Stellungskrieg“ festgefahren. Jetzt schien im Februar 1916 Verdun der richtige Platz zu sein, „Frankreichs Kräfte verbluten“ zu lassen und durch einen „sicheren Sieg“ den Gegner an den Verhandlungstisch zu zwingen.
1300 Geschütze und zweieinhalb Millionen Geschosse sollten als „Blutpumpe das französische Heer zermalmen“. Nach Falkenhayns Worten sollten die deutschen Soldaten mit kleineren Vorstößen den Feind „in den Rachen des Fleischwolfs zwingen“.
In der Operation „Gericht“ sollten die Granaten die Schützengräben zerstören und die Verteidiger darin töten. Nach einem zweitägigen pausenlosen Beschuss würden deutsche Soldaten dann mit Flammenwerfern die Überlebenden aus den verbliebenen Löchern vertreiben.

1. Nehmt Stellung zum Plan Falkenhayns und zu seiner Wortwahl.

Soldatenschicksale im „Menschenschlachthaus“ Verdun

M2 Bergung eines Schwerverwundeten durch seine Kameraden. Foto, 1916.

M3 Feldpostbrief aus Verdun, 1916.
„Am meisten greift einem das Wimmern der Schwerverwundeten ans Herz, wenn man nicht helfen kann. Wieder war ich drei Tage in der schrecklichsten Blutschlacht der Weltgeschichte, in hastig ... aufgeworfenen Gräben. Drei Tage Granate über Granate - ein Krachen, Pfeifen, Schreien, Stöhnen. Fluch denen, die den Krieg heraufbeschworen!“

„Feldpostbriefe später gefallener deutscher Soldaten“. Aus: „Westfront - die Fratze des Teufels“, Stern-Millennium (Beilage) 2000, 10, S. 22.

2. Fasst eure Eindrücke von M2–M5 zusammen. Stellt euch vor, ihr selbst oder Familienmitglieder wären in diese Kämpfe verwickelt.
3. Schreibt einen Brief von der Front nach Hause und entwerft auch die Antwort.

M4 Soldaten mit Gasmasken. Foto, 1915.

M5 Tödlich getroffener französischer Soldat. Foto.

Umsonst gestorben?

Die Pläne des deutschen Generalstabschefs gingen nicht auf. Die französische Armee konnte nur kurz überrascht werden, dann schlug sie mit schweren Geschützen zurück. Frische Mannschaften wurden herangeführt. Es kam zu einem erbitterten Stellungskrieg um jeden Meter Boden. Am Ende (Juli 1916) musste das deutsche Heer die Schlacht verloren geben. Falkenhayn wurde abgelöst. Bis dahin unbekannt war die Bilanz des Schreckens. Allein bei Verdun starben schätzungsweise 338 000 deutsche und 364 000 französische Soldaten. 770 000 Verwundete sahen verkrüppelt und behindert einer ungewissen Zukunft entgegen. „Es war die grausamste und längste Schlacht des Ersten Weltkriegs – ein Blutzoll, der umsonst gezahlt wurde“, so formulierte es der Historiker Guido Knopp.

Was die unglücklichen Kämpfer vor Verdun noch nicht wussten: Am Ende des Krieges würden ca. 8 Millionen Menschen tot sein!

M6 Französischer Soldatenfriedhof und Beinhaus in Douaumont. Foto.

M7 Der französische Staatspräsident Mitterrand und der deutsche Bundeskanzler Kohl auf dem Soldatenfriedhof Verdun. Foto, 1984.

Auf dem Soldatenfriedhof befinden sich die Gräber von 15 000 namentlich bekannten Soldaten; im dahinter liegenden Beinhaus sind die Knochen von 130 000 unbekannten Toten gesammelt.

M8 Gemeinsame Erklärung von Mitterrand und Kohl vom 22. September 1984 (Auszug):

„Mit der gemeinsamen Ehrung der Toten vergangener Kämpfe setzen [wir] an historischer Stätte ein Zeichen dafür, dass beide Völker unwiderruflich den Weg des Friedens, der Vernunft und freundschaftlichen Zusammenarbeit eingeschlagen haben. Die Einigung Europas ist unser gemeinsames Ziel – dafür arbeiten wir – im Geist der Brüderlichkeit.“

Bundespresseamt, 22. 9. 1984.

4. Versucht, eure Gefühle und Ansichten zu dem Ergebnis der Kämpfe von Verdun auszutauschen.
5. Entnehmt aus M7 und M8, welche Schlüsse von den Politikern gezogen wurden (zur Erinnerung: im Zweiten Weltkrieg [1939–1945] kämpften Deutsche und Franzosen erneut gegeneinander – wieder mit furchtbaren Verlusten und Zerstörungen).

Der Erste Weltkrieg in Europa

M1 Der Erste Weltkrieg, die Kriegsjahre 1914–1916.

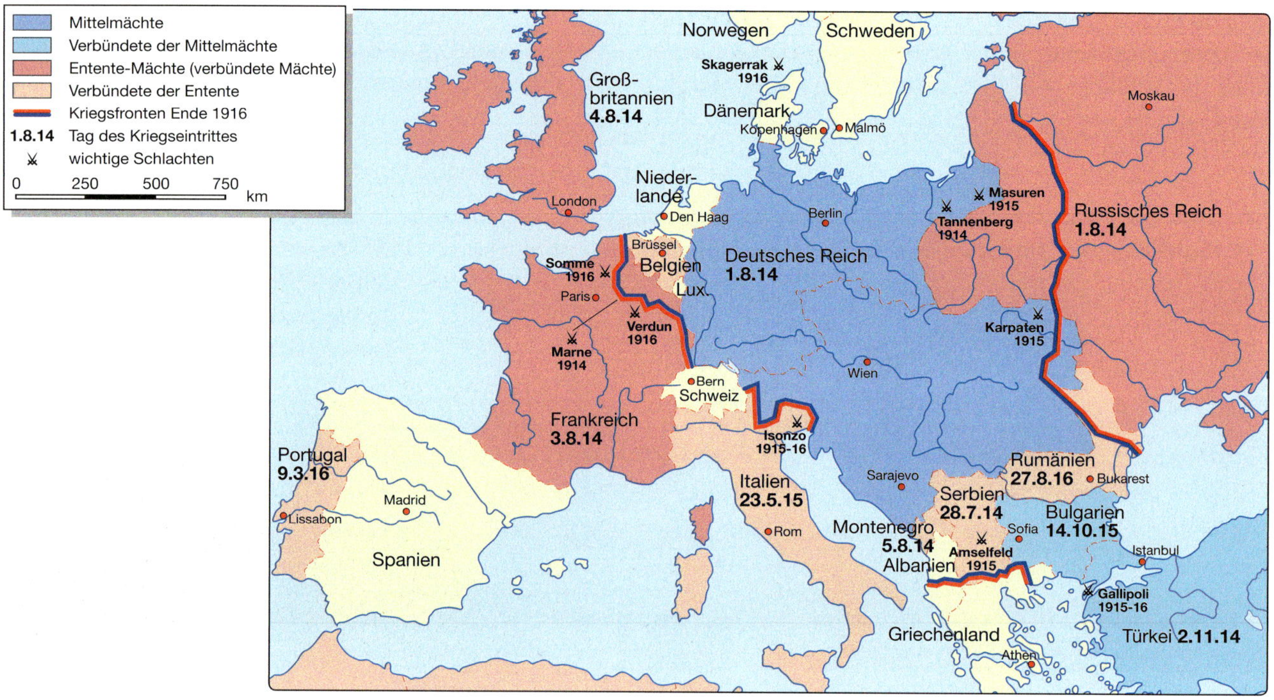

M2 Der misslungene deutsche Angriffsplan (Nach dem „Schlieffen-Plan“ von 1905, so genannt nach dem deutschen Generalstabschef Graf Alfred von Schlieffen [1891–1905], der selbst aber schon Zweifel an der Durchführbarkeit geäußert hatte).

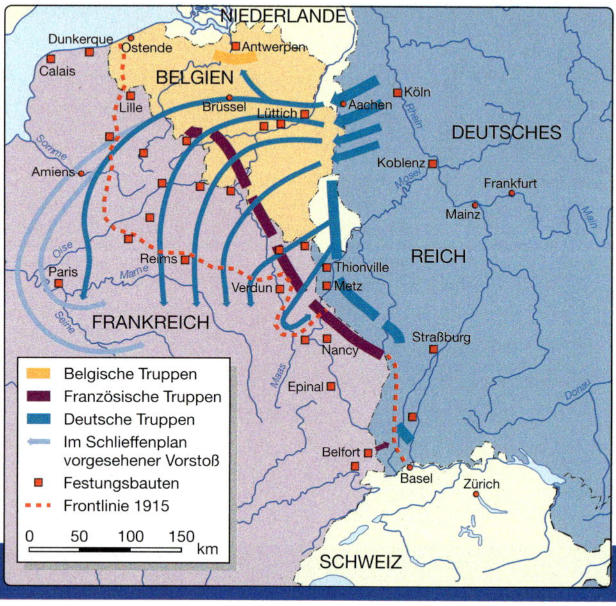

Die Situation in Zentraleuropa verstehen

Die Lage in Europa versteht man besser, wenn man sich mit der geographischen Situation beschäftigt.

1. Untersucht die Karte M1 mithilfe der Arbeitsschritte von S. 14.
2. Beantwortet zusätzlich folgende Fragen:
   - Wer sind die so genannten „Mittelmächte“ und welches sind die direkten Nachbarländer?
   - Wer sind zunächst die Kriegsgegner?
   - Vergleicht die Ideen des „Schlieffenplans“ (Karte M2), mit dem Frankreich besiegt werden sollte, mit der Lage Deutschlands auf Karte M1.
   - Sucht auf beiden Karten den Ort Verdun.

Zeitliche Verläufe zu Beginn des 20. Jahrhunderts

M3 Zeittafel. Die Tabelle zeigt euch, wie die auf den folgenden Seiten behandelten Ereignisse zeitlich einzuordnen sind. Ihr könnt deshalb immer wieder auf dieser Seite nachschlagen, um Karten und Zeitleisten zur Klärung heranzuziehen.

Vor 1914:

1892 Frankreich und Russland schließen den so genannten „Zweibund“.
1902 Frankreich und Italien schließen einen Nichtangriffspakt.
1904 Frankreich verständigt sich mit England über Kolonialinteressen in Afrika („Entente cordiale“).
1907 Russland tritt dem „Dreibund“ bei.

1914
28. Juni: Mordanschlag auf den österreichischen Erzherzog.
28. Juli: Kriegserklärung Österreich-Ungarns an Serbien.
1./3. August: Deutsche Kriegserklärung an Russland und Frankreich.
August: Bewegungskrieg im Westen bis zum Scheitern des Schlieffenplans; im Osten Schlacht von Tannenberg.
September: Schlacht an der Marne; Beginn des Stellungskrieges in Flandern (bis August 1918).
Dezember: Beginn der Winterschlacht in den Karpaten.

1915
Februar: Deutscher U-Boot-Krieg.
April/Mai: Erster Giftgasangriff bei Ypern.
7. Mai: Versenkung der „Lusitania“.
Mai: Italienische Kriegserklärung an die „Mittelmächte“ (Deutschland, Österreich und Türkei).
Juli: Offensive zur Eroberung des Ostens.

1916
Februar – Dezember: Kampf um Verdun.
Juni – November: Schlacht an der Somme.
August: Hindenburg und Ludendorf übernehmen die Oberste Heeresleitung (OHL).

1917
Februar: Erklärung des uneingeschränkten U-Boot-Krieges durch Deutschland (wird Anlass des Kriegseintritts der USA).
März: Erste russische Revolution; Russland wird Republik.
April: Kriegseintritt der USA (daher: „Weltkrieg“!).
Juli: Friedensresolution des Reichstages.
November: Oktober-Revolution in Russland.

1918
Januar: 14 Punkte des amerikanischen Präsidenten Wilson.
März: Frieden von Brest-Litowsk zwischen Deutschland und Russland.
August: Schwere Rückschläge an der Westfront.
9. November: Revolution in Deutschland: Republik; Kaiser Wilhelm dankt ab.
3. November: Waffenstillstand in Italien.
11. November: Waffenstillstand an der Westfront.

Arbeitstechnik

Denkmäler untersuchen

1. Betrachtet M1 und überlegt, was Auftraggeber und ausführender Künstler möglicherweise ausdrücken wollten (Haltung der Figuren, blockartiger Aufbau).
2. Überlegt, welche Unterschiede zwischen einem privaten Grabmal und einem offiziellen Kriegerdenkmal bestehen.

Steinerne Zeugen des Krieges

An vielen Orten in Nordrhein-Westfalen wurden nach den Weltkriegen offizielle Denkmäler für die getöteten Soldaten oder Zivilisten errichtet. Sicher gibt es Beispiele in eurem Ort oder in der Nachbargemeinde.

3. Erarbeitet aus M2, welche Bedeutung Kriegerdenkmäler heute für uns haben können.
4. Untersucht mithilfe von M3 und den methodischen Schritten der folgenden Seite
   - Kriegerdenkmäler in eurer Nachbarschaft,
   - die abgebildeten Beispiele dieser Doppelseite.

M1 Kriegerdenkmal Leverkusen-Rheindorf. Foto.

M2 Die staatliche Denkmalpflege erklärt die Bedeutung von Kriegerehrenmalen:

„Kriegerehrenmale sind Zeugnisse im Sinne von Mahn- und Verehrungsstätten. Sie geben Kunde von Zeiten kriegerischer Auseinandersetzung in Verbindung mit der Trauer für die Gefallenen. Häufig sind Ehrenmale mit Sinn- und Losungssprüchen versehen, die Ausdruck der jeweiligen Zeit sind und Rückschlüsse auf Nationalbewusstsein, politisches Verhalten oder Geschichtsbewusstsein allgemein zulassen. So können die Losungen der kaiserlichen Zeit für uns heute mahnende Hinweise sein, weil daraus klar wird, welchen zum Teil falschen Idealen junge Menschen zum Opfer gefallen sind. ...“

Westfälisches Amt für Denkmalpflege, 1987. Zit. in: Potente, Kriegerdenkmal Buldern, Dülmen 1992, S. 8.

M3 Stichworte zum besseren Verständnis von Kriegerdenkmalen

Grund der Errichtung:
- Grabmäler auf Schlachtfeldern
- Gedächtnismäler und Ehrentafeln in den Heimatorten der getöteten Soldaten (und Zivilisten)
- Andenken an Tote und Trost für Hinterbliebene
- Dem Soldatentod nachträglich Sinn verleihen („Helden“, „Opfermut“, „gestorben, damit wir leben ...“ usw., d. h. aus Soldaten Helden machen)
- Botschaft für die nachfolgende Generation („Vorbild“, „Mahnung“, „Lehre“ usw.)

Gestaltungselemente:
- Materialien (schwere Werkstoffe sollen kraftvoll kriegerisch und dauerhaft [„ewig“] wirken)
- Skulpturen (Menschen in verschiedenen Haltungen: trotzig, aufrecht, sterbend, tot, trauernd)
- Kriegerische Symbole (Adler, Stahlhelme, Waffen)
- Inschriften (Texte, Sprüche)
- Umgebung (Blumen, Mauern, Leuchter usw.)

Bei der Untersuchung eines bestimmten Denkmals helfen euch folgende Schritte:

1. Schritt
Bestandsaufnahme

- Beschreibung des Denkmals (mithilfe von M2/M3); Texte?
- „Botschaften“ an die Nachwelt
- Wann und von wem wurde es errichtet?
(Anmerkung: An eine Dokumentation denken, z. B. Fotos, Zeichnungen usw.)
- Gestaltungselemente

2. Schritt
Auskünfte einholen

- Warum wurde das Denkmal errichtet?
- Wer ist heute verantwortlich? Wer pflegt es?
- Wer organisiert Gedenkfeiern?
- Meinungen anderer erkunden: Schützen- oder Kriegerverein

3. Schritt
Bewertung

- Was habt ihr über die bei der Errichtung oder heute wichtigen Motive und Gefühle erfahren?
- Hat sich etwas in der Einstellung geändert?
- Wie denkt ihr über die Aussage des Denkmals (vgl. auch M2)?

M4 Kolonialkriegerdenkmal in Düsseldorf. 1909.

M5 Kriegerdenkmal aus Dortmund-Oespel.

M6 Kriegerdenkmal. Foto.

M7 Kriegerdenkmal aus Glehn (bei Korschenbroich).

Was ihr noch tun könnt:
- Eigene Entwürfe für ein Kriegerdenkmal zeichnen oder modellieren. Überlegt, ob es nicht ein „Friedensdenkmal“ sein könnte.
- Eine Umfrage zu folgendem Thema durchführen:
Vor einigen Jahren gab es in Bremen einen heftigen Streit um ein Denkmal. Ein Künstler hatte ein „Denkmal für Deserteure“ (Fahnenflüchtige; Soldaten, die ihre Truppe verlassen, weil sie nicht mehr kämpfen wollen) entworfen und aufgestellt. Er war der Meinung, es würde zu viel Aufhebens um Soldaten gemacht, die sich „in den Krieg schicken ließen“. Zu wenig sei die Rede von jenen, „die den Wahnsinn nicht mitmachen wollten“.
- Erkundet dazu Meinungen und berichtet über Ergebnisse in der Klasse.

Hochrüstung und Kriegsgefahr

Politik folgt Interessen

Wenn Regierungen Politik treiben, folgen sie oft einflussreichen Interessengruppen. Diese werben offen oder verdeckt für ihre Ansichten. So versuchen sie, die Bevölkerung zu gewinnen. Zur Zeit des Kaiserreiches waren viele Europäer von den Fortschritten in Industrie und Technik begeistert.

1. Findet mithilfe des Bildes M1 heraus, wie die Interessen an imperialistischer Politik verteilt waren. Geht so vor:
   - Ordnet die Interessen A–E den Gruppen 1–5 zu.
   - Notiert das Ergebnis im Heft: „Die Gruppe ... hatte ein Interesse an ...“

M1 Imperialismus: Beteiligte und Interessen.

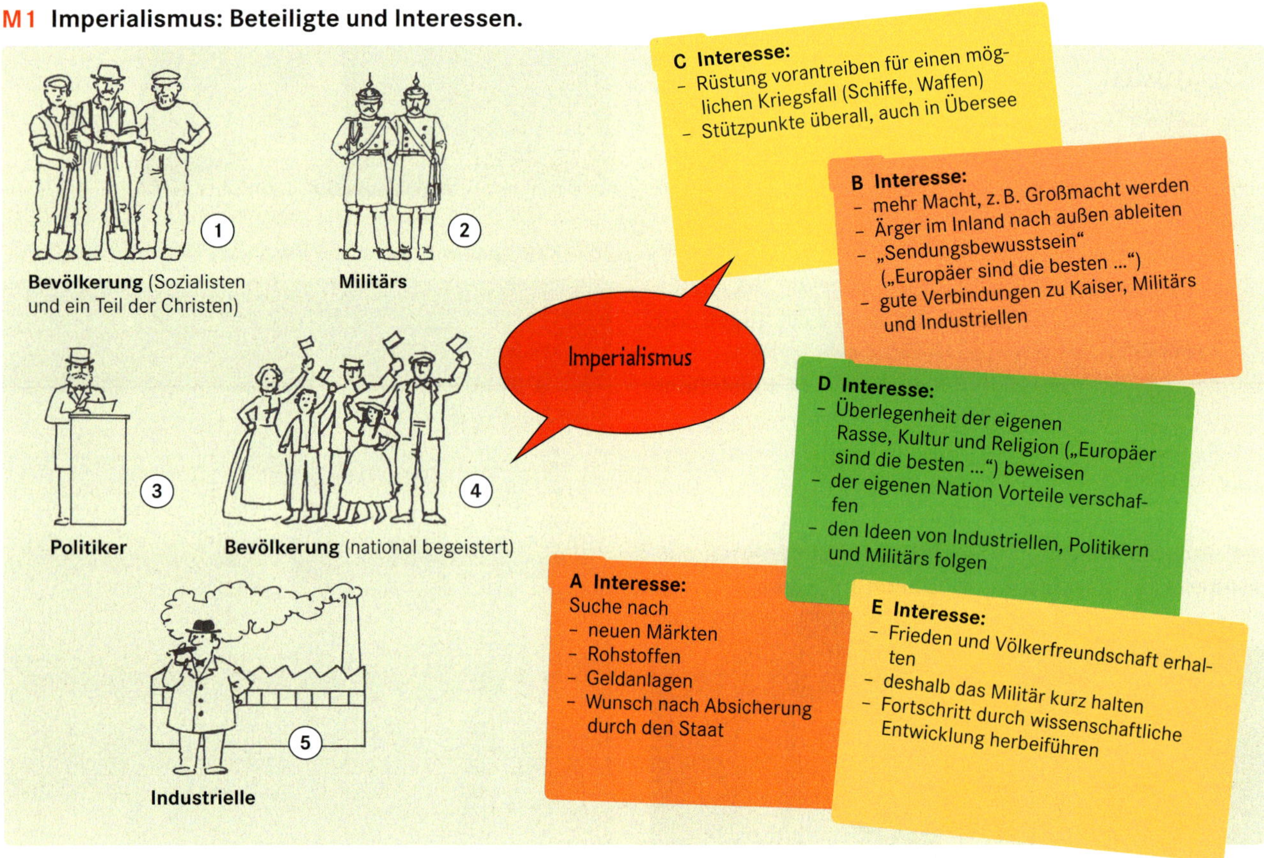

Ruhe im Staat durch Blick nach draußen

Technik, Wissenschaft und Arbeitswelt hatten sich in kurzer Zeit rasant verändert. Dies führte zu starken Spannungen in der Gesellschaft des Kaiserreiches. Die Interessen verschiedener Bevölkerungsgruppen standen sich starr gegenüber.

2. Erklärt mit eigenen Worten mithilfe von M2, inwiefern Imperialismus eine innenpolitische Bedeutung hat.

M2 Der Historiker H. U. Wehler hat versucht, das Denken der Imperialisten nachzuvollziehen:

Problem: Wirtschaftliche Veränderungen bringen Unfrieden.

Ausweg: Ausdehnung des Marktes in das Ausland (Kolonien); Wirtschaft blüht, allen geht's gut. Kritiker sind abgelenkt und schweigen.

Gesamtergebnis: Kein Ärger im Innern, die Machtverhältnisse bleiben unverändert. Innenpolitische Unzufriedenheit wird auf die Konkurrenten Deutschlands abgelenkt.

M3 Werbung für die Flottenausstellung 1910. Plakat.

Weltgeltung und Sicherheit durch eine starke Flotte!

Deutschland war eine Landmacht. Vor dem Ersten Weltkrieg glaubten viele, dass eine starke Flotte nötig sei, um sich auch auf den Weltmeeren gegen die Seemacht England zu behaupten. Auch in der Frage der Kolonien schien das wichtig zu sein (vgl. „Imperialismus“, S. 188).

Verstärkter Flottenbau und allgemeine Aufrüstung führten zu einem Klima des Misstrauens zwischen den Großmächten. Es fehlte bald nur noch der sprichwörtliche „Funke am Pulverfass“, um einen großen Krieg auszulösen.

M4 Rüstungsausgaben vor dem Ersten Weltkrieg.

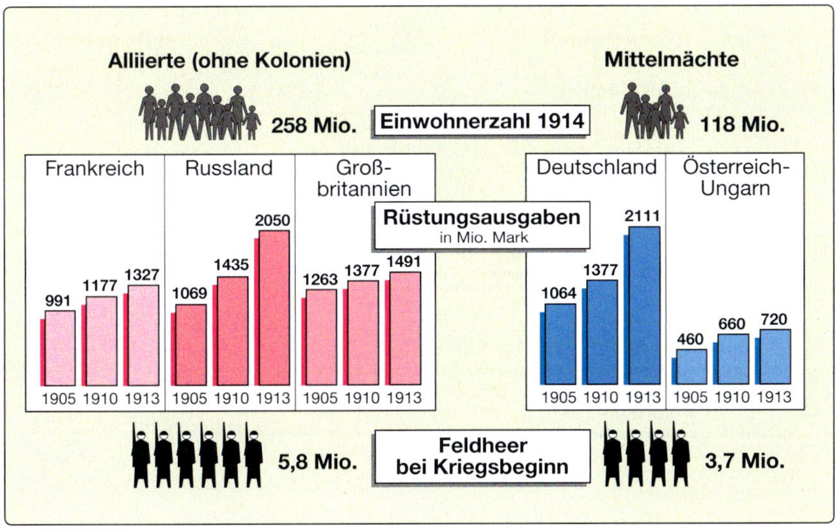

Bringt Aufrüstung Sicherheit?

3. Schaut euch die graphische Übersicht M4 zu den Rüstungsausgaben der europäischen Staaten an. Was fällt euch auf?
4. Diskutiert, worin die Gefahr liegt, wenn Regierungen aufrüsten, weil fest mit einem Krieg gerechnet wird.
5. Beschreibt die Karikatur M5 (Stamm, Blätter, Früchte, Boden) und erklärt, was der Zeichner ausdrücken wollte. Beachtet auch den Titel.

M5 „Europäische Friedenspalme“. Karikatur in der Zeitschrift „Simplicissimus“, 27. März 1897.

Was ihr noch tun könnt:
Eine eigene Karikatur zeichnen, in der Spannungen zwischen den europäischen Staaten dargestellt werden. Überlegt euch dazu beispielsweise eine Konfliktsituation aus eurem Alltag und übertragt sie auf die Staatengemeinschaft.

Absicherung für den Kriegsfall

Bündnisse in Europa

Seit der Jahrhundertwende (19./20. Jahrhundert) waren die Beziehungen der europäischen Staaten zueinander immer komplizierter und konfliktreicher geworden.
Um im Fall einer Auseinandersetzung nicht allein dazustehen, suchten die Großmächte nach Verbündeten. In zum Teil geheimen Verträgen versprachen sie sich gegenseitig Hilfe. Es wurden aber mit der Zeit zwei Dinge deutlich:
- die Bündnisverflechtungen waren kompliziert, unübersichtlich und risikoreich und
- Deutschland geriet immer mehr in die Isolation.

Diese Lage war für alle Europäer sehr gefährlich.

M1 Brief des Eisenbahners Johann P. an seine Familie, 1914:
Keine Angst vor dem Krieg und nicht zu übervorsichtig! Wir müssen einen Heldenkampf um unser Dasein führen. Mit Blut und Eisen! Die Entscheidungsschlacht müssen wir gewinnen! Deutsche Brüder in Österreich werden unsere Verbündeten sein. Der Krieg wird wie ein klärendes Gewitter kommen. Erst wenn unsere Feinde am Boden liegen, wird Ruhe und Frieden sein ...

Privatarchiv des Autors.

1. Untersucht M1: Wie steht der Briefschreiber zum Krieg? Was haltet ihr davon?
2. Die Postkarte M2 zeigt die deutsche Ansicht von der Kräfteverteilung. Gebt diese Einschätzung mit eigenen Worten wieder.
3. Vergleicht die Zeichnung von M2 mit der Geschichtskarte M3. Wie ist die Lage vor dem Ersten Weltkrieg jeweils dargestellt?

M2 „Deutschland im europäischen ‚Gleichgewicht'." Deutsche Postkarte, 1914. Links: Österreicher und Deutscher (Pickelhaube). Das Gewicht wird von einer 42-cm-Granate erhöht.
Rechts: Franzose (Spitzbart), Engländer (Pfeife), Russe, Belgier. Serbe oben auf dem Balken; Japaner und Chinesen hängen an der Waagschale. In der Mitte wartend: Türke, Amerikaner, Italiener.

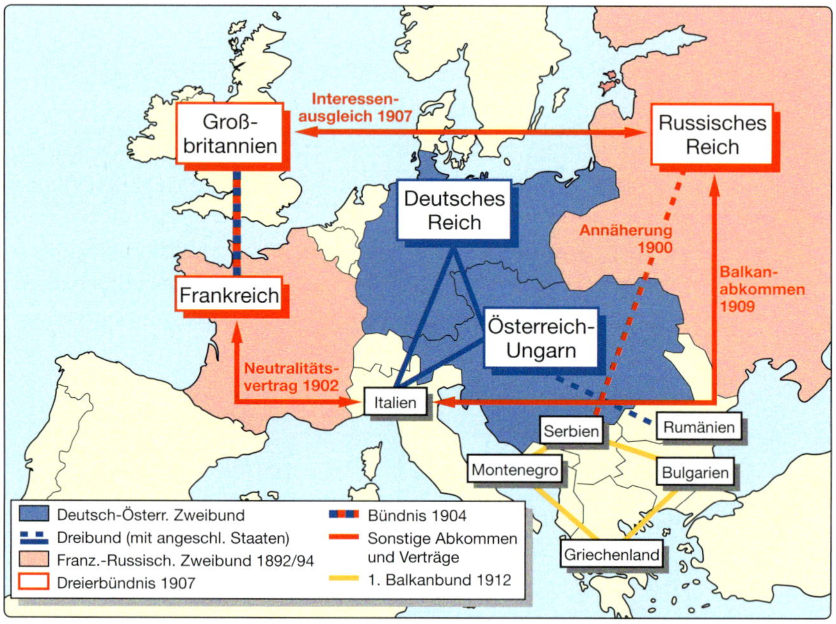

M3 Die europäische Bündnispolitik vor dem Ersten Weltkrieg.

M4 Der amerikanische Oberst E. M. House reiste im Sommer 1914 im Auftrag Präsident Wilsons (USA) durch Europa. Er berichtete in einem Brief:
Das ist ein Militarismus, der wahnsinnig geworden ist. Wenn nicht jemand erreichen kann, dass sich andere Einsichten durchsetzen können, wird es eines Tages eine furchtbare Weltkatastrophe geben. Niemand in Europa kann es schaffen. Dafür gibt es zu viel Hass, zu viel Misstrauen.

Propyläen-Weltgeschichte, Bd. 9, Berlin 1960, S. 46.

M5 Bertha von Suttner. Foto, 1886.

Pazifisten
Friedensfreunde

Kongress
große Versammlung

Solidarität
Zusammengehörigkeitsgefühl

4. Erschließt aus dem Text (M4), welche Befürchtungen der Amerikaner hat.

Pazifisten und Sozialisten für den Frieden

Aufrüstung und wachsende Kriegsbereitschaft wurden auch in Europa kritisiert. In vielen Ländern meldeten sich Menschen zu Wort, die vor den Gefahren des Krieges warnten. So hatte die Österreicherin Bertha von Suttner schon 1899 ein viel gelesenes Buch veröffentlicht: „Die Waffen nieder!". In Vorträgen versuchten sie und gleich gesinnte Freunde, die europäischen Nationen für eine Politik des Friedens zu gewinnen. Es fanden große Friedenskongresse und -konferenzen statt. Ein erster Erfolg war die Errichtung des „Ständigen Schiedsgerichts" in Den Haag. Hier sollten Probleme zwischen Staaten friedlich gelöst werden.

Die sozialistischen Parteien Europas kritisierten den Imperialismus mit seinem verbissenen Kampf um die Weltmärkte. Ihr Ziel war eine freundschaftliche, gegenseitige Unterstützung der Arbeiter aller Nationen, die „internationale Solidarität". Sie waren schon deshalb für den Frieden, weil sie wussten, dass im Krieg die Arbeiter der verschiedenen Staaten aufeinander schießen mussten.

Die Arbeiterparteien (in Deutschland die SPD) organisierten große Demonstrationen für den Frieden. Noch kurz vor dem Ausbruch des Krieges erschien die Parteizeitung mit der Überschrift: „Gegen die Kriegshetzer!" und „Wir wollen keinen Krieg!". Genützt hat es aber nichts mehr. Die Regierungen waren auf den Krieg eingestimmt.

Selbst die ursprünglich gegen den Krieg eingestellten Sozialdemokraten wollten nicht als „vaterlandslose Gesellen" gelten. Sie stimmten den Kriegskrediten zu und damit der deutschen Kriegsführung gegen Russland und Frankreich.

M6 Collage: SPD-Parteizeitung „Vorwärts" vom 31. Juli 1914 und Foto einer Friedenskundgebung.

5. Fasst die Ziele der Pazifisten und Sozialisten zusammen. Warum und wie wollten sie den Frieden sichern?

Eine Gewalttat und ihre Folgen

M1 Collage: Attentat auf den österreichischen Erzherzog Franz Ferdinand. Lithographie vom Juni 1914 mit Zeitungsausrissen.

M2 Jubelnde junge Männer in Berlin. Foto, 1914.

1. Schaut euch die beiden Bilder M1 und M2 an und stellt Vermutungen darüber an, was sie miteinander zu tun haben könnten. Was macht die jungen Männer so glücklich?
2. Lest erst anschließend den nachfolgenden Text.

Schüsse, die Europa in Brand setzten …

… fallen im Juni 1914 in der bosnischen Hauptstadt Sarajewo. Der österreichische Thronfolger und seine Frau werden erschossen. Täter ist ein Schüler. Er trifft den Erzherzog mit einem Schuss ins Gesicht. In Österreich herrschen größtes Erschrecken und Trauer. In Bosnien freuen sich die Freiheitskämpfer, die die Österreicher als fremde Besatzer erleben! Ganz Europa hält den Atem an. Wird es Krieg geben?

Freude über den Kriegsausbruch …

… herrscht unter vielen jungen Männern in Deutschland, Frankreich, England und Russland. Lange schon hat man mit einer Auseinandersetzung gerechnet (vgl. vorangegangenes Teilkapitel „Platz an der Sonne“). Jetzt werden endlich „die Waffen sprechen“! Viele glauben, dass ein kurzer Krieg alle Konflikte entscheiden könnte. Tausende beeilen sich, um sich als Kriegsfreiwillige zu melden. Die Bereitschaft, Konflikte gewaltsam zu lösen, hatte sich durchgesetzt.

3. Überlegt, wie ihr reagieren würdet, wenn es Krieg geben würde. Woran könnte es gelegen haben, dass 1914 auch viele Jugendliche den Krieg begrüßten?

Krieg kommt nicht von ungefähr

Die Ermordung des Erzherzogs war eine schlimme Sache - aber nicht der alleinige Grund, dass sich die Völker Europas in den Weltkrieg stürzten. Der Mord wurde zum Auslöser einer Serie von Kriegserklärungen. Fast automatisch folgten die Regierungen den früher vereinbarten Bündniszusagen.

In Wirklichkeit gab es aber ein Bündel von Ursachen für den Kriegsausbruch. Es war, als hätte man lange Zeit Bombe um Bombe gesammelt, bis nun ein einzelner Funke alles zur Explosion brachte.

4. Erklärt die in M3 genannten Ursachen mit einigen Beispielen.
5. Erstellt eine eigene Rangliste der Ursachen des Krieges. Was war besonders gefährlich (1., 2., 3. usw.)?
6. Beschreibt M4 und M5.
7. Schreibt einen Text, in dem ihr Vorschläge für die „Entschärfung" einer „Bombe" macht (z. B. „Vorschlag zur Verhinderung des Streits um Kolonien").

M3 Bomben, die das alte Europa in die Luft jagten.

M4/M5 Abfahrbereite Züge zur Front. Rechts: in Deutschland. Links: in Frankreich; auf dem Waggon steht „Nach Berlin!". Fotos, 1914/1917.

Der Krieg der Industriestaaten

Eine neue Form des Krieges

Die „moderne Kriegführung“ setzte alle Reserven der am Krieg beteiligten Völker ein. Es war ein erster „totaler Krieg“, bei dem erbittert gekämpft wurde. Die Soldaten des Jahres 1914 hatten noch keine Ahnung von dem, was sie an den Fronten in Belgien, Frankreich und Russland erwartete. Ebenso überrascht waren die Frauen und Alten in der Heimat, als sie erstmals verstärkt z. B. in die Rüstungsproduktion eingespannt wurden.

1. Beschreibt die Bilder in M1, die typische Situationen aus dem Ersten Weltkrieg zeigen. Überlegt, was die gezeigten Tatsachen für die beteiligten Menschen bedeuteten.
2. Ordnet die Texte A – C den Bildern in M1 zu.
3. Schreibt mithilfe der Materialien einen Artikel „Der Erste Weltkrieg: eine neue Form des Krieges und seine Folgen für die Menschen“.

M1 Das Gesicht des Krieges. Fotos, 1915–1918.

B Technik und Industrie verändern den Krieg
Wissenschaft und Technik hatten neue Waffen entwickelt: Riesenkanonen (Artillerie), Maschinengewehre, Flammenwerfer, erste Panzer (Tanks), Unterseeboote und Bombenflugzeuge.
Neue Nachrichtentechniken spielten eine große Rolle. Besonders grausam aber war der Einsatz von Giftgas, das zu Erstickung und Erblindung führte.
Aufgrund der technischen Möglichkeiten und der auf Hochtouren arbeitenden Rüstungsindustrie kam es jetzt zu gigantischen Materialschlachten.

1 **Kanonenfabrik.** Foto, 1915.

A Stellungskrieg
Am Anfang hatten die Generäle geglaubt, der Feind könne rasch überrannt werden. Als der Vormarsch aber ins Stocken geriet, mussten sich die Soldaten in „Stellungen“ eingraben. In den Gräben versuchten sie, die Beschießung mit Granaten zu überleben. Immer wieder mussten sie aus den Gräben heraus zum „Sturmangriff“ losrennen – oft genug in den sicheren Tod.

C Krieg der Volkswirtschaften
Damit der Nachschub an Kriegsmaterial (Waffen, Uniformen, Verpflegung, Medikamente) funktionieren konnte, mussten die Krieg führenden Länder alle Kräfte anspannen. Wer mit der Produktion für die gigantische Vernichtungsmaschinerie nicht nachkam, würde zwangsläufig verlieren.

2 **Schützengraben mit englischen Soldaten.** Foto, 1917.

3 **Panzer vor dem Angriff.** Foto, 1918.

M2 An der Westfront bei Arras. Foto, 1916.

M3 Brief eines jungen Soldaten an seine Familie, November 1914. Geschrieben ein Vierteljahr nach Kriegsbeginn:

„Ihr könnt euch ja gar nicht ausmalen, wie so ein Schlachtfeld aussieht ..., dass so viel viehische Barbarei und unsägliches Elend möglich ist. Schritt für Schritt muss erstritten werden, alle hundert Meter ein Schützengraben, und überall Tote, reihenweise! Alle Bäume zerschossen, die ganze Erde metertief zerwühlt von schwersten Geschossen, und dann wieder Tierleichen und zerschossene Häuser und Kirchen, nicht, nicht auch nur annähernd noch brauchbar! Und jede Truppe, die zur Unterstützung vorgeht, muss kilometerweit durch dieses Chaos hindurch, durch Leichengestank und durch das riesige Massengrab."

Kriegsbriefe gefallener Studenten, München 1928, S. 90.

M4 Telegramm des Prinzen Joachim von Preußen nach seiner Verwundung an der Ostfront:

9. September 1914
Durch Gottes Gnade war es mir vergönnt, ... für unser geliebtes Vaterland verwundet zu werden. Du kannst dir denken, wie stolz ich bin. Das Eiserne Kreuz zweiter Klasse wird mich stets an diesen schönsten Tag meines Lebens erinnern.

Innenansicht des Krieges, hrsg. v. Ernst Johann, München (dtv) 1973, S. 38.

M5 Verbandsplatz. Foto, 1918.

4. Lasst die Texte und Bilder dieser Seite (M2–M5) auf euch wirken. Wertet sie aus und achtet dabei auf folgende Fragen:
- Was wird beschrieben? Was wird abgebildet?
- Welche Schicksale werden sichtbar?
- Wie kann der Unterschied zwischen M3 und M4 erklärt werden?
- Wie wirken die Materialien auf euch? Wie hätten sie auf Eltern und Geschwister der Soldaten gewirkt?

Frauen an der „Heimatfront“

Die Kriegsgegner schneiden Deutschland die Einfuhr ab

Seit dem Kriegsbeginn häuften sich die Schwierigkeiten in Deutschland. Viele Rohstoffe für die Industrieproduktion und die Ernährung mussten schon vor dem Krieg importiert werden. Hier setzten jetzt die Kriegsgegner an: Sie verhängten gegen Deutschland eine Blockade zu Land und zur See. Es kam zu schlimmem Mangel an wichtigen Gütern.

Arbeitskräfte fehlen – Frauen springen ein

Für die Militärs war klar: Im Krieg geht die Rüstungsproduktion unbedingt vor. Neben dem Rohstoffmangel gab es aber ein weiteres schwieriges Problem: In allen Bereichen fehlten Arbeitskräfte. Millionen Männer waren an der Front und fehlten in der Heimat.

Um die Lücke zu füllen, wurden Frauen in fast allen vorher von Männern ausgeübten Berufen eingesetzt. Auch schwerste Arbeiten wurden von ihnen verrichtet. Eigens dafür wurden Schutzbestimmungen für Frauen aufgehoben. Ursprünglich durften Frauen nämlich nicht mehr als zehn Stunden arbeiten und keine Nachtarbeit übernehmen. Jetzt, wo es nicht anders ging, wurden diese Bestimmungen schnell geändert.

1. Betrachtet die Fotos M1 und M2. Welche Arbeiten werden getan? Was denkt ihr darüber?
2. Stellt zusammen, welche traditionellen „Hausfrauenarbeiten“ jetzt zurücktreten mussten.

M1 **Straßenbahnschaffnerin.** Foto, 1914.

M2 **Rüstungsarbeiterinnen werden angelernt.** Foto, 1918.

Folgen für die Gleichberechtigung der Frau

Die Frauen hatten in den Kriegsjahren 1914–1918 zwar harte Arbeit bei verschlechterter Bezahlung zu leisten. Auch die Lebensmittelversorgung war unzureichend.

Gleichzeitig traten sie aber den Beweis an, dass der Ausschluss von Frauen aus bestimmten Berufen und ihre Benachteiligung im öffentlichen Leben, etwa beim Wahlrecht, völlig zu Unrecht bestanden.

Mangel an der „Heimatfront“

M1 Anonymes Flugblatt.
Nach einer Vorlage von 1917.

Ludwigsburg, Datum des Poststempels

Trauer-Anzeige.

Tief erschüttert machen wir die traurige Mitteilung, dass unser

letzter Brotlaib

im Alter von 3 Tagen heute früh aufgegessen wurde.

Die trauernden Hinterbliebenden bitten um eine Brotmarke.

In tiefer Trauer:

Der Vater: Josef **Hunger.**
Die Mutter: Anna **Hunger** geb. Kohldampf.
Der Onkel: Anton **Wenigfleisch.**
Die Tanten: Emma **Schmalhans** und Rosa **Mehlnot.**

1. Überlegt: Was wollten die Verfasser von M1 erreichen? Welches Risiko bestand für sie?

M2 Braunschweiger Pfadfinder bei der Ablieferung von gesammelten Kartoffelschalen als Viehfutter.
Foto, 1916.

M3 Plakat des Berliner Magistrats von 1918.
Nach einer Vorlage.

Bekanntmachung.

Auf Abschnitt 36 der Eierkarte kann vom 27. März bis 6. April

ein Ei

abgegeben und entnommen werden.
Berlin, den 23. März 1918.

Magistrat
der königlichen Haupt- und Residenzstadt

Die Lage der Bevölkerung wird immer verzweifelter: Lebensmittelzuteilung auf Marken

Da man mit einem kurzen Krieg gerechnet hatte, war die Versorgung der Bevölkerung nicht besonders gut organisiert. Durch die Abwesenheit der vielen Soldaten wurde nur noch die Hälfte an Getreide geerntet. Das „Kriegsbrot“ wurde mit Kartoffelmehl gestreckt. Weitere Schwierigkeiten entstanden, als englische Schiffe die Einfuhr blockierten. Jetzt fehlten beispielsweise fast alle pflanzlichen Fette, die schon vor dem Krieg größtenteils eingeführt werden mussten. Im „Kohlrübenwinter“ 1916/17 wurde es besonders schlimm: viele Menschen starben an den Folgen der Mangelernährung.
Die Behörden griffen zur „Rationierung“. Sie teilten jedem Bürger eine bestimmte kleine Menge an Lebensmitteln zu. Dazu wurden Marken ausgegeben. Den Hungernden aber ging die Geduld aus – es kam zu verzweifelten Proteststreiks!

2. Wertet die Materialien M2 und M3 aus. Wie wird versucht, die Krise zu bewältigen?
3. Spielt oder beschreibt ein Gespräch zwischen zwei Personen (Kriegsgegner/Kriegsbefürworter). Verarbeitet dabei die Informationen dieser Doppelseite.

Blockade
Sperrung von Verkehrswegen, um den Gegner von der Versorgung abzuschneiden

Niederlage und Kriegsschuldfrage

M1 **Projektarbeit von Dunja, Thomas, Benni und Derya.**

Höhenhauser Kriegs-Zeitung

11. November 1918

Das Ende: Waffenstillstand / Krieg verloren

Deutschland musste heute den Krieg verloren geben. Auch das Oberkommando wusste nicht mehr weiter. Ein Waffenstillstand wurde unterschrieben. War jetzt alles umsonst gewesen?

Hier die Zusammenfassung:
Der Weg ins Aus!

1. Deutschland hat Versorgungsprobleme

Viel Material und Verpflegung hatten sie nicht mehr! Die Grenzen waren gesperrt und die Engländer kamen mit Panzern! (1917)

2. USA erklären Deutschland den Krieg

Das war ganz schlecht! Jetzt kamen frische Truppen und neues Material. Da konnten die Deutschen nicht mehr mithalten. (6.4.1917)

3. Generäle verlangen sofortigen Waffenstillstand – Amerikaner lehnen ab

(Wollten nicht mit dem Kaiser sprechen!) September 1918

4. Matrosen meutern!

Beginn der Revolution. Bildung von Arbeiter- und Soldatenräten.
Die hatten keine Lust, sich im letzten Moment abschießen zu lassen. Da haben sie sich zusammengetan und Sprecher gewählt. Die nannten sie Räte. (29.10.1918)

5. Kaiser abgedankt. Revolution in Berlin. Deutschland wird Republik

In Berlin war Generalstreik. Sie wollten den Kaiser weghaben und eine Republik gründen. Der Kaiser wollte nicht gehen, musste dann aber doch nach Holland ins Exil.

6. Soldaten fragen: War alles umsonst?

Die Leute waren alle ganz durcheinander. Viele Soldaten waren verwundet, hatten nur noch ein Bein oder das Gesicht zerschossen. Jetzt hatte Deutschland auch noch den Krieg verloren! War das ganze Elend umsonst? Auch die neue Republik passte vielen nicht. Sie hätten lieber den Kaiser behalten.

Woher wir die Informationen haben:
Bibliothek; Geschichtsbücher: „Entdecken und Verstehen", „Geschichtsbuch 3" und „Geschichtsbuch 4", „Geschichte mit Pfiff"; Computer-Titel von Sebastian

Scheidemannn ruft die Republik aus

Soldat, 18 Jahre

1. Lest die Projektzeitung.
   - Notiert in einer Tabelle jeweils Zeitpunkt, Ereignis und Bedeutung.
   - Wenn ihr etwas nicht im Zusammenhang verstehen könnt, sucht im Lexikon oder fragt eure Lehrerin bzw. euren Lehrer.

Was ihr noch tun könnt:
Eine holländische Brieffreundin hat euch geschrieben. In ihrer Schule war der Erste Weltkrieg Thema. Sie will gern wissen, wie ihr Entstehung und Ergebnis des Krieges seht. Antwortet ihr schriftlich (sie versteht Deutsch). Beachtet auch die Nebenseite!

Rückblick und Ausblick

Waffenstillstand und Kriegsende

Der mit so viel Begeisterung und Siegeszuversicht begonnene Krieg endete mit der deutschen Niederlage. Für viele Soldaten stand die Welt Kopf: In Berlin musste der Kaiser abdanken, zwei Tage später wurde der Waffenstillstand unterzeichnet. Die Truppen kehrten nach Deutschland zurück: geschlagen, verzweifelt, verbittert.

Nach dem Krieg

Die Monarchie war untergegangen, aber umstritten blieb, wie es weitergehen sollte. Manche forderten eine sozialistische Republik, andere traten für eine freiheitliche Demokratie ein. Es dauerte einige Monate, bis in Weimar eine frei gewählte Nationalversammlung zusammentrat, die über Deutschlands Zukunft beschließen sollte. Versuche radikaler Gruppen, mit Waffengewalt ihre Ziele durchzusetzen, konnten ebenfalls nur mit Waffengewalt niedergeschlagen werden.

Die Siegermächte legten unterdessen Bestimmungen für einen Friedensschluss fest. Sie sahen Deutschland als Alleinschuldigen am Krieg an. Es sollte für den Schaden bezahlen und für die Zukunft unschädlich gemacht werden. Über diese Schuldzuweisung war man in Deutschland empört, man musste aber die Bestimmungen bedingungslos annehmen.
Militärs und revolutionäre Kräfte schoben sich in Deutschland nun gegenseitig die Schuld für die Niederlage zu.

2. Schreibt einen Tagebuchtext, der die Hoffnungen und Enttäuschungen eines jungen Soldaten/einer Rot-Kreuz-Schwester zum Ausdruck bringt.

3. Analysiert die Äußerungen in M2. Mit welchem Thema beschäftigen sich die Einzelnen? Überlegt Erwiderungen zu den ausgesprochenen Meinungen.

M2 Mögliche Meinungen zu den Folgen des Krieges.

Ein Kriegsbeschädigter

Eine Angestellte

Eine Lehrerin

Ein Beamter

Da hat sich Sarah doch vertan, oder?
Sarah hat sich Notizen gemacht, die leider falsch sind. Stelle sie (schriftlich) richtig!

1. In der Schlacht von Verdun setzte Deutschland U-Boote ein; nur wenige Soldaten starben.
2. Um sich gegenseitig nicht zu verärgern, stellten England und Deutschland ihre Rüstung ein.
3. Die Friedensbewegung wurde von den Arbeiterparteien verhindert.
4. Das Attentat von Sarajewo war der einzige Anlass zum Ersten Weltkrieg.
5. Die Kämpfe unterschieden sich nicht von früheren Kriegen.
6. Die Frauen hatten es in der Kriegszeit gut.
7. Deutschland gewann den Ersten Weltkrieg und alle Leute freuten sich.

Der Weg nach Indien: Das Zeitalter der Entdeckungen

Das 15. Jahrhundert war eine Zeit zahlreicher Entdeckungen und **Erfindungen**. Weil man sich auf Werte der Antike zurückbesann, heißt die Epoche, die den **Übergang vom Mittelalter zur Neuzeit** darstellt, **Renaissance**. In den Mittelpunkt des Denkens rückte der Mensch. Diese geistige Grundhaltung bezeichnete man als **Humanismus**. Eine der wichtigsten Erfindungen dieser Zeit war die des **Buchdruckes** durch Johannes Gutenberg. Erfunden wurden auch ein seetüchtiger Kompass, die mechanische Uhr, der Jakobsstab und hochseetaugliche Schiffe. Sie waren die Voraussetzungen für die **Entdeckung Amerikas** durch **Christoph Kolumbus** im Jahr **1492**.
In Mittel- und Südamerika gab es einige **indianische Hochkulturen**, z. B. bei den **Azteken** in Mexiko. Diese Hochkulturen wurden zu Beginn des 16. Jahrhunderts von den Spaniern auf ihrer Suche nach Gold und Reichtümern zerstört. Bemühungen, die **Unterdrückung und Ausbeutung der Indianer** zu beseitigen, hatten zunächst nur geringen Erfolg. Zwischen 1550 und 1800 wurden vermutlich weit über 30 Millionen Menschen aus Afrika in die **Sklaverei** nach Amerika verschleppt.
Dem Beispiel Spaniens und Portugals folgten bald noch weitere europäische Staaten wie Frankreich, die Niederlande und England. Der „**Dreieckshandel**" brachte den europäischen Staaten hohe Gewinne. Schon bald hielt auch die europäische Lebensweise Einzug in die **Kolonien** – die „Neue Welt" wurde europäisch.

Absolutismus

Der französische König **Ludwig XIV. (1643 –1715)** beseitigte das Mitspracherecht der Stände. So konnte er eine unumschränkte, **absolute Herrschaft** ausüben. Äußeres Zeichen der Machtfülle war das Schloss in **Versailles**. Für die immensen Staatsausgaben entwickelte der Finanzminister Colbert das Wirtschaftssystem des **Merkantilismus**. Als Ludwig XIV. starb, hinterließ er dennoch ein stark überschuldetes Land.
Im 18. Jahrhundert kam eine Reformbewegung auf: die **Aufklärung**. Das Handeln eines jeden sollte dabei vor allem von den Gesetzen der **Vernunft** bestimmt sein.
Unter **Friedrich II.**, auch **„der Große"** genannt, wurden in Preußen Folter und Pressezensur abgeschafft bzw. eingeschränkt. Gegenüber den unterschiedlichen Glaubensbekenntnissen zeigte er sich tolerant. Dennoch war er ein absoluter Herrscher, der sein Land mit uneingeschränkter Macht regierte. Diese Art des Königtums wird als **aufgeklärter Absolutismus** bezeichnet.

Freiheit, Gleichheit, Brüderlichkeit: Französische Revolution

Ludwig XVI. von Frankreich war **1789** nicht mehr in der Lage, seine enormen Ausgaben zu decken. Er berief die Vertreter der drei **Stände** ein, um sich höhere Steuern bewilligen zu lassen. Die **Vertreter des dritten Standes** erklärten sich zur **Nationalversammlung**. Im August 1789 wurden die **Menschenrechte** verkündet. Am 17. Dezember **1792** wurde auf Beschluss des Nationalkonvents der **König hingerichtet**, Frankreich war **Republik**.
Die Revolution schien von vielen Seiten bedroht. Um ihre Ziele zu verwirklichen, gingen die Revolutionäre deshalb immer **radikaler** vor. Die allgemeine Unsicherheit weckte bei vielen Franzosen den **Wunsch nach einem starken Mann**. Diese Chance nutzte **Napoleon**, der 1799 die Macht an sich riss und sich im Jahr **1804** zum **Kaiser** ausrufen ließ.
Es gelang ihm, fast ganz Europa zu erobern. Auch Deutschland wurde besetzt und umgestaltet. Napoleon konnte lediglich **England** und **Russland** militärisch nicht besiegen. Aber es regte sich zunehmender **Widerstand** gegen die Herrschaft Napoleons. Nach der **Niederlage im Russlandfeldzug** schlossen sich Napoleons Gegner zusammen und konnten ihn 1813 in der **Völkerschlacht bei Leipzig** entscheidend besiegen. Nach seiner endgültigen Niederlage in der **Schlacht bei Waterloo** wurde Napoleon auf die Insel St. Helena verbannt.

Sein Hunger wird die Erde verzehren: Vereinigte Staaten von Amerika

Zahlreiche Menschen, die in Europa religiös oder politisch unterdrückt wurden oder in wirtschaftliche Schwierigkeiten geraten waren, wanderten nach Amerika aus. **Virginia** wurde die erste von insgesamt **13 englischen Kolonien**. Die **Auswanderer** nahmen das Risiko einer strapaziösen und gefährlichen Reise auf sich, um für sich eine neue Heimat zu suchen. Die gemeinsamen Bemühungen um die Bewältigung der zahlreichen Probleme ließen die Einwanderer schon bald zu

einer neuen, der **amerikanischen Nation** zusammenwachsen.
England versuchte, seine Staatskasse auf Kosten der Kolonien aufzufüllen. Als die Kolonien sich dagegen wehrten (**Boston Tea Party**) und stärkere **Mitspracherechte** verlangten, schickte England Truppen nach Amerika. Es kam zum Krieg, der von 1775 bis 1783 dauerte. Bereits am 4. Juli 1776 erklärten die Kolonien ihre **Unabhängigkeit** vom Mutterland. Im Jahr 1789 gaben sich die 13 Gründerstaaten eine eigene **Verfassung**, in die – erstmals in der Geschichte – das **Prinzip der Gewaltenteilung** aufgenommen wurde.
Um für die vielen **Einwanderer** genügend Land zu haben, wurden die Gebiete im **Westen der USA** immer mehr erschlossen. Die hier lebenden Indianer wurden meist gewaltsam vertrieben und in **Reservationen** zwangsweise umgesiedelt. Noch schlimmer erging es den **Sklaven**, die man aus Westafrika einführte. Erst 1865 wurde die Sklaverei in den USA verboten. – Geblieben ist bis heute die **Benachteiligung der schwarzen Bevölkerung** in vielen Bereichen des täglichen Lebens in den USA.

Einigkeit und Recht und Freiheit: Staat und Gesellschaft im 19. Jahrhundert

Die Beschlüsse des **Wiener Kongresses** waren für viele Menschen in Deutschland enttäuschend. Ihr Wunsch nach nationaler Einheit und politischer Mitbestimmung wurde nicht erfüllt. Studenten forderten auf dem **Wartburgfest 1817 Einheit und Freiheit**. Von den Fürsten wurden sie dafür verfolgt und häufig zu harten Gefängnisstrafen verurteilt. Schließlich wurden die deutschen Burschenschaften verboten, die Universitäten mit einem Netz von Spitzeln überzogen und einer strengen Pressezensur unterworfen. Manche Menschen zogen sich aus Resignation ins Privatleben zurück und wollten nichts mehr von der Politik wissen (**Biedermeier**). Andere aber begehrten weiterhin auf. Anlässlich des **Hambacher Festes 1832** versammelten sich 30 000 Demonstranten beim Hambacher Schloss. Es war die erste politische Massenveranstaltung Deutschlands.
Die Unzufriedenheit mit den politischen Verhältnissen in fast allen Ländern führte schließlich **1848** zu **Revolutionen**. In Deutschland traten noch im Frühjahr 1848 alle Regierungen zurück. Es kam im ganzen Land zu **allgemeinen und geheimen Wahlen** für die **Nationalversammlung**, die in Frankfurt am Main tagte. Sie erarbeitete die erste gemeinsame deutsche Verfassung. Dem preußischen König Friedrich Wilhelm IV. wurde die Kaiserkrone angeboten, die dieser jedoch ablehnte. Damit war die Arbeit der Nationalversammlung gescheitert.
Noch 1848 begann in Preußen und Österreich die **Gegenrevolution**. Friedrich Wilhelm IV. ließ Berlin mit 40 000 Soldaten besetzen und bereits im Dezember löste der König die preußische Nationalversammlung auf. Überall in Deutschland wurden die **Aufstände durch preußische Truppen niedergeschlagen.** Viele Menschen mussten ins Ausland fliehen.

Fortschritt: Das Zeitalter der Industrialisierung

Die Industrialisierung begann im 18. Jahrhundert in **England**. Technische Erfindungen wie z. B. Spinnmaschinen führten zu einem radikalen Wandel in der **Textilindustrie**: Wenige Menschen konnten mithilfe der neuen Maschinen jetzt schnell, preiswert und in großen Mengen Waren produzieren. Durch die Erfindung der **Dampfmaschine** und der **Lokomotiven** konnten die Güter in kurzer Zeit überallhin befördert werden. Die erste deutsche **Eisenbahn** fuhr 1835 von Nürnberg nach Fürth.
Mit der fortschreitenden Industrialisierung verlor die alte ständische Ordnung immer mehr an Bedeutung. An die Stelle des „Geburtsadels" trat der „Geldadel". Dazu gehörten vor allem die **Unternehmer**, die in ihren **Fabriken** oft mehrere tausend Menschen beschäftigten. Eine angesehene Stellung in der **Gesellschaft** besaßen auch die **Angestellten**, also Ingenieure, Buchhalter usw. Für die **Arbeiter** wurde die Bezeichnung **„Proletarier"** gebräuchlich. Ihre Arbeits- und Lebensbedingungen waren äußerst schlecht. Die Hoffnung auf Arbeit, Freiheit und Wohlstand veranlasste zwischen 1815 und 1930 etwa sechs Millionen Deutsche, nach Amerika auszuwandern.

Gleicher Lohn für gleiche Arbeit: Die soziale Frage

Angesichts des **Elends**, in dem Arbeiter, ihre Frauen und Kinder leben mussten, fühlten sich die **Kirchen** (Wichern, Kolping u. a.) und **verantwortungsbewusste Unternehmer** (Borsig, Krupp u. a.) dazu aufgerufen, **Verbesserungen** durchzuführen. Für eine **revolutionäre Lösung** der **sozialen Frage** setzten sich dagegen **Marx** und **Engels** ein, die 1848 das **„Kommunistische Manifest"** veröffentlichten. Mit der Durchführung von **Streiks**, der Gründung von **Gewerkschaften** und schließlich von **Arbeiterparteien** durch Lassalle sowie Bebel und Liebknecht konnten die Arbeiter ihre Situation schrittweise verbessern und auch das **Wahlrecht** erkämpfen.

Heil Dir im Siegerkranz: Staat und Gesellschaft im Kaiserreich

Der Sieg über Frankreich im **Krieg 1870/71** brachte die **Einigung Deutschlands** unter Führung Preußens und den Anschluss Elsass-Lothringens. Im Spiegelsaal zu Versailles wurde das Reich gegründet und König Wilhelm zu **Kaiser Wilhelm I.**

Die **Verfassung** des Deutschen Reiches gab dem Kaiser und dem **Reichskanzler** eine starke, dem Parlament eine nur untergeordnete Stellung. Alle Gesetze, die der **Reichstag** verabschiedete, mussten auch noch von den Vertretern der Fürsten im **Bundesrat** gebilligt werden.

Mit der Reichsgründung entwickelte sich ein **Nationalstolz** auf Deutschland. Man bewunderte das Militär, Orden und Uniformen, die den Alltag prägten. **Unterordnung** unter die politische Führung war für die meisten Bürger eine selbstverständliche Pflicht.

Die Kontrolle der Arbeiterschaft durch die **Sozialistengesetze** misslang; sie schlossen sich so im Gegenteil noch enger zusammen. **Reichskanzler Bismarck** versuchte, sie durch Verbesserungen im sozialen Bereich an den Staat zu binden: Zwischen 1883 und 1889 führte die Reichsregierung unter seiner Führung die **Kranken-, Unfall-, Invaliditäts- und Altersversicherung** ein. Sie schuf damit die Grundlagen unseres heutigen **Sozialstaates**.

Auch die **Frauen** organisierten sich: Die bürgerlichen Frauen forderten eine bessere Bildung, die proletarischen Frauen setzten sich eher für eine Verbesserung der sozialen Lage der Arbeiterinnen ein. Gemeinsam kämpften sie für ihre **politische Gleichberechtigung**. Die Forderung nach dem **Frauenwahlrecht** erfüllte sich jedoch erst **1918**.

Arme Welt – reiche Welt: Das Zeitalter des Imperialismus

Ende des 19. Jahrhunderts versuchten vor allem die europäischen **Industrienationen,** die Welt unter sich aufzuteilen. Diese Politik, Weltreiche zu errichten, nennt man **Imperialismus**. Es war der Versuch, die wirtschaftlichen Folgen der Industrialisierung zu bewältigen: Die stark beschleunigte Industrieproduktion verlangte nach mehr **Rohstoffen** und größeren **Absatzmärkten**. Hinzu kam außerdem noch die Überzeugung vieler Europäer, dass es nicht nur ihr Recht, sondern auch ihre Pflicht sei, die Welt zu regieren.

Besonders deutlich wird diese Politik am Beispiel des **afrikanischen Kontinents**, der von den europäischen Mächten förmlich aufgeteilt wurde. Auch Deutschland errichtete in Afrika **Kolonien**, z. B. **Deutsch-Südwestafrika** (heute Namibia). Ihr **Rassismus** kam nicht nur in den herabsetzenden Bezeichnungen für die einheimische Bevölkerung zum Ausdruck, sondern zeigte sich vor allem auch in ihrer Behandlung. Man glaubte, über diese Menschen wie über Eigentum verfügen zu können und schätzte ihre Lebensformen gering ein. Die ungerechte, oft willkürliche Behandlung der Bevölkerung durch die **Kolonialherren** führte in vielen Kolonien zu **Aufständen**, die durch Truppen niedergeschlagen wurden, so auch in Deutsch-Südwestafrika, als deutsche Truppen gegen die aufständischen **Hereros** mit größter Brutalität vorgingen.

Erster Weltkrieg

Nach 1890 gab es immer wieder **Konflikte** zwischen den großen europäischen Mächten. Das **Wettrüsten** zwischen den großen Industriestaaten verstärkte sich. Besonders der deutsche **Kriegsflottenbau** forderte die Rüstungsanstrengungen Großbritanniens heraus. Auch die kolonialen Interessen und die Interessen auf dem Balkan trugen zum gegenseitigen Misstrauen bei. Die **Ermordung des österreichischen Thronfolgers** und seiner Frau löste schließlich 1914 den Krieg aus.

Überall in Europa jubelten die Massen, als sie von der Mobilmachung der Armeen erfuhren. In Scharen meldeten sich Freiwillige zum Kriegsdienst. Jede Nation betonte, dass dieser Krieg ein **Verteidigungskrieg** sei, aber jede Nation hatte auch konkrete Kriegsziele, die auf eine dauerhafte Schwächung des Gegners hinzielten.

In wenigen Monaten wurde aus dem **Bewegungskrieg** ein **Stellungskrieg**, der schließlich Millionen Menschen das Leben kostete. Ganze Landstriche, vor allem in Frankreich, wurden während der **Materialschlachten** verwüstet. Schwer belastet durch den Krieg war auch die Zivilbevölkerung durch den Mangel an Lebensmitteln und **Hungersnöte**. Besonders betroffen waren die Frauen, die häufig zu Fabrikarbeiten zwangsverpflichtet wurden. Millionen Menschen erkrankten oder verhungerten in der Heimat.

Im **November 1918** musste das Deutsche Reich die Kriegsgegner um einen **Waffenstillstand** bitten.

Lösungshinweise

Der Weg nach Indien

S. 17:

Musterletter formen, Musterletter in weiches Kupfer schlagen, flüssiges Blei in Matritze gießen, Bleilettern zu Wörtern zusammensetzen, Lettern zusammensetzen und färben, Papierbogen auflegen, Papier und Druckform zusammenpressen, Bogen ist fertig

S. 20:

Tenochtitlan / Cortes / Wasserleitung / Messing / Silber / Marktplatz / Apotheke

S. 31:

1. Erfindungen / Übergang vom Mittelalter zur Neuzeit / Renaissance / Humanismus / Buchdruckes / Entdeckung Amerikas / Christoph Kolumbus / 1492 / indianische Hochkulturen / Azteken / Unterdrückung und Ausbeutung der Indianer / Sklaverei / Dreieckshandel / Kolonien
2. 1 Admiralskajüte, 2 Steuerruder, 3 Kompass, 4 Luke zum Schiffsladeraum, 5 Entwässerungspumpe, 6 Hebevorrichtung für Anker und Segel, 7 Waffen- und Munitionskammer, 8 geräucherte und getrocknete Fleischwaren, 9 Schiffszwieback, 10 Pökelfleisch in Fässern, 11 Ölvorrat, 12 Wasservorrat, 13 Schiffsladeraum, 14 Weinfässer, 15 getrocknete Hülsenfrüchte in Säcken, Zwiebeln und Knoblauch, 16 Mehlfässer, 17 Abstellkammer für Segel, 18 Laderaum für Taue, 19 Sammelraum für Kondenswasser, 20 Steine als Ballast

Absolutismus

S. 45:

1. Wer war Ludwig XIV.?; 2. Was war der Barock?; 3. Was ist eine Residenz?; 4. Was ist Versailles?; 5. Was sind Steuern?; 6. Wer sind Beamte?; 7. Wer war Liselotte von der Pfalz?; 8. Was ist Merkantilismus?; 9. Was ist eine Manufaktur?; 10. Was ist die Pfalz?

S. 49:

1. Berlin; 2. Hugenotten; 3. Friedrich II.; 4. Kartoffeln; 5. Armee; 6. Schule

Freiheit, Gleichheit, Brüderlichkeit

S. 75:

Ludwig XVI.: König von Frankreich 1774–1793, 9
Bastille: Staatsgefängnis, am 14. Juli 1789 gestürmt, 2
Ballhaus: Tagungsort der Nationalversammlung, 10
Olympe de Gouges: Frauenrechtlerin, hingerichtet 1794, 8
Stände: Geistliche, Adlige, Bürger und Bauern, 1
Guillotine: Hinrichtungsinstrument der Revolution, 5
Robespierre: Radikaler Führer der Jakobiner, 1794 hingerichtet, 7
Marseillaise: Lied der Revolution, heute französische Nationalhymne, 4
Sansculotten: Radikale Kleinbürger von Paris („ohne Hosen“), 3
Napoleon: Kaiser von Frankreich (1804–1815), 6

Sein Hunger wird die Erde verzehren

S. 91:

a) Wer waren die Pilgerväter? b) Wer war William Penn? c) Welche Bedeutung hatte Holz? d) Welches Ereignis fand in Boston statt? e) Wer war General Steuben? f) Was ist die Unabhängigkeitserklärung? g) Wer war George Washington? h) Was geschah in Wounded Knee?

Einigkeit und Recht und Freiheit

S. 113:

1. richtig, 2. falsch, 3. falsch, 4. richtig, 5. richtig, 6. falsch, 7. richtig, 8. falsch, 9. richtig, 10. falsch, 11. richtig, 12. richtig, 13. falsch

S. 119:

a) Heinrich von Gagern 6.; b) Fanny Lewald 5.; c) Friedrich Wilhelm IV. 2.; d) Mathilde Franziska Anneke 3.; e) Heinrich Hoffmann von Fallersleben 1.; f) Heinrich Heine 4.
1. 1817, 2. 1849, 3. 1832, 4. 1844, 5. 1848, 6. 1819

Fortschritt

S. 139:

Industrie, Unternehmer, Angestellten, Arbeitern, hart, niedrig, Frauen, Arbeit, Fabrik, Kindern, Wäsche

S. 140:

DampfmaschinEsseNürnberGaSchieneNachtarbeiTechniKohlElektrizität

Lösungshinweise

Gleicher Lohn für gleiche Arbeit

S. 157:

Den Industriearbeitern im 19. Jahrhundert ging es eher schlecht. Ihre Löhne waren niedrig und ihre Familien lebten in Armut. Nur wenige Fabrikherren bauten ihren Arbeitern bescheidene Häuser und zahlten ihnen bei Krankheit Geld. Frauen verdienten besonders wenig und hatten kaum berufliche Chancen. Von der Politik blieben sie ausgeschlossen. Um 1870 herum entstand die SPD als neue Partei, die sich besonders für Arbeiter einsetzte. Die Regierung behinderte die Arbeit dieser Partei. Erst später richtete die Regierung für die Arbeiter die Sozialversicherung ein.

Heil Dir im Siegerkranz

S. 183:

1 = d, 2 = g, 3 = f, 4 = h, 5 = i, 6 = j, 7 = a, 8 = c, 9 = e, 10 = b

Arme Welt – Reiche Welt

S. 203:

1. Handelsstation, 2. Kolonie, 3. Peters, 4. Herero, 5. Banane, 6. Kakao, 7. Misereor, 8. Lovango, 9. Imperialismus, 10. Frankreich

a) Die Hereros hatten keine Flugzeuge.

b) Kaffee und Kokosnüsse wurden aus Afrika bezogen, Afrikaner besaßen keine modernen Waffen und Geräte.

c) Namibia war früher eine deutsche Kolonie.

d) Afrikaner galten als minderwertig und wurden diskriminiert.

Erster Weltkrieg

S. 223:

1. Die Schlacht von Verdun war eine Materialschlacht in Frankreich, in der Fußsoldaten, Kanonen und Flugzeuge eingesetzt wurden, Hunderttausende verloren ihr Leben.
2. Aus gegenseitigem Misstrauen rüsteten Deutschland und England immer weiter auf.
3. Die Arbeiterparteien unterstützten zunächst die Friedensbewegung.
4. Das Attentat von Sarajewo löste eine Kettenreaktion weiterer Ereignisse aus, die zum Weltkrieg führte. Dazu gehörten der Streit um Weltgeltung und Kolonien, der Streit um die Flotte und Aufrüstung, der Vorrang des Militärischen in der Gesellschaft, die komplizierten, schwer einzuschätzenden Bündnisse, die Verspottung der Friedensmahner und die übermütige Unterschätzung der Kriegsschrecken.
5. Die Kämpfe entwickelten sich zum Stellungskrieg und zu Materialschlachten, die es bis dahin nicht gegeben hatte.
6. Die Frauen wurden vermehrt zur Arbeit herangezogen und litten besonders unter der schlechten Versorgung.
7. Deutschland hat den Ersten Weltkrieg verloren und die Niederlage konnte nur schwer verkraftet werden.

Verzeichnis der Arbeitstechniken

Übersicht über die im Anhang erläuterten Arbeitstechniken

Informationen beschaffen I:

In einer Bibliothek recherchieren

Wenn euch eine Frage besonders interessiert und ihr dazu keine Hinweise im Geschichtsbuch findet, müsst ihr euch die Informationen selbst beschaffen. Dazu gibt es viele Vorgehensweisen. Eine besonders wichtige Möglichkeit der Informationsbeschaffung ist die Suche in einer Bibliothek.

Und so geht's ...

1. Schritt:
Informiert euch, welche Büchereien und Bibliotheken es in eurer näheren Umgebung gibt und erkundigt euch nach den Öffnungszeiten.

2. Schritt:
Notiert stichpunktartig, worüber ihr etwas erfahren wollt, z. B. Neandertaler. (Tipp: Je eindeutiger die Stichworte sind, desto leichter fällt das Suchen und Finden von Informationen.)

3. Schritt:
Ihr findet in allen Bibliotheken so genannte Kataloge. Der Katalog ist ein Verzeichnis aller vorhandenen Bücher, das auf Karteikarten oder im Computer festgehalten ist.
Habt ihr nur Stichpunkte und keine Autorennamen notiert, müsst ihr den „Schlagwortkatalog“ benutzen und dort eure notierten Stichpunkte suchen. In diesem Katalog findet ihr die Signatur - eine Buchstaben- und Zahlenkombination (z. B. GE-503-S). Damit könnt ihr das Buch finden.

4. Schritt:
An den Regalen sind Tafeln angebracht, auf denen die Signaturen der Bücher stehen, die in dem jeweiligen Regal zu finden sind (z. B. GE-200-M bis GE-510-S). Sucht mithilfe dieser Tafeln das richtige Regal. Klappt das nicht auf Anhieb, fragt einen Mitarbeiter der Bibliothek, ob er euch zeigen kann, wo das Buch steht. Wenn es gerade ausgeliehen ist, könnt ihr es auch vorbestellen. (Tipp: Neben dem gesuchten Buch stehen bestimmt noch weitere Bücher zum gleichen Thema ...)

5. Schritt:
Da ihr die ausgeliehenen Bücher nach einiger Zeit (meistens nach vier Wochen) wieder abgeben müsst, solltet ihr Notizen oder Kopien machen und möglichst übersichtlich sammeln.

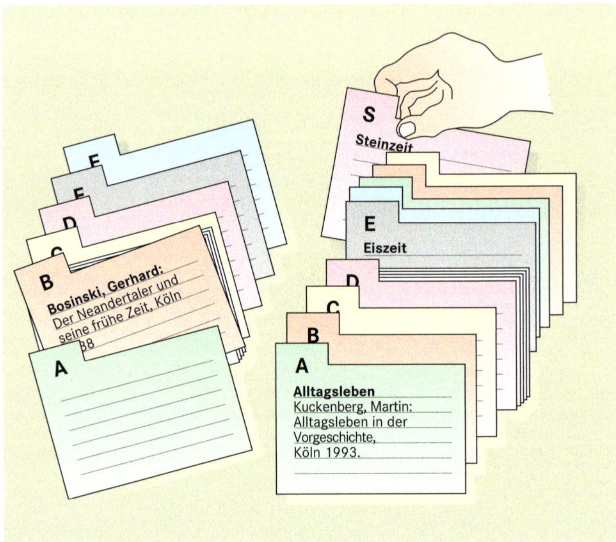

Informationen sammeln im Internet

Informationen beschaffen II:

Internetrecherche

Vielleicht möchtet ihr mehr zu einem Thema erfahren, z. B. ob es weitere Reformatoren gab, was sie forderten und wer von ihnen in eurer Region viel Einfluss hatte. Eine Möglichkeit, schnell zu jeder Zeit an Informationen zu kommen, ist das Internet.

Und so geht's ...

1. Schritt: Wonach suche ich?

- Thema suchen.
- Suchstichworte überlegen.

2. Schritt: Wo suche ich?

- in Suchmaschinen, z. B.:
  www.google.de
  www.yahoo.de
  www.lycos.de
- in Online-Lexika wie
  www.wissen.de
  www.onlinelexikon.de

3. Schritt: Wie benutze ich die Suchmaschine?

Verfeinerung der Suche durch Verwendung von zwei oder drei Suchbegriffen, z. B. Eingabe der Begriffe „Kolonie" und „Afrika" in das Suchfeld. Manchmal müssen die Begriffe durch ein Komma oder ein „und" getrennt werden.

4. Schritt: Wie verarbeite ich die gefundenen Informationen?

- Websites auswählen: Prüfen, ob Informationen verständlich, anschaulich und präzise erklärt werden.
- Seriosität: Sind die Informationen sachlich richtig? Enthalten sie Diskriminierendes oder Beleidigendes (evtl. Eltern oder Lehrer fragen)? Gut geeignet sind zumeist Websites von staatlichen Institutionen.
- Speichern der zwei oder drei besten Adressen als „Lesezeichen" (auch „Bookmarks" oder „Favoriten").
- Ausdrucken zentraler Seiten, Lesen und Markieren wichtiger Begriffe und Aussagen.

5. Schritt: Hat sich die Internetrecherche gelohnt?

- Überlegt euch, welche Website euch die informativsten Ergebnisse geliefert hat.

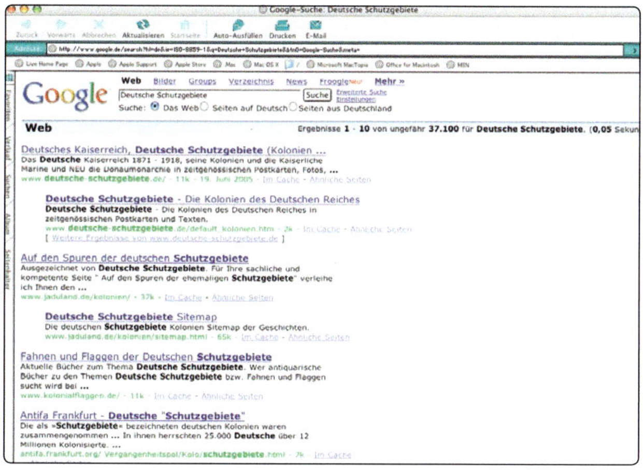

Exkursion und Expertenbefragung

Informationen beschaffen III:

Eine Exkursion durchführen

Auch auf einer Exkursion könnt ihr Informationen zu wichtigen Fragen gewinnen. Zum Beispiel könnt ihr euch eine alte Stadt ansehen und dort nach Spuren aus geschichtlichen Epochen – wie etwa dem Mittelalter – suchen. Damit ein solcher Ausflug zugleich spannend und lehrreich wird, müsst ihr ihn gut vorbereiten.
Und so könnt ihr eure Fahrt planen:

1. Schritt: Informationen beschaffen

Die Adresse des Fremdenverkehrsbüros eures Exkursionsziels findet ihr im Internet.

2. Schritt: Die Fahrt organisieren

Legt Termin, Verkehrsmittel und Zeiten fest und erkundigt euch nach den Kosten.

3. Schritt: Informationsmaterial studieren

Sichtet das Material, das ihr beschafft habt, im Hinblick auf mittelalterliche Spuren:
- Welche typischen Elemente einer mittelalterlichen Stadt sind erhalten (Kirchen, Stadtmauer, Rathaus, Handwerkerviertel)?
- Werden Führungen zur Stadt oder zu einzelnen Gebäuden angeboten (Kosten erfragen und anmelden)?
- Gibt es ein Stadtmuseum, das über die Geschichte im Mittelalter informiert? Vereinbart in diesem Fall frühzeitig einen Führungstermin.

4. Schritt: Aufgaben verteilen

Wenn ihr für euren Rundgang durch die Stadt keinen Führer habt, bildet kleine Gruppen, die es übernehmen, sich über einzelne Sehenswürdigkeiten zu informieren und sie an Ort und Stelle möglichst interessant und anschaulich darzustellen.

5. Schritt: Ergebnisse dokumentieren

Fertigt nach der Exkursion z. B. eine Wandzeitung oder einen Bericht für die Schülerzeitung oder eine kleine Hörkassette an.

6. Schritt: Erfahrungen auswerten

Überlegt, was gut war und ob ihr bei der nächsten Exkursion etwas besser machen könnt.

Informationen beschaffen IV:

Einen Experten befragen

Es gibt knifflige Zusammenhänge, bei denen es sinnvoll ist, Fachleute nach ihrer Einschätzung zu fragen.

1. Schritt: Fragen sammeln und ordnen

- Fragen notieren; im Verlauf des Unterrichts notierte hinzufügen (Fragekarten vom Themenstern).
- Nach Sachgebieten sortieren.

2. Schritt: Kontakt zu Fachleuten aufnehmen

- Klären, wer eingeladen werden soll.
- Kontakt aufnehmen (telefonisch, E-Mail, Brief) und Vorhaben erklären; evtl. auch die Frageliste zusenden.
- Terminabsprache treffen.

3. Schritt: Befragung vorbereiten

- Klären: Wer übernimmt die Gesprächsführung? Wer stellt welche Fragen?
- Raum herrichten (Reihen, Halbkreis, Kreis?).
- Technische Einrichtungen nötig (Verdunklung, Stecktafel, Tageslichtprojektor oder Ähnliches)?
- Mineralwasser und Gläser für die Gäste.

4. Schritt: Befragung durchführen

- Gäste begrüßen und vorstellen.
- Ablauf klarstellen.
- Gesprächsleitung sorgt für den reibungslosen Ablauf: Sie ruft Fragesteller/-innen auf, lässt Zusatzfragen zu, achtet auf die Zeit.
- Aufzeichnung (Tonband/Video) vorgesehen?
- Nach Ablauf den Gästen danken und sie nach draußen begleiten.

5. Schritt: Befragung auswerten

- Sind alle zufrieden mit den Auskünften? Bleiben offene Fragen?
- Hat sich euer Wissensstand, eure Einstellung geändert? Weshalb?

Achtung! Auch Experten sind Menschen: Neben gesichertem Wissen werden immer auch persönliche Überzeugungen geäußert. Versucht, diese beiden Bereiche getrennt wahrzunehmen!

Bilder und Fotos auswerten

Bilder lesen

Unser Wissen über die Vergangenheit gewinnen wir oft aus Bildern. Die folgenden Fragen werden euch helfen, Bilder auszuwerten:

1. Schritt Bild betrachten

– Wie wirkt das Bild als Ganzes auf mich? Welche Einzelheiten sprechen mich besonders an, was finde ich interessant, schön, hässlich, abstoßend, lächerlich usw.?

2. Schritt Bild beschreiben

– Welche Daten des Bildes sind bekannt (Name des Künstlers, Bildtitel, Entstehungszeit)?
– Gibt es einen Mittelpunkt, einen Vorder- und Hintergrund?
– Was ist dargestellt (Thema, Anordnung der Personen, Dinge usw., Farben, Helligkeit)?

3. Schritt Bild deuten

– Was will der Künstler ausdrücken?
– Zu welchem Zweck wurde das Bild geschaffen?
– Was verstehe ich nicht? Wozu brauche ich weitere Informationen?
– Was lerne ich über geschichtliche Ereignisse oder Hintergründe?
– Welche offenen Fragen ergeben sich aus dem Bild?

M1 Clemens August, Erzbischof von Köln (1700–1761). Gemälde von Georges Desmarées, um 1746.

Methode: Fotos auswerten

Viele Informationen sind in einem Foto enthalten – man muss sie nur herausfinden können! Am besten geht ihr wie folgt vor:

1. Schritt allgemeine Beschreibung

– Motiv?/Thema? (Was ist zu sehen?); Art? (farbig/schwarz-weiß); Format? (Wie groß?); Bilderklärung?

2. Schritt Gestaltung (Entstehung erklären)

– Aufnahmedatum oder Bildunterschrift?; Aufnahmeort? (Studio oder „vor Ort"?); „gestelltes Foto" oder „Schnapp-Schuss"?; Blickwinkel? (Bildausschnitt); Beleuchtung (Licht und Schatten, natürliches Licht oder Blitz usw.).

3. Schritt Deutung/ Erklärung

– Auftraggeber? (Wer wollte, dass das Foto gemacht wird?)
– Absicht? (Was soll gezeigt werden, was nicht? Warum?)

4. Schritt abschließende Beurteilung

– Was findet ihr interessant, traurig, witzig? Warum?
– Welche Information gibt das Foto, die vielleicht nicht beabsichtigt war (Geschichte „hinter dem Foto")?
– Was würdet ihr gern zusätzlich wissen?

M2 Deutscher Kolonialbeamter in Ostafrika. Foto, 1908/09.

Unterricht vor Ort – Arbeit mit Sachquellen

M1/M2 **Schüler schöpfen Papier in der Papiermühle Alte Dombach bei Bergisch Gladbach (links) und untersuchen das Modell einer Dampfmaschine im Textilmuseum Bocholt (oben).**

Quellenarbeit im Museum

Originalgegenstände vergangener Zeiten nennt man Sachquellen. Sie sind die Kernstücke der Museen, um die herum sich alle übrigen Objekte – meist als Erschließungshilfen – gruppieren. Wenn ihr den Unterricht in ein Industriemuseum verlegen wollt, helfen euch die folgenden Überlegungen bei der Auswertung von Museumsobjekten, hier speziell von Maschinen bzw. Industriedenkmälern:

1. Schritt Merkmale (Struktur)

– Material, Größe/Platzbedarf, Gewicht, Leistungsumfang, Energieverbrauch ...;
– Wo und von wem in Auftrag gegeben bzw. hergestellt – Transportmittel/-wege – Sonderanfertigung/Einzelstück oder Serie – neue Erfindung oder Weiterentwicklung (wovon?) ...;

2. Schritt Verwendungszweck (Funktion)

– Welches Produkt wurde damit hergestellt – welche Materialien wurden verarbeitet – welche Betriebsstoffe waren nötig;
– Wie funktioniert es (Vorführung, Funktionszeichnung/-modell?) – Funktionszusammenhang (Platz im Produktionsablauf);
– Wie und von wem wurde es bedient und gewartet (Belastung, Kenntnisse).

3. Schritt Auswertung

– Was wollen die Aussteller mit dem Objekt zeigen (wichtige Erfindung – einmaliges Stück – Anforderungen am Arbeitsplatz ...), was erfährt man darüber hinaus?
– Welchen Platz nimmt das Objekt in der Ausstellung ein (zentrales Objekt, eher Randerscheinung ...)?
– Steht das Objekt am ursprünglichen Platz oder wurde es von woanders hierher gebracht (wird der ursprüngliche Zusammenhang noch deutlich, evtl. durch Skizzen, Erläuterungen, andere Objekte ...)?
– Sind weitere Informationen erforderlich?
– Wie dokumentieren wir die Ergebnisse (Fotos, Video, Wandzeitung, Bericht ...)?

M3 **Vorführung am Webstuhl in der Tuchfabrik Müller, Euskirchen.**

Textquellen auswerten

Darum geht es:

Neben Bildern, Sachquellen und Bauwerken erfahren wir vor allem aus Textquellen mehr über frühere Zeiten. Textquellen sind alle Schriftstücke, die aus der Vergangenheit erhalten sind, also z. B. Bücher und Zeitungen, aber auch Flugblätter, Briefe oder Mitschriften von Reden. Oft sind sie schwer zu verstehen, weil wir den Text heute lesen, ohne die Umstände seiner Entstehung miterlebt zu haben. Einer historischen Quelle muss man sich deshalb systematisch nähern.

Und so geht's ...

1. Schritt: Fragen zum Text

- Wovon berichtet der Text? Stellt „W-Fragen“: Wer? Wo? Wann? Was? Wie? Warum? An wen?
- Gibt es unbekannte Wörter? Schlagt im Lexikon nach.
- Lässt sich eine Gliederung erkennen? Welche Aspekte stehen im Mittelpunkt?
- Was für eine Textsorte liegt vor und welche Bedeutung hat dies (z. B. private Aufzeichnung oder offizielles Schreiben; Tatsachenbericht oder Roman; Urkunde, Brief, Tagebuch)?

2. Schritt: Fragen zu Autor und Absicht

- Gibt es Informationen über die Verfasserin oder den Verfasser?
- Wurde das Geschehen zeitnah oder viel später aufgeschrieben? Hat der Verfasser selbst erlebt, was er aufgeschrieben hat, oder hat er das Geschilderte später erfahren?
- Wird erkennbar, welche Einstellung der Verfasser zum Geschehen und zu den dargestellten Personen hat?
- Welche Absicht verfolgte der Verfasser mit dem Text? Wollte er zum Beispiel etwas bewusst für die Nachwelt festhalten?

M 1 Der Dichter Georg Weerth schilderte 1845 die Not der Armen in der Senne, einem verarmten Landstrich zwischen Bielefeld und Paderborn:

... Eine Wüste nannten wir jenen Landstrich und dennoch bevölkert. ... Treten wir an die Tür desselben, da schlägt uns ein dichter Rauch entgegen, denn für einen Schornstein hat man nicht gesorgt. ... Gehen wir vorüber, da laufen uns einige zerlumpte Kinder nach; sie halten die Hände gefaltet und murmeln eine Sprache, die niemand versteht. Aber in den kümmerlichen Blicken kann man lesen, was sie wollen, und gebt ihr einem kleinen Mädchen mit hellblonden Haaren eine Silbermünze, da ist es mehr, als sie je besaß, mehr als sie in mehreren Wochen durch Flachsspinnen gewinnen kann. ... Der Vorrat von Kartoffeln geht bald zu Ende; durch die schlechte Witterung, welche die Lehmwände der Hütten nass und feucht macht, brechen Krankheiten ins Haus herein. ...

Zit. nach Rolf Schloesser (Hrsg.), Deutsches Bürgerbuch für 1845, Köln (Informationspresse Leske) 1975, S. 266 ff.

Zu M 1:

1. - Georg Weerth, Senne (zwischen Bielefeld und Paderborn), 1845, Bericht, Empfänger nicht zu erkennen. Warum: nicht eindeutig, macht auf Missstände aufmerksam.
   - Flachsspinnen – Spinnen von Fäden aus der Flachspflanze zur Herstellung von Leinen.
   - Keine Gliederung. Allerdings liegen uns nur Auszüge vor.
2. - Bericht.
   - Er war Dichter.
   - Text stammt aus dem Jahr 1845, also ...
   - ...

Politische Lieder verstehen

Darum geht es:

Schon immer wurden Lieder auch deshalb gedichtet, um auf Missstände aufmerksam zu machen.
Bei der Arbeit mit Liedtexten muss man beachten, dass z. B. nicht alle Gedanken ausformuliert, sondern oft nur angedeutet sind. Lieder transportieren nicht nur Inhalt, sie sollen beim Hörer auch Gefühle auslösen.

Und so geht's ...

1. Schritt: Entstehung klären

- Wer hat das Lied geschrieben?
- Wann wurde es geschrieben bzw. gesungen?
- In welchem Land war es bekannt?

2. Schritt: Text untersuchen

- Wie heißt der Titel des Liedes?
- Was erfahren wir aus den einzelnen Strophen?
- Welche Absichten könnte der Autor mit dem Lied verfolgt haben?
- Wie können wir die Aussagen zusammenfassen (z. B. Comic ...)?

3. Schritt: Wirkung von Text und Melodie untersuchen

- Ist die Musik eher schnell/langsam, fröhlich/traurig, mitreißend/zurückhaltend, kriegerisch/besänftigend, laut/leise?
- Wie passen Text und Melodie zusammen?
- Welche Gefühle könnte das Lied bei den Menschen damals ausgelöst haben?

4. Schritt: Beurteilung

- Wie wirkt das Lied heute auf uns?
- Welche Botschaft entnehmen wir dem Lied für die heutige Zeit?

M 1 Das Reden nimmt kein End' – Text: Georg Herwegh, Melodie: Thomas Friz.

Das Reden nimmt kein End'

2. Zu Frankfurt an dem Main –
Da wird man uns befrein;
Man wird die Republiken
Im Mutterleib ersticken,
Und Bassermann und Welcker
Beglücken dann die Völker
Im Parla- Parla- Parlament
Das Reden nimmt kein End'!

3. Zu Frankfurt an dem Main –
Bald zieht der Kaiser ein!
Schon träuft der Gnade Manna,
Ihr Knechte, Hosianna!
Mathy, der Schuft, Minister –
Triumph, ihr Herrn Philister!
Refrain

4. Zu Frankfurt an dem Main –
Die Wäsche wird nicht rein;
Sie bürsten und sie bürsten,
Die Fürsten bleiben Fürsten,
Die Mohren bleiben Mohren
Trotz aller Professoren –
Refrain

6. Zu Frankfurt an dem Main –
So schlag der Teufel drein!
Es steht die Welt in Flammen,
Sie schwatzen noch zusammen,
Wie lange soll das dauern?
Dem König Schach, ihr Bauern!
Dein Parla- Parla- Parlament,
O Volk, mach ihm ein End'!

Revolutionslied aus dem Jahr 1848
Zit. nach: Herweghs Werke in einem Band, Berlin / Weimar (Aufbau) 1977, S. 163 f.

Karikaturen deuten

Karikaturen deuten

Die meisten Menschen im 18. Jahrhundert konnten weder lesen noch schreiben. Deshalb wurde die Kritik am Absolutismus nicht nur in Büchern geäußert, sondern auch in Zeichnungen zum Ausdruck gebracht. Solche Zeichnungen werden Karikaturen genannt. Es gab sie schon seit dem 16. Jahrhundert, aber jetzt kamen sie richtig in Mode. Karikaturen zeigen Personen, Ereignisse oder Zustände häufig in übertriebener, verzerrter Darstellung, die oft (aber nicht immer) komisch wirkt und den Betrachter zum Lachen bringt. Dabei geht es dem Zeichner darum, seine Meinung zu einer Sache darzustellen. Eine Karikatur beschreibt nicht nur, sondern urteilt. Um verstanden zu werden, bedienen sich Karikaturisten bestimmter Stilmittel. Dazu gehört häufig die Übertreibung, z. B. von körperlichen Eigenschaften bestimmter Personen (übergroße Ohren, lange Nasen usw.). Oft werden historische Personen (z. B. Könige), Figuren aus Sagen oder Märchen („Hans im Glück") oder Tiere als Symbolfiguren (z. B. „Berliner Bär") herangezogen, um eine Sache zu verdeutlichen.
Die folgenden Arbeitsschritte können euch helfen eine Karikatur zu deuten. Wendet sie auf M1 an.

1. Schritt Beobachtung
Betrachtet die Karikatur so genau wie möglich und notiert euren ersten Eindruck.

2. Schritt Beschreibung
Beschreibt so genau wie möglich, was abgebildet ist (Personen, Tiere, Gegenstände) und wie es abgebildet ist (z. B. Mimik, Gestik). Was geschieht? Wird eine Handlung deutlich? Welche Texte gehören zum Bild?

3. Schritt Deutung
Welche Bedeutung haben die abgebildeten Personen, Tiere oder Gegenstände? Welche Bedeutung hat die Handlung?

4. Schritt Einordnung
Auf welche Situation oder Ereignisse beziehen sich die Aussagen der Karikatur?

M1 Vernichte diese wild gewordene Bestie. Tritt in die U.S.-Armee ein. Plakat, USA, 1917/18.

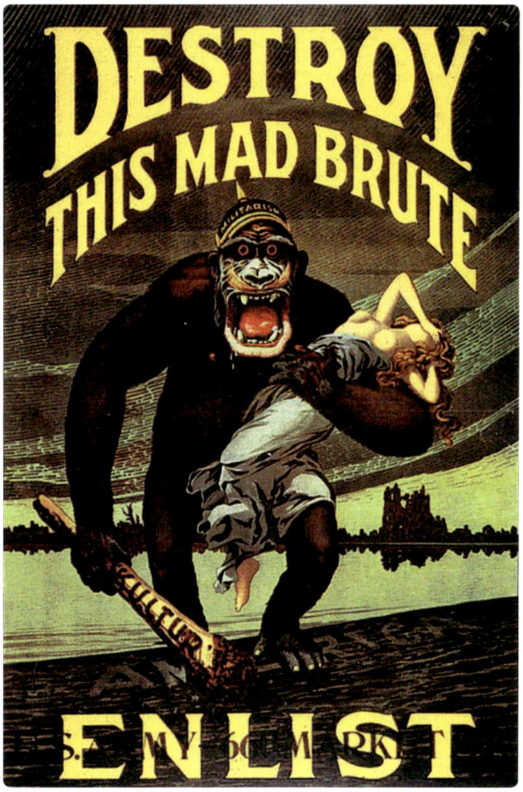

5. Schritt Wertung
Welche Position bezieht der Karikaturist zum Thema? Wie seht ihr das Problem?

Symbol
Wort, Form, Gegenstand oder Vorgang, der nicht für sich allein steht, sondern eine verborgene Bedeutung hat.
Beispiel: Das Kreuz ist das Symbol des Christentums.

Werbebotschaften entschlüsseln und Denkmäler untersuchen

Werbebotschaften entschlüsseln

Die folgenden Fragen können euch helfen, Werbung besser zu verstehen:

1. Schritt Form/Inhalt

- Form: Plakat, Zeitungswerbung, Aufdruck auf Verpackungen, Sammelbilder usw.
- Inhalt: Was ist dargestellt? Wofür wird geworben?
- Darstellungstechnik: Zeichnung, Bild, Foto; farbig/schwarz-weiß

2. Schritt Werbebotschaft

- Auftraggeber: Welche Firma, welcher Verein usw. wirbt?
- Aussage: Was wird gesagt, behauptet, unterstellt, „eingeflüstert“?

3. Schritt „verdeckte“ Einstellungen

- Mit welchen Mitteln/Methoden wird gearbeitet? Wird belehrt, wird jemand angegriffen, lächerlich gemacht, herabgesetzt? Wird jemand als besonders klug, sorgsam usw. dargestellt?

4. Schritt Beurteilung

- Wirksamkeit: Haltet ihr die Werbung für wirksam (damals/heute)?
- Geschmack: Gefällt euch die Werbung?
- Moral: Haltet ihr die jeweilige offene und die verdeckte Aussage für gut und richtig?

Denkmäler untersuchen

Bei der Untersuchung eines bestimmten Denkmals helfen euch folgende Schritte:

1. Schritt Bestandsaufnahme

- Beschreibung des Denkmals; Texte?
- „Botschaften“ an die Nachwelt
- Wann und von wem wurde es errichtet?

(Anmerkung: An eine Dokumentation denken, z.B. Fotos, Zeichnungen usw.)

- Gestaltungselemente

2. Schritt Auskünfte einholen

- Warum wurde das Denkmal errichtet?
- Wer ist heute verantwortlich? Wer pflegt es?
- Wer organisiert Gedenkfeiern?
- Meinungen anderer erkunden: Schützen- oder Kriegerverein

3. Schritt Bewertung

- Was habt ihr über die bei der Errichtung oder heute wichtigen Motive und Gefühle erfahren?
- Hat sich etwas in der Einstellung geändert?
- Wie denkt ihr über die Aussage des Denkmals?

M1 Waschmittelwerbung. Plakat, 1908.

M2 Kolonialkriegerdenkmal in Düsseldorf. 1909.

M3 Kriegerdenkmal aus Dortmund-Oespel.

Geschichtskarten und Diagramme lesen

Geschichtskarten verstehen

Bei der Arbeit mit Geschichtskarten helfen folgende Schritte:

1. Schritt Thema und Zeitraum bestimmen

- Wie heißt die Überschrift der Karte?
- Um welchen Zeitraum geht es?

2. Schritt Das dargestellte Gebiet bestimmen

- Welches Gebiet ist auf der Karte abgebildet (z.B. Europa, Asien, Weltkarte ...)?

3. Schritt Farben und Zeichen erklären

- Welche Farben und Zeichen sind in der Zeichenerklärung (Legende) wiedergegeben und was bedeuten sie?

4. Schritt Aussagen der Karte zusammenfassen

- Wie können die Aussagen der Karte zusammengefasst werden? (z.B. Stichworte, Geschichte, Tabelle ...)

5. Schritt Offene Fragen notieren

- Welche weiteren Fragen ergeben sich aufgrund der Informationen, die ihr aus der Karte gewonnen habt?

Diagramme „lesen"

Diagramme sind zeichnerische Darstellungen von Zahlenangaben.Die häufigsten Formen sind Säulen-, Block-, Kurven-, Kreis- und Tortendiagramme. Die folgenden Schritte können euch helfen, Diagramme zu lesen.

1. Schritt: Äußere Merkmale bestimmen

Um welche Art von Diagramm handelt es sich? Was ist das Thema (Überschrift)? Werden absolute Zahlen oder Prozentangaben dargestellt?

2. Schritt: Inhalte klären

Was genau ist im Diagramm dargestellt? Für welchen Raum gelten die Angaben? Welcher Zeitraum ist erfasst? Welche Zahlen sind ablesbar? Um welche Maßeinheiten handelt es sich? Welche Aussagen lassen sich aus den Angaben des Diagramms zusammenfassend formulieren?

3. Schritt: Interpretieren

Gibt es Bezüge zu anderen Informationen bzw. Materialien? Ergänzen oder widersprechen sie sich? Werden weitere Informationen benötigt? Welche Aussagen zum Thema lassen sich mithilfe des Diagramms machen?

4. Schritt: Bewerten

Sind die dargestellten Daten für das Thema wichtig/unwichtig?
Ist die Datenmenge angemessen, zu gering oder zu reichlich bemessen?
Wird der Sachverhalt zu stark vereinfacht, verzerrt oder sogar verfälscht? Ist die graphische Darstellung angemessen oder wird sie z.B. durch den Maßstab verzerrt?

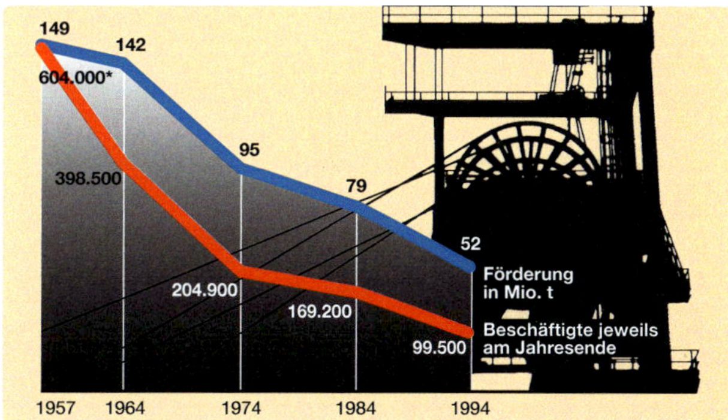

M1 Beschäftigte im Steinkohlebergbau in Deutschland 1957–1994.

Rollenspiel

Darum geht es:

Ein Rollenspiel soll helfen, sich in Menschen und Situationen einzufühlen. Wenn ihr euch an die nachstehenden Schritte haltet, kommt ihr schnell zu einem interessanten Rollenspiel.

Und so geht's ...

1. Schritt: Ausgangslage klären

Auf der „Situationskarte" wird kurz beschrieben, worum es geht. Wird z.B. die Lösung eines Problems gesucht oder sollen einzelne Typen in ihrem Verhalten gezeigt werden?

2. Schritt: Rollen verteilen

- Rollen werden immer freiwillig übernommen.
- Jede Person kann von Jungen oder Mädchen dargestellt werden.
- Die Rollen können frei ausgestaltet werden, müssen aber mit der Rollenkarte übereinstimmen.

3. Schritt: Kurze Spielvorbereitung

- Die Spieler machen sich mit der Rolle vertraut; eventuell kurze Besprechung untereinander.
- Die Spieler stellen sich zu Beginn vor oder heften sich eine Namenskarte an.

4. Schritt: Spielen und Spiel beobachten

- Wenn ihr wollt, könnt ihr Spielbeobachter einsetzen (am besten zwei für jede Rolle).
- Welche Argumente wurden im Spiel genannt?
- Wie verhielten sich die einzelnen Spieler in ihrer Rolle?

5. Schritt: Auswertung und Besprechung

- Was konnte man sehen?
- Wie entwickelte sich die Handlung? Wurde alles verstanden? Wie haben sich die Spieler gefühlt?
- Was gefiel besonders gut? (Loben, nicht meckern!)
- Welche Fragen sind entstanden?

Situationskarte
In Deutschland herrscht Aufruhr: 1848 fordert das Volk Freiheit und Demokratie. Es kommt zu Straßenkämpfen. Kronprinz Wilhelm von Preußen, Hans Müller, Peter Reichensperger, Phillip Betz, Heinrich Hoff und Carl Mayer treffen sich vor einer Barrikade (vgl. Seite 190/191 und 200ff.).

Rollenkarte

Rollenkarte 1
Peter Reichensperger, 38, höherer Beamter im Staatsdienst in Bonn
- **Einstellung:** Gegner der Revolution. Ist zwar für mäßigen Fortschritt, aber niemals ohne den König.
- **Ziel:** will Republik verhindern.

Rollenkarte 2
Phillip Betz, 21, Handelsangestellter aus Düsseldorf
- **Einstellung:** Revolutionär. Vor allem stört ihn, dass das Volk seinen Herrscher nicht selbst wählen darf.
- **Ziel:** will allgemeines Wahlrecht.

Rollenkarte 3
Kronprinz Wilhelm von Preußen, 51, u.a. Oberbefehlshaber der preußischen Armee
- **Einstellung:** ____________
- **Ziel:** ____________

Rollenkarte 4
Carl Mayer, 20, Student aus Münster
- **Einstellung:** ____________
- **Ziel:** ____________

Spielfilme untersuchen

1. Schritt Kurzbeschreibung, Inhalt zusammenfassen

– Wo und wann ist der Film produziert worden?
– Wo und wann spielt die Handlung?
– Soll es um tatsächliche geschichtliche Ereignisse gehen oder ist der Stoff frei erfunden?
– Wie kann man den Inhalt kennzeichnen (z.B. Abenteuerfilm, Liebesfilm, Kriegsfilm)?
– Inhaltsangabe: Wer sind die Hauptpersonen? Was ereignet sich? Welche Lösungen findet der Film für den Konflikt, der im Mittelpunkt steht?

2. Schritt Wirkung des Films untersuchen

Bildgestaltung: Farbe oder Schwarz-Weiß? Ruhige oder schnell bewegte Bilder? Häufige Nahaufnahmen oder Totale? Wechsel der Blickrichtung (Perspektive)?
Ausstattung: Wie ist die Rollenbesetzung? Aufwand der Szenen (viele Statisten, Bauten, historische Kleidung ...).
Sprache und Musik: Wie ist die Sprache des Films insgesamt (einfach, kompliziert, glaubwürdig, albern, langweilig ...)? Wie ist die Sprache einzelner Personen? Erkennt man den Auftritt einer Person oder den Wechsel der Handlung bereits an der Musik? Wie unterstützt die Musik die Filmhandlung? Wirkt die Musik beruhigend, spannend, lustig, traurig? Wie sind Bilder und Musik aufeinander abgestimmt?

3. Schritt Auswertung, Beurteilung

– Welche Informationen zum geschichtlichen Thema konnte man aus dem Film gewinnen?
– Sind die Informationen glaubwürdig, stimmen sie mit Informationen aus anderen Quellen überein?
– Sind die Informationen im Film von zentraler Bedeutung oder werden sie nebenbei übermittelt?
– Wie wird die Vermittlung der geschichtlichen Information durch die filmischen Mittel unterstützt?
– Kann man den Film als „besonders wertvoll“, „wertvoll“, „weniger wertvoll“ oder „fragwürdig“ beurteilen? Für welche Altersgruppe ist der Film geeignet? Unterstützt der Film insgesamt die geschichtlichen Erkenntnisse oder vermittelt er ein eher falsches Bild?

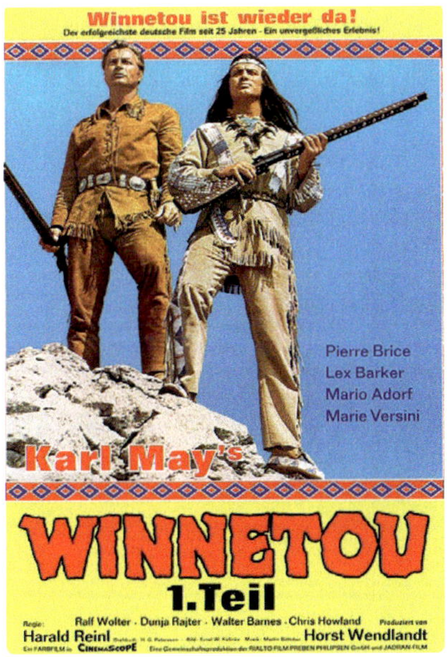

M 1–3 **Filmplakate.**

Wandzeitung

Ergebnisse präsentieren

Ihr könnt die einzelnen Abschnitte dieses Buches in Gruppen erarbeiten und durch weitere Recherchen ergänzen. Hierfür eignen sich Internet, Sachbücher oder Lexika, Bildbände bzw. alte Postkarten, vielleicht sogar Bilder aus dem eigenen Familienalbum und Erzählungen älterer Familienmitglieder.
Wenn ihr eure Ergebnisse in einer Wandzeitung gut gegliedert dokumentieren wollt – z. B. mit kopierten Bildern, eigenen Zeichnungen und Texten –, könnt ihr wie folgt vorgehen.

1. Schritt Aufgaben verteilen

Für die laufende Arbeit Sachbeauftragte wählen, die während der Bearbeitung des Themas auf verschiedene Bereiche achten und Belege sammeln.

2. Schritt Material sortieren

Material ordnen, ergänzen und mit den übrigen Gruppen abstimmen.

3. Schritt Material präsentieren

Material gegliedert nach Bereichen auf Tapete, Tonpapier oder ggf. Stellwände bringen.

4. Schritt Ergebnis diskutieren

Teilthemen vorstellen, Verständnisfragen klären, Reaktionen des „Publikums“ diskutieren und evtl. Verbesserungen oder Ergänzungen anbringen.

M1 **Die 8b bearbeitet ihre Wandzeitung.** Foto, 2003.

absolut (lat.) uneingeschränkt, unabhängig.

absolutistisch In Bezug auf die Regierung gebraucht bedeutet absolutistisch, ohne Einschränkungen zu herrschen.

Akkord System der Lohnbemessung in der Industriearbeit, bei dem nicht nur die Arbeitszeit entlohnt wird, sondern die Menge der tatsächlich produzierten Waren der Lohnbemessung zugrunde liegt.

Aktiengesellschaft Eine Aktiengesellschaft ist ein Unternehmen, dessen Grundkapital durch den Verkauf von Aktien zusammengekommen ist. Die Gründung einer Aktiengesellschaft eröffnet dem Unternehmer die Möglichkeit, schnell große Mengen Kapital für den Auf- oder Ausbau seines Unternehmens zu erhalten, ohne dafür Zinsen an eine Bank zahlen zu müssen. Jeder Aktionär besitzt einen Anteil an dem Unternehmen, der dem Nennwert seiner Aktien entspricht. Auf der jährlichen Hauptversammlung der Aktionäre kann er die Unternehmenspläne seinem Anteil entsprechend mitbestimmen. Die Aktionäre können ihre Aktien normalerweise an der Aktienbörse frei verkaufen. Neben einem jährlichen Anteil am Unternehmensgewinn („Dividende") sind mögliche Kursgewinne der Hauptanreiz für den Kauf von Aktien. In den Kursschwankungen liegt aber auch das Risiko dieser Form der Geldanlage.

Anarchie herrschaftsloser, gesetzloser Zustand, in dem weder Obrigkeit noch Gesetze anerkannt werden.

Antisemitismus, antisemitisch judenfeindlich, gegen Juden gerichtet. Der Begriff Antisemismus entstand erst 1879, obwohl es vor allem aus religiösen Gründen schon seit der Antike und im Mittelalter Judenfeindschaft gab. Ab 1860 verstärkte sich eine rassistische Begründung für die Judenfeindschaft. Die Juden galten als minderwertige Rasse. Dieser rassisch begründete Antisemitismus wurde später zu einer der Grundlagen des Nationalsozialismus.

Arbeiterklasse siehe Proletariat und Klasse.

Aristokrat, Aristokratin Adliger, Adlige.

aristokratisch adlig.

Aufklärung Geistige Bewegung vom Ende des 17. bis Ende des 18. Jahrhunderts. Sie war von der Vorstellung bestimmt, dass die Vernunft das Denken der Menschen bestimmen sollte. Aufklärer wie Voltaire, Montesquieu und Kant forderten die Menschen auf, sich mithilfe der Vernunft aus ihrer Unmündigkeit zu befreien. Vernunft, Erfahrung und Experiment sollten Glauben und Tradition als Grundlage der Erkenntnis ablösen. Das Denken der Aufklärung entfaltet bis in unsere Zeit große Wirkung.

Barock schmuck- und figurenreicher Kunststil (1600–1750).

Befreiungskriege (1813-1815) In den Befreiungskriegen kämpfte eine breite Volksbewegung gemeinsam mit deutschen Fürsten gegen die napoleonische Fremdherrschaft über Deutschland. Nachdem Napoleon 1812 eine schwere Niederlage gegen Russland hinnehmen musste, trat im Frühjahr 1813 zunächst Preußen auf die Seite der alliierten Gegner Frankreichs. Die anderen deutschen Staaten folgten nach dem Sieg der Alliierten – England, Russland, Österreich, Preußen und Schweden – in der Völkerschlacht bei Leipzig.

Biographie Lebensbeschreibung.

Blockade Sperrung von Verkehrswegen, um den Gegner von der Versorgung abzuschneiden.

Bourgeoisie wohlhabendes Bürgertum, bei Marx und Engels Besitzer von Fabriken, Kapitalisten.

Diskriminierung Benachteiligung bestimmter Personen oder Personengruppen im öffentlichen Bereich, beispielsweise aus politischen oder rassistischen Gründen (von lat. discrimere, unterscheiden).

Dreißigjähriger Krieg (1618–1648) Krieg aus religiösen Gegensätzen in Deutschland und vor allem um die Vorherrschaft zwischen (katholischem) Kaiser und (protestantischen) Landesfürsten.

Dritte Welt vereinfachend gebrauchter Name für die Länder auf der Südhalbkugel der Erde, die im Vergleich zu den Industriestaaten (so genannte Erste Welt) wirtschaftlich gering entwickelt sind. Die vormals kommunistischen Länder im Osten (frühere Sowjetunion, DDR, Polen usw.) bezeichnete man mit dem Begriff „Zweite Welt“.

Emanzipation Befreiung von Abhängigkeit und Bevormundung.

Emigration Auswanderung.

Empire Bezeichnung für das britische Weltreich mit seinen Kolonien. Anfang des 20. Jahrhunderts umfasste es ein Viertel der Erdoberfläche und der Bewohner der Erde.

Epoche Bezeichnung für einen Zeitraum, der auf Grund charakteristischer Merkmale als Einheit gesehen wird.

Exekutive die ausführende Gewalt im Staat, Tätigkeit der Regierung und Behörden auf der Grundlage der Gesetze.

Feudalsystem Bezeichnung für die ständische Gesellschaftsordnung, die sich auf Vorrechte und Privilegien stützte, Form der sozialen, wirtschaftlichen und politischen Ordnung in Europa während des Mittelalters und der frühen Neuzeit. Der Adel, die Kirchen und Klöster waren Obereigentümer des Bodens und zugleich Gerichtsherren sowie für die Verwaltung und die Polizei zuständig. Die Bauern, Landarme und Landhandwerker bearbeiteten den Boden und waren abgabe- und dienstpflichtig. Oft waren sie unfrei und an den Boden gebunden.

Generalstände allgemeine Ständeversammlung in Frankreich (siehe unter Stände). Im vorrevolutionären Frankreich die Versammlung der Vertreter des Klerus, des Adels und des dritten Standes aus allen Provinzen. Der König rief die Generalstände zusammen, wenn er neue Steuern bewilligt haben wollte. Die Generalstände hatten auch das Recht, Beschwerden vor den König zu bringen.

Guillotine Hinrichtungsgerät (Fallbeil), das nach seinem Erfinder, dem Arzt Guillotine benannt worden war. Vor der Erfindung der Guillotine waren Hinrichtungen oft mit langen, qualvollen Schmerzen für den Verurteilten verbunden, weil bei den verschiedenen Hinrichtungsmethoden Pannen passieren konnten. Die Guillotine sollte im Sinne einer humaneren Bestrafung durch ihren Mechanismus eine rasche, schmerzlose Tötung des Verurteilten sichern. Die Guillotine wurde aber schließlich zum Symbol der massenhaften, mechanisierten Tötung während der Phase der Schreckensherrschaft der Französischen Revolution.

human (lat.) menschlich, auf den Menschen bezogen, dem Menschen angemessen.

Humanismus philosophische Strömung, die aus dem Spätmittelalter heraus entstand und im Rahmen christlicher Weltanschauung im Menschen einen von Gott geschaffenen Maßstab aller Dinge erkannte. Sie setzte sich damit vom mittelalterlichen Denken ab, das seine Erkenntnisse allein aus der Auslegung der Bibel ziehen wollte. Die Humanisten griffen bei ihren Forschungen verstärkt auf antike – vorchristliche – griechische und lateinische Schriften zurück, in denen sie die Methoden vorfanden, die sie zur Erforschung der Welt benötigten.

Humanist Anhänger oder Vertreter des Humanismus.

Industriekapitalismus Bezeichnung für die Wirtschaftsform, die durch Einsatz von Kapital in der Industrie einen möglichst hohen Gewinn erzielen will.

Industrielle Revolution Bezeichnung für den Prozess der Industrialisierung im 19. Jahrhundert, der auf die weitreichenden Folgen der Industrialisierung in alle Lebensbereiche hinein hinweisen soll.

Initiative einen Gedanken aufgreifen und mit seiner Verwirklichung beginnen, der erste Schritt zu einer Handlung.

Institutionen Behörden, Amtsstellen, Einrichtungen für bestimmte Dienste.

Integration Eingliederung.

Invalide Behinderter aufgrund einer Verletzung, früher oft aufgrund einer Kriegsverletzung.

investieren Kapital in ein Unternehmen einzahlen.

Jakobiner Mitglieder des wichtigsten politischen Klubs der Französischen Revolution. Unter Führung von Robespierre organisierten die Jakobiner eine Gewaltherrschaft, um ihre revolutionären Ziele durchzusetzen. Die Bezeichnung steht allgemein für radikale Anhänger der Französischen Revolution, die Gleichheit nicht nur vor dem Gesetz, sondern auch in der Besitzfrage forderten.

Justiz Rechtspflege, Gerichtsbarkeit, sämtliche Gerichte.

Kapital, Kapitalien feste Geldsumme oder Vermögenswerte, die verwendet werden sollen, um daraus in einem Unternehmen Gewinn zu erzielen, beispielsweise bei einer Unternehmensgründung zur Finanzierung aller für den Produktionsprozess nötigen Güter (Maschinen, Grundstücke, Fabrikgebäude, Rohstoffe, Transportmittel).

Kapitalist Im 17. Jahrhundert entstandene Bezeichnung für Personen, die hohe Geldsummen (Kapital) zinstragend anlegten oder Vermögen besaßen und von deren Ertrag lebten. Im 19. Jahrhundert von Vertretern der Arbeiterbewegung verwendeter Begriff zur Bezeichnung der gesellschaftlichen Gruppe der Fabrikanten und Personen, die in die Industrie Kapital investierten.

Klasse soziale Schicht, der die Menschen aufgrund ihrer wirtschaftlichen Verhältnisse fest zugeordnet sind.

Kolonialismus Politisches und wirtschaftliches Streben nach Erwerb von Gebieten außerhalb des eigenen Landes (Kolonien).

Kolonie Das Wort hat verschiedene Bedeutungen:
1. Wohngebiet, das von Unternehmern für die in ihrem Betrieb beschäftigten Arbeiter und Angestellten angelegt worden ist, z. B. als so genannte Zechenkolonie.
2. Gebiet außerhalb des eigenen Landes, das zur Ansiedlung von Auswanderern bestimmt ist. Daraus entwickelte sich die Bezeichnung für sämtliche Gebiete außerhalb von Europa, die von europäischen Staaten abhängig wurden.

Kolonist Siedler, der sich in einer Kolonie niederlassen will, zumeist als Landwirt.

Konkurs wirtschaftlicher Zusammenbruch eines Unternehmens, Zahlungsunfähigkeit.

konservativ darauf bedacht, bestehende Zustände zu bewahren. Seit der Französischen Revolution entwickelten sich die Konservativen zu einer politischen Partei.

Konstantinopel Hauptstadt des Oströmischen (Byzantinischen) Reiches, die 1453 von den Türken erobert wurde und zur Hauptstadt des Osmanischen Reiches wurde. Heute Istanbul.

konstitutionell im Rahmen der Vorschriften einer Verfassung, auf eine Verfassung bezogen, verfassungsgemäß.

Legislative Gesetzgebende Gewalt, in der Bundesrepublik Deutschland Bundestag und Bundesrat, Land- und Kreistage.

legitim berechtigt, rechtmäßig, durch das Recht geboten.

liberal freiheitlich (lat. liber = frei) (siehe auch unter national). Gebildete Bürger schlossen sich im 19. Jahrhundert zur Partei der Liberalen zusammen, die sich für Gewaltenteilung, eine Verfassung, die Verwirklichung der Menschenrechte und größtmögliche Freiheit für den Einzelnen in Staat und Gesellschaft einsetzte. Hauptgegner der Liberalen waren die Anhänger der unumschränkten Fürstenherrschaft.

Manufaktur Gewerbebetrieb des 17. und 18. Jahrhunderts, in dem zahlreiche Arbeiter große Mengen einer Ware arbeitsteilig in Handarbeit herstellten. Die Arbeit war oft in einzelne Schritte eingeteilt (Arbeitsteilung), um die Leistung des einzelnen Arbeiters zu steigern. Die Manufaktur gilt als Vorläufer der Fabrik.

Markt Der Ort, wo sich zu bestimmten Zeiten Verkäufer und Käufer zusammenfinden. Das Verhältnis von Angebot und Nachfrage bestimmt den Preis, wenn es keine Eingriffe in die Konkurrenz gibt, etwa durch behördliche Preisfestsetzungen. In den mittelalterlichen Städten waren Marktplätze und -hallen die Zentren des Wirtschaftslebens. In der heutigen Zeit werden die wichtigsten Geschäfte nicht mehr auf Marktplätzen abgewickelt. Trotzdem bezeichnet man das Zusammenspiel von Angebot und Nachfrage allgemein als Marktgeschehen.

Mestize spanische Bezeichnung für Mischlinge zwischen Spaniern und Indianern.

Mobilmachung Herstellung der Kriegsbereitschaft.

Mission, missionieren Verbreitung der christlichen Glaubenslehre unter Nichtchristen (Heiden).

Monarchie (gr.) Alleinherrschaft, Bezeichnung für die Königsherrschaft. Wenn in einem Staat, an dessen Spitze ein König steht, ein Parlament wichtige politische Rechte hat, wie etwa in England, dann spricht man von einer parlamentarischen Monarchie. Wenn in einem Königreich die wichtigsten politischen Fragen und Funktionen in einer Verfassung geregelt sind, wie etwa in Belgien oder den Niederlanden, spricht man von einer konstitutionellen Monarchie.

national auf die Nation bezogen. Im 19. Jahrhundert verbreitete sich der Gedanke, dass Menschen gleicher Sprache und Abstammung (lat.: natio = Abstammung) auch politisch zusammengehörten. Menschen gleicher Nationalität lebten oft unter der Herrschaft verschiedener Fürsten. Die Anhänger des nationalen Gedankens forderten dagegen den Nationalstaat, in dem die Menschen von dieser Fürstenherrschaft befreit zusammenleben sollten. Nationale und freiheitlich-liberale Gedanken waren zunächst eng verbunden. Oft lebten jedoch Menschen verschiedener Nationen in einem Gebiet und erhoben darauf Anspruch. Deshalb kam es bei der Verwirklichung der Nationalstaaten häufig zu Streitigkeiten zwischen den Nationen. Der nationale Gedanke steigerte sich dadurch zum Nationalismus. Dem Nationalismus ging es nicht mehr um die Befreiung von Fürstenherrschaft, sondern um die Durchsetzung eigener Ansprüche gegen fremde Nationen.

ökologisch hier: umweltgerecht.

patriotisch vaterlandsliebend.

Plantage „Pflanzung“, großflächiger landwirtschaftlicher Betrieb in außereuropäischen Gebieten, der ein bestimmtes Produkt, beispielsweise Kaffee oder Bananen, in großer Menge zumeist für den Export nach Europa herstellt.

Privilegien Besondere Rechte für einzelne Personen oder Gruppen.

Proletariat zusammenfassende Bezeichnung für alle Proletarier. Das besitzlose Proletariat sollte nach den Erwartungen von Karl Marx und Friedrich Engels zahlenmäßig immer mehr zunehmen. Schließlich sollte es sich durch eine Revolution die Herrschaft erkämpfen. Dann sollte es keine Privateigentümer von Produktionsmitteln wie Fabriken, Maschinen oder Rohstoffen mehr geben. Diesen Zustand nennt man eine „kommunistische Gesellschaftsordnung“. Die Gedanken von Marx und Engels haben im 19. und vor allem im 20. Jahrhundert große Wirkung gehabt. In Russland begann 1917 mit enormen Anstrengungen und Opfern der Versuch, gewaltsam eine kommunistische Gesellschaftsordnung aufzurichten. Er teilte die Welt in zwei Blöcke, die sich feindlich gegenüberstanden. Sie bedrohten sich etwa seit 1950 mit gegenseitiger Vernichtung durch Atomwaffen. Seit 1989 ist der Versuch zur Einführung des Kommunismus jedoch in den meisten Ländern aufgegeben worden. Allein China, Kuba und Nordkorea halten heute an diesem Gedanken fest.

Proletarier Im Römerreich Angehörige der rechtlosen Unterschicht (lat. Proles). Im 19. Jahrhundert Bezeichnung für Arbeiterinnen und Arbeiter, die allein vom Verkauf ihrer Arbeitskraft lebten.

Puritaner Mitglied einer außerordentlich strengen, reformierten Religionsgemeinschaft in England, die die Kirche von England von allen katholischen Elementen reinigen wollten (lat. purus = rein). Sie stießen mit ihren strengen Glaubensvorstellungen bei König und Kirche in England auf Widerspruch und sahen sich gezwungen, das Land zu verlassen.

Qualifikation durch Ausbildung erworbene Befähigung.

Rassist Anhänger der Vorstellung, dass Menschen anderer Rassen minderwertig seien, regelmäßig verbunden mit dem Glauben an die Überlegenheit der eigenen Rasse. Rassistische Vorstellungen steigern sich oft zum Hass, der sich in Gewalt und Mord entladen kann.

Rationalisierung Um eine Ware zu produzieren, ist ein bestimmter Aufwand an Rohstoffen und Arbeitskraft erforderlich. Rationalisierung ist der Versuch diesen Aufwand durch geschickte Organisation, beispielsweise Mechanisierung und Automatisierung, zu verringern. Rationalisierung führt oft zu Entlassungen von Arbeiterinnen und Arbeitern, die für den neuen Produktionsablauf überflüssig sind.

Reformation (von lat. reformare, wiederherstellen) In der Reformation versuchten Christen in Deutschland in der ersten Hälfte des 16. Jahrhunderts, die katholische Kirche von Missbräuchen zu befreien. Die Kirche sollte sich nur noch an den Aussagen der Heiligen Schrift, dem Evangelium, orientieren. Weil sich die Ansichten der Reformatoren aber nicht in der ganzen Kirche durchsetzten, führte ihr Vorhaben in Deutschland zu einer Spaltung in eine katholische und eine evangelische Kirche. Auch in vielen anderen europäischen Ländern kam es zu dieser Zeit zu reformatorischen Bewegungen.

Renaissance (franz. Wiedergeburt) Bezeichnung für die Epoche um 1500, mit der das Mittelalter zu Ende ging und die Neuzeit anbrach, indem die Menschen sich auf die Gedanken und Leistungen der Antike zurückbesannen (vgl. auch Humanismus).

Reservat Bezeichnung für Gebiete in den Kolonien oder in den USA, die die Europäer der ansässigen Bevölkerung als Lebensraum zubilligten. Dabei handelte es sich zumeist um Gegenden, die aus europäischer Sicht vollkommen wertlos waren. Wenn sich das änderte – etwa weil Bodenschätze entdeckt wurden – änderten die Europäer häufig eigenmächtig die Grenzziehung.

Residenz Wohn- und Amtssitz eines Staatsoberhauptes.

Restauration Wiederherstellung eines alten Zustandes im politischen Bereich. Als Bezeichnung für die Epoche von 1815 bis 1830 betont der Begriff die Bestrebungen dieser Zeit, die politischen Verhältnisse von vor der Französischen Revolution wieder herzustellen.

Revolution Umwälzung der politischen und gesellschaftlichen Verhältnisse in einem Staat oder einer Kultur. Diese Umwälzung soll den Menschen Vorteile bieten, beispielsweise durch die Einführung der Menschenrechte. Oft gehen Revolutionen aber nur durch Gewalt vonstatten.

revolutionär umwälzend, umstürzend.

Rokoko Kunststil mit zierlichen, beschwingten Formen (1750–1770).

Schafott Gerüst, auf dem öffentliche Hinrichtungen vollzogen wurden. Im Mittelalter und in der Frühen Neuzeit zogen Hinrichtungen viele Schaulustige an. Der Vorgang sollte auch zur Abschreckung dienen und deshalb gut sichtbar sein.

Siebenjähriger Krieg (1756–1763) Krieg Österreichs, Frankreichs und Russlands sowie Teile des Deutschen Reichs gegen Preußen und Großbritannien sowie seine Verbündeten um den Wiedergewinn Schlesiens, auch Krieg zwischen Großbritannien und Frankreich um die Vorherrschaft in den Kolonien.

Sklave persönlich unfreier Mensch, der Eigentum eines anderen ist, der ihn gekauft oder geerbt hat. Der Sklavenhalter kann den Sklaven wie eine Sache verkaufen. Millionen Afrikaner wurden als Sklaven nach Nordamerika verschleppt, um vor allem in den Südstaaten auf den Plantagen zu arbeiten.

Solidarität Zusammengehörigkeitsgefühl, Gemeinschaftsempfinden.

Sozialpolitik Maßnahmen des Staates zur Verbesserung der sozialen Verhältnisse der Bevölkerung, vor allem wirtschaftlich schwacher Gruppen.

Stand, Stände (lat. ordo) Im Mittelalter und der Frühen Neuzeit war die ganze Gesellschaft in Stände eingeteilt. Durch Geburt war man Bauer, Bürger oder Adliger. Es war sehr schwierig, den angeborenen Stand zu wechseln und in der Gesellschaft aufzusteigen. Die Geistlichen bildeten einen eigenen Stand. Adel und Geistlichkeit, aber auch die Bürger in ihren Städten, besaßen besondere Vorrechte gegenüber den anderen Ständen, in Frankreich beispielsweise die Steuerfreiheit des Adels und der Geistlichkeit. In den Staaten dieser Zeit hatten die Ständeversammlungen (lat. status) festgelegte politische Mitwirkungsrechte. Die Fürsten benötigten die Zustimmung der Stände, um beispielsweise neue Steuern einzuführen. Deshalb gab es oft Konflikte zwischen den Ständeversammlungen und den Fürsten, die absolutistisch regieren wollten. In der Rangordnung der französischen Ständeversammlung bildeten die Geistlichen den ersten Stand, der Adel den zweiten Stand und die Bürger den dritten Stand. Diese Bezeichnungen haben sich für die gesellschaftlichen Stände durchgesetzt.

Ständegesellschaft Gesellschaftsordnung während des Mittelalters und der Frühen Neuzeit, bestimmt durch die Einteilung der Gesellschaft in Stände.

Strategie Kunst der Kriegsführung.

Worterklärungen

Symbol Wort, Form, Gegenstand oder Vorgang, der nicht für sich allein steht, sondern eine verborgene Bedeutung hat. Beispiel: Das Kreuz ist das Symbol des Christentums.

Tarifvertrag Zwischen Vertretern der Arbeitnehmer (= Gewerkschaften) und Arbeitgebern geschlossene Vereinbarung über Arbeitsbedingungen wie z.B. Entlohnung, Arbeitszeit oder Urlaub. Tarifverträge werden für einen bestimmten Zeitraum - meist zwei Jahre - abgeschlossen und von Fall zu Fall neu verhandelt.

Tenochtitlan Hauptstadt des Aztekenreiches, heute Mexiko City.

Zensur Staatliche Überwachung von Veröffentlichungen in Zeitungen oder Büchern durch beauftragte Zensoren, die auch Teile herausstreichen konnten.

Register

Register

S

T

U

V

W

Z

Bildquellenverzeichnis

Titelbild: picture-alliance/ dpa/ © dpa Bilderdienste
S. 2: Giraudon (2)
S. 3: bridgemanart.com (1); akg-images (2)
S. 4: akg-images (1); Historisches Archiv Krupp, Essen (2)
S. 5: akg-images (1); ullstein bild, Foto: Waldemar Titzenthaler (2)
S. 6: akg-images (1); dpa (2)
S. 10: Ed. Helga Lengenfelder, München (4 l.); Germanisches Nationalmuseum, Nürnberg (2 r.)
S. 11: Ed. Helga Lengenfelder, München (3 l.)
S. 10/ 11: Zeichnungen: Klaus Becker, Frankf. a. M.
S. 13: akg-images (1, 2, 4 – Cameraphoto)
S. 15: akg-images (1, 8); Deutsches Museum, München (4)
S. 16: Die Zeit der Renaissance, Bibliographisches Institut Mannheim, 1984 (1, 2)
S. 17: Mary Evans Picture Library, London (4)
S. 19: akg-images
S. 20: Manuel Salmoral, Amerika 1492, Südwest Verlag, München 1990
S. 24: The British Museum, London (1, 3)
S. 26: Getty Images/ Karl Kummels (1)
S. 27: © Bildarchiv Preußischer Kulturbesitz
S. 29: Elisabeth Köster, Bonn (1); © Bildarchiv Preußischer Kulturbesitz (2, 3); akg-images (M4); © Dorling Kindersley (5)
S. 30: Gerstenberg Verlag, Hildesheim 1999: (1, 2); Mauritius (3)
S. 31: José Maldonados, Mexiko (1, 2); James A. Sugar/ CORBIS (3)
S. 32/ 33: Giraudon
S. 32: © Bildarchiv Preußischer Kulturbesitz
S. 33: akg-images
S. 34: akg-images (1); © Bildarchiv Preußischer Kulturbesitz (2)
S. 35: © Bildarchiv Preußischer Kulturbesitz (3); akg-images (4, 5); F. G. Zehnder/ W. Schärfke, Der Riss im Himmel – Clemens August und seine Epoche, Dumont Buchverlag, Köln 2000: (6)
S. 36: akg-images
S. 37: akg-images/ Bildarchiv Monheim
S. 38: Cliché Bibliothèque nationale de France, Paris (1, 2); Artothek, Peter Willi (5)
S. 39: akg-images
S. 40: akg-images (1); Wella-Museum, Darmstadt (4)
S. 41: akg-images (5, 6, M.); F. G. Zehnder/ W. Schärfke, Der Riss im Himmel – Clemens August und seine Epoche, Dumont Buchverlag, Köln 2000: (8)
S. 42: Giraudon (1); Germanisches Nationalmuseum, Nürnberg (2)
S. 44: akg-images (1, 3)
S. 45: akg-images
S. 46: www.preussen-chronik.de (2); © Bildarchiv Preußischer Kulturbesitz (3)
S. 47: © Bildarchiv Preußischer Kulturbesitz (4, 6, 7)
S. 48: National Galleries of Scotland, Edinburgh
S. 49: © Bildarchiv Preußischer Kulturbesitz (4); akg-images (5)
S. 50: akg-images (1); Foto: A. Brückner/ Westfälisches Amt für Denkmalpflege/ LWL (4)
S. 51: Werner Otto (5); akg-images (6); Gemeindearchiv Südlohn (7)
S. 52/ 53: akg-images
S. 54: © Gianni Dagli Orti/ CORBIS
S. 55: © Bildarchiv Preußischer Kulturbesitz (4, 5); ullstein – Granger Collection (6)
S. 56: © Gianni Dagli Orti/ CORBIS (1); © Owen Franken/ CORBIS (2); © Peter Turnley/ CORBIS (4)
S. 57: © Bildarchiv Preußischer Kulturbesitz (1); Giraudon (2, 6); akg-images (3, 5); Cliché Bibliothèque nationale de France, Paris (4); picture-alliance/ akg-images (7)
S. 58: akg-images (1); © Bildarchiv Preußischer Kulturbesitz (2)
S. 59: Cliché Bibliothèque nationale de France, Paris
S. 60: Giraudon (1); © Bildarchiv Preußischer Kulturbesitz (2); Cliché Bibliothèque nationale de France, Paris (3)
S. 61: Mary Evans Picture Library, London (4); © Bildarchiv Preußischer Kulturbesitz (6)
S. 62: Giraudon (1); akg-images (2)
S. 63: picture-alliance/ akg-images (4 l.); The British Museum, London (4 r.); akg-images (6)
S. 64: akg-images
S. 65: Cliché Bibliotheque nationale de France, Paris (2)
S. 66: akg-images (1, 2)
S. 67: akg-images (5); CINETEXT Bild- und Textarchiv (7, 8)
S. 68: akg-images
S. 69: Giraudon

S. 70: akg-images
S. 71: akg-images
S. 72: Zeitaufnahme 2, Westermann, Braunschweig 1979
S. 73: akg-images (3, 4)
S. 74: © Bildarchiv Preußischer Kulturbesitz (1); picture-alliance/ akg-images (2, 3)
S. 75: © Bildarchiv Preußischer Kulturbesitz (1, 2, 10); akg-images (3, 4, 5, 7, 9); picture-alliance/ akg-images (8); The British Museum, London (11)
S. 76/ 77: bridgemanart.com
S. 78: © Bildarchiv Preußischer Kulturbesitz
S. 79: Deutsches Schifffahrtsmuseum, Archiv, Bremerhaven
S. 80: © CORBIS (1); Institute of Texan Cultures, San. Antonio (2)
S. 81: © Burstein Collection/ CORBIS (1); akg-images (2, 4, 6); ullstein - Granger Collection (3); US-Informationsdienst, Bonn (5); Lakol Wokiksuye, Foto: G. Trager (7)
S. 82: © Burstein Collection/ CORBIS (2); akg-images (3); ullstein - Granger Collection (4)
S. 84: Corel Library (1, 2); Gondrom-Verlag, Bindlach 1994: (©) (3)
S. 85: Foto: Pietrucha/ Karl-May-Museum, Radebeul (4); © CORBIS (5)
S. 87: akg-images (3); © Bildarchiv Preußischer Kulturbesitz (4)
S. 88: US-Informationsdienst, Bonn (1); akg-images (3)
S. 89: akg-images (o., 7); © Bildarchiv Preußischer Kulturbesitz (6)
S. 91: Library of Congress, Washington D.C. (4); © Bildarchiv Preußischer Kulturbesitz (6); Lakol Wokiksuye, Foto: G. Trager, 1891: (7)
S. 92: akg-images (2); © Bildarchiv Preußischer Kulturbesitz (3)
S. 93: © Bettmann/ CORBIS (4, 7); © by M.P. Rice, Washington D.C.
S. 94: CINETEXT Bild- und Textarchiv (1 - 3)
S. 96/ 97: akg-images
S. 98: akg-images
S. 99: © Bildarchiv Preußischer Kulturbesitz
S. 100: © Hulton-Deutsch Collection/ CORBIS (1); © Bildarchiv Preußischer Kulturbesitz (2); akg-images (3)
S. 102: akg-images (1)
S. 103: © Bildarchiv Preußischer Kulturbesitz (3); akg-images (5)
S. 104: Handschriftenabteilung, Staatsbibliothek zu Berlin - Preußischer Kulturbesitz (1); akg-images (3)
S. 105: akg-images (4, 5)
S. 106: akg-images (2)
S. 107: ullstein bild/ Gerstenberg (4); akg-images (5)
S. 108: © Bildarchiv Preußischer Kulturbesitz (1); Kölnisches Stadtmuseum, Köln (2)
S. 109: Gerd Aretz, Wuppertal (4); Generallandesarchiv Karlsruhe (Inv.-Nr. J-G-R/ 1)
S. 110: ullstein bild/ Gerstenberg (1, 2, 3)
S. 111: ullstein - ullstein bild
S. 112: Ute Barnert-Fürst, Mannheim
S. 113: akg-images
S. 114: akg-images
S. 115: ullstein bild/ Gerstenberg
S. 116: Historisches Museum Frankfurt am Main (1); Germanisches Nationalmuseum, Nürnberg (2)
S. 117: © Bildarchiv Preußischer Kulturbesitz (4); Historisches Museum Frankfurt am Main (6)
S. 118: © Bildarchiv Preußischer Kulturbesitz (1, 3)
S. 119: © Bildarchiv Preußischer Kulturbesitz (a, b, 1, 2); Historisches Museum Frankfurt am Main (c); G. Aretz, Wuppertal (d); akg-images (e, 4, 5); ullstein bild (f, 3); Handschriftenabteilung, Staatsbibliothek zu Berlin, PK (6)
S. 120/ 121: Historisches Archiv Krupp, Essen
S. 122: © Bildarchiv Preußischer Kulturbesitz (1); © Austrian Archives/ CORBIS (2 l.); Katalog: Bergisches Museum für Bergbau, Handwerk und Gewerbe, Bergisch-Gladbach (2 r.)
S. 123: Foto: Siegwerk (3); BASF Unternehmensarchiv (4, 5)
S. 124: Historisches Archiv Krupp, Essen (1); Stadtarchiv Bochum (2); ullstein - ullstein bild (3); akg-images (4)
S. 125: Stadtarchiv Bochum (5); picture-alliance/ akg-images (6); Stadtarchiv und Stadthistorische Bibliothek Bonn (7)
S. 127: Deutsches Museum, München (1, 6, 7); Germanisches Nationalmuseum, Nürnberg (2); Siemens AG, München (5)
S. 128: Landschaftsverband Rheinland, Rheinisches Industriemuseum Euskirchen/ Markus Krause (1); Westfälisches Industriemuseum, Das Textilmuseum, Bocholt (2); Westfälisches Industriemuseum, Zentrale Dortmund (Fotoarchiv/ Martin Holtappels) (3)
S. 129: Kost, Köln (4); Westfälisches Industriemuseum, Das Textilmuseum, Bocholt (5); Landschaftsverband Rheinland, Rheinisches Industriemuseum, Bergisch Gladbach/ Georg Helmes (6)
S. 130: Elisabeth Galas (1); Landschaftsverband Rheinland, Rheinisches Industriemuseum, Euskirchen (2); Heinemann Educational Oxford (3)

Bildquellenverzeichnis

S. 131: akg-images (1); Landesmuseum für Technik und Arbeit, Mannheim (AV-Dokumentation) (2)
S. 133: Deutsches Bergbaumuseum, Bochum (5); © E. O. Hoppé/CORBIS (6); akg-images (7)
S. 134: Elisabeth Köster, Bonn (1); Ruhrkohle AG, Essen (3); Der Spiegel, Hamburg (2)
S. 135: Manfred Vollmer, Essen (5); Stiftung Zeche Zollverein, Essen (Manfred Vollmer) (7); CentrO Management GmbH, Oberhausen (8 l.); Horizon/Horizon (8 r.)
S. 136: DB Museum im Verkehrsmuseum, Nürnberg (1); Zentralarchiv RWE Rheinbraun, Köln (2); Staatliche Museen Preußischer Kulturbesitz, Kunstbibliothek (3)
S. 137: Stadtarchiv Ludwigshafen/Rh. (5); Deutsches Museum München (6); ullstein bild (7)
S. 138: akg-images (1, 2, 3)
S. 139: akg-images (6); © Bildarchiv Preußischer Kulturbesitz (8)
S. 141: ullstein bild
S. 142/143: akg-images
S. 144: © Bildarchiv Preußischer Kulturbesitz
S. 145: Manfred Vollmer, Essen (3); Basilius Metropoulus, F.A.Z. 1995: (4)
S. 146: Werner Bachmeier, Ebersberg
S. 147: Archiv der sozialen Demokratie der Friedrich-Ebert-Stiftung, Bonn (1); © Bildarchiv Preußischer Kulturbesitz (2); ullstein - ADN-Bildarchiv (3); DTM, Bochum (4)
S. 148: Elisabeth Köster, Bonn
S. 149: Fotos: Siegwerk
S. 150: © Bildarchiv Preußischer Kulturbesitz
S. 151: ullstein - ADN-Bildarchiv
S. 152: Dokumentationskabinett Vlotho (1); akg-images (2)
S. 153: Elisabeth Köster, Bonn (3); © Bildarchiv Preußischer Kulturbesitz (5)
S. 154: DTM, Bochum (1); Siemens AG, Unternehmenskommunikation, München (3)
S. 155: © Bildarchiv Preußischer Kulturbesitz (5); Archiv der Hoffnungstaler Anstalten, Lobetal (6)
S. 156: ullstein bild/Gerstenberg (2); © Bildarchiv Preußischer Kulturbesitz (3)
S. 157: Skjold Photographs, Saint Paul/USA (4, 5, 6)
S. 158: Siemens AG, Unternehmenskommunikation, München (1); ullstein bild/Gerstenberg (2); picture-alliance/akg-images (3)
S. 159: picture-alliance/ZB-Fotoreport (1); Westfälisches Industriemuseum, Das Textilmuseum, Bocholt (2); Kreisbildstelle Borken (3)
S. 160: Verlagsarchiv (1); Stadtarchiv und Landesgeschichtliche Bibliothek, Bielefeld (2); picture-alliance/akg-images (3); Industriemuseum, Oberhausen, Anika Galonska (4)
S. 161: Stadtarchiv Siegburg (1); Bavaria (2-4 1); Volkswagen AG, Wolfsburg (2-4 2); ullstein bild (2-4 3)
S. 163: Sheri Blaney (r.)
S. 164/165: ullstein bild, Foto: Waldemar Titzenthaler
S. 165: ullstein bild
S. 166: © Bildarchiv Preußischer Kulturbesitz (1); Stadtarchiv und Stasthistorische Bibliothek Bonn (2)
S. 167: Ansichtskarten Sammler, Bonn (4); Stadtarchiv Münster (4)
S. 168: Hilke Günther-Arndt, Oldenburg (1); © Bildarchiv Preußischer Kulturbesitz/Foto: Franz Kühn (2); © J. P. Verlagsgesellschaft München (3, 4)
S. 169: 100 Jahre Deutschland 1870-1970, Verlag Kurt Desch, München (1); Frankenwaldmuseum Kronach (2 1); akg-images (2 2, 3, 4)
S. 170: Frankenwaldmuseum Kronach (1); akg-images (2)
S. 171: akg-images (4); Wir machen Geschichte, Verlag Diesterweg (6)
S. 172: akg-images
S. 174: Historisches Museum Frankfurt a. M. (1); Historisches Archiv Krupp, Essen (2); Daimler Benz, Stuttgart (3); RWWA 107-F2065: (4)
S. 175: SV Bilderdienst (5); akg-images (6); Artothek (7)
S. 176: © F. A. Herbig Verlagsbuchhandlung München (1)
S. 177: Bernd Gerken, Borken (3); akg-images (4)
S. 178: akg-images (1); © Bildarchiv Preußischer Kulturbesitz, Petersen (2)
S. 179: © F. A. Herbig Verlagsbuchhandlung München (3); akg-images (4)
S. 180: © F. A. Herbig Verlagsbuchhandlung München (1); akg-images (2)
S. 181: Archiv der deutschen Jugendbewegung Burg Ludwigstein, Witzenhausen (3, 4)
S. 183: akg-images (2 l.); Deutsches Historisches Museum, Berlin (2 r., M., 3)
S. 184/185: picture-alliance/KPA/Mauthe, Markus

S. 184: Verlagsarchiv (2)
S. 185: © Bojyn Brecelj / CORBIS (4); akg-images (5)
S. 186: Sammlung Riepe (1, 3, 4)
S. 187: Ursula Cantieni (5); ullstein – uhlenhut (6); akg-images (7); © ullstein – ullstein bild (9); picture-alliance / KPA / Franken (10)
S. 188: The British Museum, London (1); akg-images (2); © Bildarchiv Preußischer Kulturbesitz, Petersen (3); SV Bilderdienst (4)
S. 190: Reiss-Engelhorn-Museum, Kunst- und Stadtgeschichtliche Sammlungen Mannheim: RMN, Paris (1); Verlagsarchiv (a, c, d); Mauritius, Rynio (b); akg-images (3); Bildarchiv Steffens – Mainz: Bridgeman Art Library / Archives Charmet (4)
S. 191: Deutsches Historisches Museum, Berlin (6)
S. 192: © Bildarchiv Preußischer Kulturbesitz, Petersen (2); ullstein bild (4); akg-images (5)
S. 193: akg-images (7); © Bildarchiv Preußischer Kulturbesitz (8)
S. 194: Filmmuseum Düsseldorf (1); Deutsches Historisches Museum, Berlin (3)
S. 195: Hauptstaatsarchiv Stuttgart (4); Getty Images, München (5, 6); Sammlung Riepe (7); Bildarchiv Steffens – Bridgeman Art Gellery / Michael Graham-Stewart (8); Bildarchiv Steffens – Bridgeman Art Library / Archives Charmet (9)
S. 196: Sammlung Riepe (2); Nationalmuseum Lagos (3); Volkmar E. Janicke, München (4)
S. 197: Sammlung Riepe (1); Transglobe Agency, Hamburg / Collection Roger-Viollet, Paris (2)
S. 198: © Bildarchiv Preußischer Kulturbesitz (1, 3)
S. 199: akg-images
S. 200: picture-alliance / © dpa-Fotoreport
S. 201: Rainer Unkel / Vario-press
S. 203: Henning Christoph / Das Fotoarchiv
S. 204 / 205: SV Bilderdienst
S. 204: ullstein bild (1); SV Bilderdienst (2)
S. 205: Foto: dpa
S. 206: akg-images (1); SV Bilderdienst (2, 5); Deutsches Historisches Museum, Berlin (4)
S. 207: Keystone Pressedienst (6); Foto: dpa (7)
S. 209: Karl Stehle, München (1); SV Bilderdienst (2); Imperial War Museum (3); akg-images (4); Rheinisches Bildarchiv Köln (5)
S. 210: Stadtarchiv Leverkusen
S. 211: Liebe / Kiechle / Plewnia (4); Copyright by do-foto.de (5); Eutropia (6); Stadt Korschenbroich (7)
S. 213: SV Bilderdienst (3); © Bildarchiv Preußischer Kulturbesitz (5)
S. 214: Karl Stehle, München
S. 215: © Bildarchiv Preußischer Kulturbesitz (5); aus: Sozialdemokraten in Deutschland (6)
S. 216: akg-images (1); SV Bilderdienst (2)
S. 217: SV Bilderdienst
S. 218: Historisches Archiv Krupp, Essen (1); Imperial War Museum (2); akg-images (3)
S. 219: ullstein bild (2); Imperial War Museum (5)
S. 220: Stiftung Stadtmuseum Berlin (1); akg-images (2)
S. 221: ullstein bild (2)
S. 222: PA / dpa (1); ullstein bild (2, 3)
S. 223: Rheinisches Bildarchiv Köln (2)
S. 230: Bernd Gerken, Borken
S. 233: akg-images (1); Deutsches Historisches Museum, Berlin (2)
S. 234: Kost, Köln (1); Westfälisches Industriemuseum, Das Textilmuseum, Bocholt (2); Landschaftsverband Rheinland, Rheinisches Industriemuseum, Bergisch Gladbach, Georg Helmes (3)
S. 237: Deutsches Historisches Museum, Berlin
S. 238: Liebe / Kiechle / Plewnia (1); Copyright by do-foto.de (3)
S. 241: CINETEXT Bild- und Textarchiv (1–3)
S. 242: Elisabeth Köster, Bonn

Impressum

Redaktion: Dr. Uwe Andrae
Umschlaggestaltung: Katrin Nehm
Layoutkonzept: Mike Mielitz
Technische Umsetzung: L101 Mediengestaltung, Berlin

www.cornelsen.de

Die Internetadressen und -dateien, die in diesem Lehrwerk angegeben sind, wurden vor Drucklegung geprüft. Der Verlag übernimmt keine Gewähr für die Aktualität und den Inhalt dieser Adressen und Dateien oder solcher, die mit ihnen verlinkt sind.

1. Auflage, 2. Druck 2006

Alle Drucke dieser Auflage sind inhaltlich unverändert und können im Unterricht nebeneinander verwendet werden.

Druck: CS-Druck CornelsenStürtz, Berlin

ISBN-13: 978-3-06-111084-0
ISBN-10: 3-06-111084-4

Inhalt gedruckt auf säurefreiem Papier aus nachhaltiger Forstwirtschaft.

Aufteilung der Welt im Zeit

- Belgischer Besitz (belg.)
- Britischer Besitz (brit.)
- Britische Dominions (seit 1907/11)
- Britische Schutzstaaten in Arabien
- Dänischer Besitz (dän.)
- Deutscher Besitz (dt.)
- Französischer Besitz (frz.)
- Italienischer Besitz (ital.)
- Japanischer Besitz (jap.)
- Nie
- Por
- Ru